U0516335

清史稿

趙爾巽等撰

第四三册

卷四七六至卷四八三（傳）

中華書局

清史稿卷四百七十六

列傳二百六十三

循吏一

白登明 湯家相 任辰旦 于宗堯 宋必達 陸在新 張沐 張壎

陳汝咸 繆燧 陳時臨 姚文燮 黃貞麟 駱鍾麟 崔宗泰 祖進朝

趙吉士 張瑾 江皋 張克嶷 賈樸 邵嗣堯 衞立鼎 高蔭爵 靳讓

崔華 周中鋐 劉棨 陶元淳 廖冀亨 佟國瓏 陸師 龔鑑

清初以武功定天下，日不暇給。世祖親政，始課吏治，詔嚴舉劾，樹之風聲。聖祖平定三藩之後，與民休息，拔擢廉吏，如于成龍、彭鵬、陳瓊、郭琇、趙申喬、陳鵬年等，皆由縣令洊歷部院封疆，治理蒸蒸，於斯爲盛。世宗綜覈名實，人知奉法。乾隆初政，循而勿失。

國家豐亨豫大之休，蓋數十年吏治修明之效也。及後權相用事，政以賄成，蠹國病民，亂萌以作。仁宗矯之，冀滌瑕穢。道、咸以來，軍事興而吏治疏。同治中興，疆吏賢者猶能激揚清濁，以彌縫其間。然保舉冒濫，捐例大開，猥雜不易爬梳。末造財政紊亂，新令繁興，簿書期會，救過之不遑。又遷調不時，雖有潔己愛民者，亦不易自舉其職。論者謂有清一代，治民寬而治吏嚴，其敝也奉行故事，實政不修，吏道媮而民生益蹙。迨紀綱漸隳，康、雍澄清之治，邈焉不可見。觀此，誠得失之林也。明史所載，以官至監司爲限，今從之。尤以親民爲重，其非由守令起家者不與焉。

白登明，字林九，奉天蓋平人，隸漢軍鑲白旗。順治二年拔貢，五年，授河南柘城知縣。時大兵之後，所在萑苻嘯聚。登明治尚嚴肅，擒諸盜魁按以法，境內晏然。憫遺黎荒殘，多方招撫，停止增派河夫，設條以勸耕讀。十年，考最，擢江南太倉知州。釐賦稅，除耗羨，雪諸寃獄，訪察利弊，所摘發輒中。隣境有寃抑，赴愬上官，輒願下州爲理。海濱居民因亂蕩析，登明召民開墾，復成聚落。是年九月，海寇犯劉河堡，登明盡力守禦，寇不得逞，遂退。十六年，海寇破鎮江，由江寧敗走，急攻崇明。巡撫蔣國柱治兵策應，欲遣告師期，莫敢前。登明獨駕一艘夜半往，縋城入，衆知援至，守益力，寇乃遁。

劉河北支有朱涇者，宋范仲淹新塘遺跡也，久淤塞。登明請於上官，疏鑿五十里。巡按李森先知其能，復令大開劉河六十里，於是震澤在北諸水悉導入海，旱潦有備，爲一郡利。先是寇急時，需餉無出，以雲南協餉應之，卒爲大吏所劾落職。州民列治狀請留，弗得，坐廢二十餘年。

康熙十八年，會臺灣用兵，福建總督姚啓聖、巡撫吳興祚素知登明，代爲入貲，疏薦，起授高郵知州。值歲旱蝗，繼而大水，湖漲。決清水潭，築隄禦之。嚴禁胥吏剋減，役者踴躍從事。次年復災，再請蠲賑，勸富民分食，全活無算。時三藩初平，軍檄猶繁。登明與民約，凡供億驛夫，聞吹笳而至，免奪民時。上官有所徵調，不輕給，然皆諒其清廉，亦無相督過者。以積勞卒官，貧無餘貲，州人醵金以殮。入祀名宦祠，鄉民多肖像立祠私祀焉。

時江南以良吏稱者，湯家相、任辰旦、于宗堯，皆與登明相先後云。

家相，字泰瞻，山西趙城人。順治六年進士。八年，授常熟知縣。潔己愛民，釐剔耗蠹，撫恤凋殘，善政具舉。前令被劾逮問，家相左右之，力白其誣，以是忤巡按御史。時江南逋賦數百萬，嚴旨奪各官職，家相坐免。士民爭先輸納，不踰宿而額足，且以治狀訴大吏，請留，勿獲。既而給事中周之桂疏上其事，十三年，起授湖北南漳縣。縣居萬山中，寇盜窟穴，時出肆掠，戕官，人咸危之。家相下車，卽令堅壁清野。寇大至，家相謂同城守備曰：「寇衆我寡，當效羅士信破盧明月法，可勝。」密授方略，寇果墮伏中，遂擒其魁黨馬成、孫信輩，斬首數百級。寇大創，遠遁。於是招流亡，修學校，教養兼施，墾田六百餘頃。築永泉、八觀諸堰，民賴其力，邑以大治。疆吏交章薦之，以病乞歸。

辰旦，字千之，浙江蕭山人。順治十三年進士。康熙初，授上海知縣。清苦自勵，敏於聽斷，數決疑獄，豪猾斂迹。催科以時，不大用鞭朴，百姓感其仁，輸納恐後。瀕海防軍將撤，密請行期，故邀軍主歡飲，宣言期須少緩，次日令下，促急行。乃厚其牛酒，道上勞軍，軍無敢遷延他顧，居民帖然。黃龍浦爲吳淞江入海要口，建閘屢圮。故事，修閘必築壩，費不貲。辰旦仿浙人爲梁法，度基廣狹，約丈尺伐石，識其甲乙，下之水，使善泅者厝之，悉中程。復廣左右護隄，約水就道，十閱月而工成。不病役，不糜帑，邑人頌之。縣田沒水者六千畝，賦額未除，輸者率破家。前令屢勘虛實留亂，至是巡撫慕天顏疏請復勘。辰旦喜曰：「是吾志也。」日往來泥沙中，按舊册履丈，釐其荒者，閱二月，費皆自辦，俸不足，出銀釧棉布償之。籍上，得減除額徵有差。十八年，舉博學鴻儒，放還故官。復以良吏薦，入爲給事中，論事切直，改大理寺丞。母憂歸。旋以前延推事詿誤落職，卒於家。

宗堯，字二巍，漢軍正白旗人，廣西總督時曜子。以廕入監讀書。康熙七年，授常熟知縣，年甫十九。興利除弊，勇於爲治，老於吏事者勿逮也。時漕政積弊，糧皆民運，往往破家。宗堯議定官收官兌之法，重困得甦。其徵糧則戒期令各自輸，胥吏莫由上下其手，民便之。興文教，戢豪强，救荒療疫，皆以誠懇肫摯出之，四年如一日。以勞致疾，卒於官，年二十有三耳。民爲罷市，醵金發喪，遂葬之虞山南麓，題其阡曰「萬民留葬」。

宋必達，字其在，湖北黃州人。順治八年進士，授江西寧都知縣。土瘠民貧，淸泰、懷德二鄉久罹寇，民多遷徙，地不治。請盡蠲逋賦以徠之，二歲田盡闢。縣治瀕河，夏雨暴漲，城且沒。禱於神，水落，按故道疏治之，自是無水患。

康熙十三年，耿精忠叛，自福建出攻掠旁近地，江西大震，羣賊響應。寧都故有南、北二城，南民北兵。必達曰：「古有保甲、義勇、弓弩社，民皆可兵也。」王守仁破宸濠嘗用之矣。」如其法訓練，得義勇二千。及賊前鋒薄城下，營將邀必達議事，曰：「衆寡食乏，奈何？」必達曰：「人臣之義，有死無二。賊本烏合，掩其始至，可一鼓破也。」營將遂率所部進，賊少卻，必達以義勇橫擊之，賊奔。已而復率衆來攻，巨礮隳雉堞，輒壘補其缺，隨方備禦益堅。會援至，賊解去。或言於巡撫，縣堡砦多從賊，巡撫將發兵，必達刺血上書爭之，乃止。官軍有自汀州還者，婦女在軍中悲號聲相屬，自傾橐計口贖之，詢其姓氏里居，護之歸。

縣初食淮鹽，自明王守仁治贛，改食粵鹽，其後苦銷引之累，必達請以粵額增淮額，商民皆便。卒以學引不中額，被論罷職，寧都人哭而送之，餽貽皆不受，間道赴南昌，中途爲賊所得，脅降不屈，繫旬有七日。忽夜半有數十人持兵踰垣入，曰：「宋爺安在？吾等皆寧都民。」擁而出，乃得脫。

既歸里，江西總督董衞國移鎭湖廣，見之，歎曰：「是死守孤城者耶？吾爲若咨部還故職，且以軍功敍。」必達遜謝之。既而語人曰：「故吏如棄婦，忍自媒乎？」褐衣蔬食，老於田間，寧都人歲時祀之。越數年，滇寇韓大任由吉安竄入寧都境，後令萬瓓生踵必達鄉勇之制禦之，卒保其城云。

陸在新，字文蔚，江南長洲人。康熙五年，以策論取士，在新夙講經濟，遂得舉，除松江府學敎授，敎諸生以質行爲先，其以金贄者却之，用不足，知府魯某分俸助之。巡撫湯斌察其廉勤，以卓異薦。是歲江南七府一州諸長吏被薦者獨在新一人，時以此服斌之知人。二十五年，擢江西廬陵知縣，嚴重有威，境內貼然。誓不以一錢自汚，錢穀耗羨，革除都盡。傍水設五倉，便民輸納。建問苦亭於衙西，訪求民隱。時裹糧歷山谷間，勞苦百姓，軫其災患而導之於善。召諸生，考德論藝，如爲校官時。設四門義學，刻孝經、小學頒行之。二十六年，江溢，民多溺。在新急出錢募民船往救，躬自倡率，出入洪濤中，全活無算。以受前官虧帑盈萬無所抵，憂卒。初赴官時，子孔奐在京師，蹙然曰：「吾父此行，必殉是官矣。」亟從之。卒之日，鬻書數篋以斂。廬陵人爲罷市三日，請祀名宦祠，長洲人亦以鄉賢祀之。

張沐，字仲誠，河南上蔡人。順治十五年進士。康熙元年，授直隸內黃知縣。縣苦賦役不均，沐令田主自首，不丈而清。嚴行十家牌法，奸宄斂迹。大旱，自八月不雨至明年九月，民飢甚。沐力籌賑，捐貲爲倡，勸富民貸粟，官爲書其數，俟秋穫取償，人爭應之，民免轉徙。沐爲政務德化，令民各書「爲善最樂」四字於門以自警。著六諭敷言，俾人各誦習，反覆譬喻，雖婦孺聞之，莫不欣欣嚮善。五年，坐事免。十八年，以左都御史魏象樞薦，起授四川資陽縣，途出內黃，民遮道慰問，日行僅數里。既抵任，值吳三桂據瀘州，相去數百里，羽檄如織。城中人戶不滿二百，沐入山招撫，量爲調發，供夫驛不缺。滇事平，以老乞休。

沐自幼勵志爲聖賢，初官內黃，講學明倫堂，請業恆數百人。湯斌過境，與語大悅，遺書孫奇逢，稱其任道甚勇，求道甚切。沐因以禮幣迎奇逢至內黃講學，俾多士有所宗仰。及在資陽，供億軍興之暇，猶進諸生誨導不倦。退休後，主講汴中，兩河之士翕然歸之，多所成就。年八十三，卒。沐之自內黃罷歸也，值登封令張壎興書院，偕耿介同講學，爲文紀其事，一時稱盛。

壎字牖如，江蘇長洲人。以官學教習議敍知縣。康熙十七年，授登封縣，單騎之任。途中與登封吏同宿逆旅，吏不知也。至縣三日，拜嶽，誓不取一錢，不枉一人。衙前樹巨石鐫曰「永除私派」。設櫃，民自封投，無羨折。招集流亡，督之耕種，相其土宜，課植木棉及諸果實。大修學宮，復嵩陽書院，宋四大書院之一也，延耿介爲之師。導諸生以程、朱之學。自縣治達郊鄙，立學舍二十一所。課童子，以時巡閱，正句讀，導之以揖讓進退之禮。間策蹇驢歷諸郊問所苦，有小爭訟，輒於阡陌間決之。西境有呂店者，俗好訟。壎察里長張文約賢，舉爲鄉約，俾行化導，澆風一變。里長申爾瑞負課且受杖，路拾人輸稅金，返之，寧受責，不利人財，壎義之，旌其門。鄉民高鵬舉死，妻孟年少，舅欲强嫁之，孟哭夫墓將自縊，壎適微行，問其故，給以銀米勸還家而免其徭，歲時存問，俾終其節。縣故多胥役，時獄訟日尟，姦僞無所容，諸胥多自引去。其吏番執事者，退則操耒耜爲農，以在官無所得錢也。開蕁嶺二百里，復古轘轅路。建古賢令祠，修鄒公墓，崇禎末爲令守城抗賊死者也。在官五年，民知向方，生聚日盛，大書「官清民樂」於門。耿介嘗歎曰：「年來嵩、洛間，別一世界矣！」二十二年，以卓異荐，擢廣西南寧通判。去之日，民遮道哭，立祠於四鄉，肖像祀焉，榜曰「天下清官第一」。至南寧，未幾，乞歸。母喪，服除，赴京師，卒。

陳汝咸，字華學，浙江鄞縣人。少隨父錫嘏講學證人社，黃宗羲曰：「此程門之楊迪，朱門之蔡沈也。」康熙三十年，會試第一，成進士，選庶吉士，散館授福建漳浦知縣。民好訟，嚴懲訟師，無敢欺者。縣中賦役故責戶長主辦，版籍混淆，吏緣爲奸。汝咸躬自編審人丁，各歸現籍。糧戶自封投納，用滚單法輪催，以三百戶爲一保，第其人口多寡供役。五年一編丁，而役法平。吏胥以不便撓之，大吏搖惑，汝咸毅然不回，奸人無所施技。民樂輸將，賦無逋負。

俗輕生，多因細故服斷腸草死，挾以圖財，力懲其弊，令當刑者掘草根贖罪。禁异神療病，曉示方證，自製藥以濟貧者。毁學宫伽藍祠，葺故儒陳眞晟、周瑛、高登諸人所著書表章之。歸誠書院，乃黄道周講學地，爲僧據，逐而新之。無爲教者，男女羣聚茹蔬禮佛，籍其居爲育嬰堂。西洋天主教要大吏將於漳浦開堂，卻止之。修文廟，造祭器，時會邑中士紳於明倫堂講經史性理諸書。設義學，延諸生有學行者爲之師。修朱子祠。教養兼施，風俗爲之一變。會大水驟漲，幾及城堞，輿錢登城，多爲木筏，渡一人與錢三十，人皆以錢助拯，活者數千。多方撫卹，雖災不害。

土寇伏七里洞，將入海，發兵擊之，走山中。密招賊黨，誘擒其渠曾睦等，餘黨悉散。又擒海盜徐容，盡得賊中委曲，赦其罪，責以招撫。諸盜歸誠，海氛遂清。汝咸任漳浦凡十有八年，大吏因南靖多盜，調使治之，縣民請留不得，搆生祠曰月湖書院，歲時祀之。汝咸至南靖，諸盜自首就撫，開示威信，頌聲大作。

四十八年，內遷刑部主事，擢御史。疏言：「商船出海，掛號無益，徒以滋累。」又言：「海賊入內地，必返其家。下海劫掠，責之巡哨官；未下海之蹤跡，責之本籍縣令；當力行各澳保甲。」會海盜陳尚義乞降，汝咸自請往撫。聖祖命郎中雅奇偕汝咸所薦阮蔡生往，尚義率其黨百餘人果就撫，擢通政使參議。五十二年，奉使祭炎帝神農、帝舜陵，並頒賚駐防兵。偏歷苗疆，審度形勢撫馭之策。歷鴻臚寺少卿、大理寺少卿。五十三年，命赴甘肅賑荒，徒步窮鄉，感疫，卒於固原。漳浦士民聞之，奔哭於月湖書院，醵金置田，歲祀不絕。著有兼山堂遺稿、漳浦政略諸書。

繆燧，字雯曜，江蘇江陰人。貢生，入貲爲知縣。康熙十七年，授山東沂水縣。時山左饑，朝使發賑，將購米濟南。燧以路遠往返需日，且運費多，不便。請以銀給民自買，當事以違旨勿聽。燧力爭以因地制宜之義，代草疏奏請，得允。既而帑金不足，傾囊以濟之。洊饑之後，民多流亡，出私錢爲償逋欠，購牛種，招徠復業。因捕劇盜已獲復逸，被議歸。尋復官。

三十四年，授浙江定海縣，故舟山也，設治未久，百度草創。海水不宜穀，築塘岸以禦鹹蓄淡，修復塘碶百餘所，田日增闢。繕城濬濠，葺學宮，建祠廟，役繁而不擾。地瘠民貧，完賦不能以時，踰限者先爲墊解，秋後輸還。舊有塗稅，出自漁戶網捕之地，後漁塗被占，苦賠累，爲請罷之。地故產鹽，無竈戶，鹽運使屢檄設廠砌盤，官爲收賣。燧持不可，請仿江南崇明縣計丁銷引，歲完鹽稅銀四十二兩有奇，著爲例。學額多爲外籍竄冒，援宣平縣例，半爲土著，半令他縣人認墾入籍以充賦。又以土著不能副額，擴建義學，增廩額以鼓舞之，文教興焉。民間日用所需，多航海市諸郡城，關胥苛索，請永禁，立石海關。海嶼爲盜藪，隨監司歷勘，凡羊衕、下八、盡山、花腦、玉環、半邊、牛韭諸島，權度要害措置之，盜風頓戢。同歸域者，海上死事諸人瘞骨處，捐貲修葺，建成仁祠，以勸忠義。

歷權慈谿、鎮海、鄞縣及寧波府事，皆有惠政。擢杭州府同知，未任。五十六年，卒於定海。士民援唐王漁、宋趙師旦故事，留葬衣冠，奉祀於義學，名之曰蓉浦書院，蓉浦，燧自號也。遺愛久而不湮，光緒中復請祀名宦祠。燧任定海前後二十二年，賜四品頂戴，賜御書。後雖擢官，迄未離任。時朝廷重守令，循良多久於其職。陳汝咸治漳浦十有八年，陳時臨治汝陽亦二十年。一邑利病，無所不知，視如家事，故吏治蒸蒸日上云。

時臨，字二咸，浙江鄞縣人。少從陳錫嘏學，得聞證人書院之教。家貧，游京師。三藩之變，從軍敍功，授湖南城步知縣。父憂歸，廬墓三年。康熙三十年，起授河南汝陽縣，兵亂之後，風俗大壞，民不知喪禮。時臨爲斟酌古今所可通行者，衰經聚飲之風以息。楊埠有支河，久淤，濬復其舊，民獲灌漑之利。河南諸縣多食蘆鹽，獨汝寧一郡食淮鹽，蘆商欲并之，時臨謂：「蘆鹽計口而授，不問其所需之多寡，以成額給之，是厲民也。吾不能爲河南盡革其害，反徇商人意以害境內乎？」力爭得止。巡撫徐潮亟稱之，於是前後諸大吏皆以爲循吏當令久任，數報最，數留之。時臨亦與民相安於無事。後擢兵部主事，宦橐蕭寥，臨行，百姓扶老載弱相送數十里。逾年，以病乞歸，卒。

姚文燮，字經三，安徽桐城人。順治十六年進士，授福建建寧府推官。建寧俗號獷悍，以睚眦讎殺者案山積，文燮片言立剖，未數月囹圄爲空。有方秘者，殺方飛熊，前令已讞定大辟。文燮鞫得飛熊初爲盜，嘗殺秘一家，旣就撫，秘乃乘間復讎，不可與殺平人等，秘得活。大吏謂文燮明允，凡疑獄輒委決之。有武弁被殺，株連衆，文燮僅坐數人罪。大吏駭曰：「此叛案，何遽輕率？」文燮曰：「某所據初報文及盜供也。」蓋鄉民逐盜，弁適遇之，從騎未至，爲盜所殺而盜逸，營中執爲民叛殺弁。文燮檢得初報文，而盜亦獲，自供殺弁，故得其情。

時耿氏建藩，其下多怙勢虐民，貸民錢而奪其妻女。文燮悉使訐發，爲捐募代償，贖歸百數。奉檄主丈田事，建寧環郡皆山，民依山鑿田，每陡峻不能施弓繩，文燮授吏勾股法，計田廣狹，增減爲畝，區畫悉當。值邊海修戰船，或擬按戶口出錢，文燮上陳疾苦，籌欵以代，民乃安。秩滿，報最。康熙六年，詔裁各府推官，去職。

八年，改直隸雄縣知縣。渾河泛溢，浸城，文燮修城築隄，造橋利涉者。邑貢狐皮爲民累，條上其弊，獲免。地近京畿，膏腴多圈佔爲旗產，文燮爲民爭之。旗人請於戶部，遣司官至，牽繩量地，繩所及，民不得有。文燮拔刀斷繩，司官見其剛直，詞稍遜。未幾，有旨退地還民。團練屯丁，以資守望，盜賊屏迹。報墾地，蠲耗羨，減鹽引，恤驛政，拊循瘡痍，民慶更生。

擢雲南開化府同知，攝曲靖府阿迷州事。吳三桂叛，文燮陷賊中。密與建義將軍林興珠有約，爲賊所覺，被繫，乘隙遁，謁安親王岳樂軍中。王以聞，召至京，賜對，詢軍事甚悉。滇寇平，乃乞養歸。

黃貞麟，字振侯，山東卽墨人。順治十二年進士。十八年，授安徽鳳陽推官，嚴懲訟師，闔郡懔然。大旱，禱雨未應，貞麟曰：「得無有沉寃未雪，上干天和乎？」於禱雨壇下，立判諸大獄，三日果雨。江南逋賦案興，蒙城、懷遠、天長、盱眙各逮紳民百餘人繫獄候勘。獄不能容，人皆立，貞麟曰：「彼逋賦皆未驗實，忍令僵死於獄乎？」悉還其家。及訊，則或舞文吏妄爲注名，或誤報，或續完，悉原而釋之，保全者五百家。

河南優人朱虎山，游食太和，髮長數寸，士猾范之諫與昝姓有隙，誣以藏匿故明宗室謀不軌。事發，江寧推官不敢問，以委貞麟，貞麟力白其誣。逮至京師復勘，刑鞫無異，乃釋昝姓而治之諫罪。潁州民吳月以邪教惑衆，株連千餘人，貞麟勘多愚民無知，止坐月及爲首者。捕人索財於水姓，不得，指爲月黨，追至新蔡殺之。鄉人來救，並誣爲月黨。撫鎭發兵圍之，繫其衆至鳳陽。貞麟廉得實，懲捕而盡釋新蔡鄉人。其理枉活人類如此。旋以他事解官，得白。

康熙九年，改授直隸鹽山知縣，地瘠而多盜，立法牌甲互相救護。有警，一村中半守半援，盜日以息。清里役，逃亡者悉與豁除，不期年，流民復業數百家。十二年，旱，謂父老曰：「大吏使勘災者至，供給惟官是責，不費民一錢。」及秋徵，吏仍以舊額進。貞麟曰：「下輸上易，上反下難。待准蠲而還之，反覆間民必受損。」立令除之。又永革雜派陋例，民皆感惠。內擢戶部山西司主事，山西閏喜丁傜重，力請減之。監督京左、右翼倉，因失察侵盜罷職，卒於家。

駱鍾麟，字挺生，浙江臨安人。順治四年進士副榜，授安吉學正。十六年，遷陝西盩厔知縣。爲政先敎化，春秋大會明倫堂，進諸生迪以仁義忠信之道。增刪呂氏士約，頒學舍。朔望詣里社講演，訪耆年有德、孝弟著聞者，見與鈞禮，歲時勞以粟肉。立學社，擇民間子弟授以小學、孝經。飭保伍，修社倉。蒞獄明決，所案治即勢豪居間莫能奪，人畏而愛之。縣城去渭不十里，鍾麟行河畔，知水勢將南浸，議自覽家寨迤東開復故道，衆難之。康熙元年夏，大雨，渭南溢，且及城，齋沐臨禱，自跪水中，幸雨止，水頓減，徙而北流者數里。兼攝興平、鄠兩縣，興平豪右分爲部黨，前令不能治，廉得其狀，收案以法。奏最，內遷北城兵馬司指揮，復出爲西安府同知。

八年，擢江南常州知府。常州、縣賦重，科條繁多，吏緣爲奸。鍾麟立法鉤稽清逋，吏受成事而已。屬邑歲例餽漕羨三千金，鍾麟曰：「利若金，如吾民何？」峻却之。諸漕卒咸斂手奉法。

初，鍾麟在盩厔以師禮數造李顒廬，至是創延陵書院，迎顒講學，率僚屬及薦紳學士北面聽。問爲學之要，顒曰：「天下之治亂在人心，人心之邪正在學術。人心正，風俗移，治道畢矣。」鍾麟書其言，終身誦之。已而江陰、靖江、無錫諸有司爭禮致顒，顒爲發明性善之旨，格物致知之說，士林蒸蒸向風，吏治亦和。

九年，大水，發倉廩，勸富人出粟賑，民無荒亡。十年夏，大旱，葛衣草履，步禱不應，責躬籲天，言知府不德累民，涕泣並下。尋丁母憂，士民乞留，不可。旣歸，連遭父喪，以毀卒。郡人論賢有司知治體必首推鍾麟。先鍾麟守常州者，祖重光、崔宗泰，皆有名。其後有祖進朝，政聲尤著。重光官至天津巡撫。

宗泰，奉天人。順治初，授松江府同知，以敏幹稱。擢常州知府，政尙嚴厲，善鉤距，吏民驚爲神明。十三年，大兵征閩，過郡久駐，人情恇擾，宗泰先期儲偫，纖悉備具。有游騎入村落，逐婦女溺水死，宗泰夜叩營門，白將軍縛置之法。時時單騎巡行，遇小有剽奪，隸傳呼「崔太守來」，皆引避去，民得安堵。令甲，府漕以推官監兌，推官懦而衞弁橫。宗泰自請於漕督，檄之監兌，盛騶從，帶刀韃臨倉，弁卒悚懼，竟事無譁。尋以事左遷福建延平府同知。後乞免歸。

進朝，亦奉天人。以廕監起家。康熙二十三年，由部郎擢授常州知府，有惠政，以失察鐫級去，士民呼籲於巡撫湯斌，請留進朝。斌上疏言：「進朝履任未一載，操守廉、治事勤，臣私心重之。頃緣失察法寶事降調，常州五縣士民輒號泣罷市，赴臣請留，日不下數千人。臣諭以保留例已久停，士民謂常州四十年未有愛民如進朝者，其減繇輕耗，興學正俗，戢奸除暴，息訟安民，窮鄉僻壤，盡沾惠澤。朝廷軫念東南，如江寧府知府于成龍，特恩超擢，吏治丕變。進朝操守才幹可與成龍頡頏，而獨以一眚被譴，士民攀留，言之泣下，臣不知進朝何以感人之深如此。臣受事四日始獲法寶，是受事之日，已爲失察之日，且當候處分，何敢代人瀆奏？惟臣蒙恩簡畀封疆大任，屬吏之敗檢者得糾劾之，廉能者不能爲之一言，非公也。民情皇皇如是，而不爲之解慰安輯，非仁也。畏罪緘默而使輿情不上聞，非忠也。敢據情陳奏。」章下部議，格不行。聖祖諭曰：「設官原以養民，湯斌保奏祖進朝清廉，百姓同聲懇留，可從所請，以勸廉吏。」進朝復任。未幾，以老疾乞免，民愈思之不置云。

趙吉士，字天羽，安徽休寧人，寄籍杭州。順治八年舉人。康熙七年，授山西交城知縣。縣居萬山中，地產馬，饒灌木，時禁民間牧馬，停南堡村木廠，民困，往往去爲盜。武弁路時運貪而擾民，民殺時運作亂，與大同叛將姜瓖合，連破諸邑。及瓖誅，餘盜匿山中。吉士到官，定先撫後剿之策，有投撫者，給示令招其黨。詗知羣盜陰事，選鄉兵，得技優者百人。令紳戶家出一丁，與民均役。分夕巡城，行保甲法，匿賊者連坐，隣盜相戒不入境。

時交城多抗賦，河北都者賦倍他都。吉士往諭朝廷德意，勗以力耕勿爲盜，衆悚息。日暮寢陶穴中聽訟，左右多賊黨，吉士陽若勿知，詰朝深入，察其形勢。最險者曰三坐崖，東西兩葫蘆川繞其下。塞葫蘆口，則官軍不得登。吉士默識之而還。交山賊楊芳林、芳清等時出肆掠，九年春，吉士入山勸農，撫姜瓖舊卒惠崇德，詢得二楊所在，命二卒立擒至，杖縶之。賊渠任國鉉、鍾斗等糾衆尾之不敢發。會有陝西叛弁黃某入葫蘆川與國鉉合，吉士謀問之，遣山民持書付國鉉等，僞誤投黃所，黃得書疑國鉉等，率衆去。國鉉等既失黃弁，無所恃，有投誠意。靜樂盜李宗盛踞周洪山，遣其黨趙應龍劫清源，吉士遣惠崇德入山說國鉉等，令獻趙應龍可免罪。國鉉與宗盛紿應龍縛付崇德，應龍恨爲所賣，盡發諸盜陰謀。吉士會兵剿宗盛，復遣崇德往說國鉉等使無動，遂擒宗盛，賊黨益渙。

十年，廷旨下總督治羣盜，期盡剿絕。吉士曰：「交山劇賊不過十餘人，其它率烏合，一聞盡剿，恐山中向化之民畏罪自疑，反爲賊用。今靖安堡初復，請協兵三百以駐防爲名，尅期入山，可一戰擒也。」靖安堡者，近葫蘆口三十里，昔以屯兵，吉士就廢壘新築之。守備姚順率兵至縣，吉士約期進屯。先期七日置酒大享客，夜半，席未散，吉士上馬會師，疾驅四十里至水泉灘。分三隊，一襲東葫蘆，一襲西葫蘆，自偕姚順進駐東坡底，爲兩葫蘆要道。東西賊援並絕，國鉉等爲內應，呼曰：「官兵入山矣！」兩葫蘆賊皆走上三坐崖。吉士遣人至崖下語之曰：「汝等良民，毋爲賊脅，官且按戶稽丁，不在卽以賊論。」衆乃稍稍去，僅存二百餘人。分兵要賊去路，賊四竄，被獲頗衆。分搜巢穴，縱降賊，質其妻子，俾捕他賊以自贖。入山旬有六日，盜悉平。乃召山中民始終不附賊者三十七家，賚以羊酒，立爲約正；其素不與徭役者千四百三十家，編其籍入都圖。自後交山無賊患。吉士初患山路險阻，命每都具一圖，鱗比爲大圖，召父老詢徑途曲折注之，以次及永寧、靜樂隣縣諸山。每獲賊，善遇之，因得諸賊蹤跡。上官知其能，不拘以文法，用卒成功。

治交城五年，百廢俱舉，內遷戶部主事，監揚州鈔關，擢戶科給事中。忌者劾其父子異籍被黜，尋補國子監學正。四十五年，卒，祀交城名宦祠。

張瑾，字去瑕，江南江都人。康熙二年舉人。十九年，授雲南昆明知縣。時吳三桂初平，故軍衞田隸藩府者，徵租量豐歉收之，事平沿爲額，民不能供。又軍興後官司府署器用皆里下供應，而取給於縣，故昆明之徭，尤重於賦。瑾請於大吏，奏減其賦，不可；乃疆畫荒地，招流亡，給牛種，薄其徵以濟軍衞之賦。一年墾田千三百餘畝，三年得萬餘畝。又均其徭，里蠹無科派，奸民無包收，諸侵漁弊皆絕。民舊供縣公費日十金，瑾曰：「吾食祿於君，不食傭於民。」革之。總督曰：「陳仲子之廉，能理劇乎？」又問：「今家幾何人？」對曰：「子一，客與僕各二。」瞯之，信，皆驚異。自公費除而上之取給者亦減。

昆明池受四山之水，夏秋暴漲，怒流入閘河。沙石壅塞，水乃溢。浸瀕池田，歲勞民力濬之。晉寧州境毘於昆明，受東南諸箐之水，舊迹有河道入江，上官議鑿之以通閘河。瑾按地勢爲圖白之曰：「閘河獨受昆明之水，已不能吐納，沙石旁溢爲害，豈可更受晉寧水乎？且其地高若建瓴，沙石犖确尤甚，殆不可治。」臺司持之堅，則指圖爭曰：「高下在目，何忍陷民於死！」總督范承勳曰：「令言是也。」議遂寢。縣有止善、春登、利城諸里田，坳垤錯出，不旱則潦。瑾廉得旁近有白沙、馬鼻、清水三河，可資蓄洩，年久湮塞，率民濬治。三月河復，田以常稔。大小東門外舊皆市，兵後爲墟，盜賊窟其中。爲創造室廬，以居流亡，移城中騾、馬、羊諸市實之。貨廛牧塲相比，盜遂絕迹。安阜園者，故藩囿也，請耕之以食孤貧廢疾而無告者。

是時上官多賢者，每倚信瑾。兵備道欲以流民所墾田牧馬，求之期年，不與，久亦稱其直。將軍僕殺人，按察使置酒爲請，陽諾之，退而正其罪。巡撫僕子謀奪士人聘妻，卽縣庭令士人行合卺禮，判曰：「法不得娶有夫之婦，婦乘我輿，壻乘我馬，役送之歸，有奪者治其罪。」時人作歌詩以傳之。初至，滯獄以百數，斷訖皆當。後一省疑獄輒付瑾治，屢有平反。居三年，病卒。士民圖其像藏之，請祀名宦祠。

江皋，字在湄，安徽桐城人。順治十八年進士，觀政刑部。父病，乞養歸。喪除，授江西瑞昌知縣。故事，歲一巡鄉堡，校戶籍，歛輿馬費，皋罷之。縣城近河，壖岸善崩，屢決改道，環城無隍，民病汲。皋出俸金，率先衆力，築堅堤，濬壅塞。水復其故，形勢益壯，民居遂蕃。三藩叛，縣界連湖南，土寇乘間起。皋曰：「吾民緣飢寒出此，迫之則走藉寇。」飭鄉、保長開諭撫安，而密督丁壯巡查，屢擒其魁，盜遂息。居七歲，考最，遷九江府同知，尋擢甘肅鞏昌知府。大軍入蜀，治辦軍需。值歲除，檄徵騾馬千匹，芟芻器具，取具倉猝。皋策畫便宜，供應無缺。士卒驕悍，所過漁奪百姓，皋遇，輒縛送軍主，斬以徇，繇是肅然。

越四歲，調廣西柳州。時新收嶺西，兵猶留鎮。軍中多掠婦女，皋白大吏，檄營帥，籍所掠送郡資遣，凡數百人。軍餉不繼，士譁噪將變，皋馳諭緩期，趣臺司發餉，應期至，軍乃戢。郡民王纘緒，故官家子，經亂，產爲四奴所據，隻身寄食僧舍。皋詰得之，悉逮捕諸奴。奴懼，納二千金乞免，佯受之。訊伏罪，乃出金授纘緒，命奴從歸，盡還其產，柳人歌誦之。太和殿大工興，使者采木，民大恐。長老言故明采木於此，僵仆谿谷，横藉不可數。皋曰：「上命也，何敢匿諱！」使者至，令民前導，自控騎偕使者往視。巨木森挺絕巘，下臨深谷。下騎，掖使者攀援以登，崖益峻，無側足所。使者咋舌曰：「是不可取。」還奏免役。民讙呼，戴上恩德。

尋被薦提學四川，以母喪解官。服闋，補陝西平慶道副使，遷福建興泉道參政。以事左遷，旋以恩復職，卒於家。皋於廣西聲績最著。其後稱張克嶷、賈樸。

克嶷，字偉公，山西聞喜人。康熙十八年進士，選庶吉士，改刑部主事，累遷郎中。有獄連執政族人，諸司莫敢任，克嶷請獨任之。內務府以其人出使爲辭，克嶷鉤提益急。牒問奉使何地、歸何期，力請部長入告。事雖格，聞者肅然。出爲廣西平樂知府，猺、僮雜居，盜不可詰。克嶷至浹月，以信義服苗酋。獲巨盜二人，斃其一，宥其一，責以偵緝，終其任盜不敢窺。調廣東潮州，屬縣賊蠭起，或稱明裔，聚衆千餘人。克嶷疾馳至其地，命吏士速據白葉祁山，設疑兵，賊不敢逼。會夜半，大風起，簡健卒二百斫其營，呼曰：「大兵至矣！」城中鼓譟出兵以助之，賊奔祁山，要擊之，斬其渠魁三人，衆散乞降。巡撫將上其功，克嶷曰：「此盜耳，而稱明裔，興大獄，株連多，恐轉生變。」乃以盜案結。郡有大豪戕親迎者於路而奪其妻，克嶷微行迹而得之。獄成，當大辟。監司以督撫命爲之請，曰：「稍遼緩之，當有以報。」克嶷曰：「吾官可罷，獄不可鬻也。」卒寘諸法。或假親王命以開礦，縛執之。其人出龍牌，克嶷命繫之獄，以牌申大府。情既得，立杖殺之。丁父憂歸，遂不出。年七十六，卒。

樸，字素庵，直隸故城人。貢生。康熙二十三年，授廣西柳州同知，有政聲。思明土屬負固抗官，大吏知其能，調任思明治之。夜遣健卒潛入山，焚賊寨，遂出降。署思明知府，土田州岑氏母子相爭，土目陸師等搆之以爲利，殺人千餘。樸至切諭，母子俱感泣。師等聚衆謀不軌，先懾以兵，單騎往，曉以禍福，乃聽命。建明倫堂，設義學，代完寒士逋糧。民立生祠奉之。擢貴州平越知府，罣誤去官。樸在廣西，嘗條上邊事，巡撫彭鵬奇其才。四十年，詔舉廉吏，鵬特疏薦，授江南蘇州知府。與吏民相見以誠，屏絕請託，政聲大起。四十六年，聖祖南巡，幸蘇州，嘉其清廉爲吳中最，擢江常鎮道，吳民數千人遮道請留賢守，御書「宜民」匾額賜之。調蘇松常鎮太糧儲道、布政使參政，仍兼管蘇州府事，從民願也。革四府徵糧例規，積弊一清。忤總督噶禮，摭事劾之，四十九年，去官。留吳門三年，歸里卒。

邵嗣堯，字子昆，山西猗氏人。康熙九年進士，授山東臨淄知縣。有惠政，以憂去。十九年，服闋，補直隸柏鄉。興水利，減火耗，禁差擾，民安之。縣人大學士魏裔介爲嗣堯會試座主，家人犯法，嚴治之，不少貸。又有旗丁毒毆子錢家，入縣庭，勢洶洶。嗣堯不稍屈，繫之獄，移文都統訊主者，主者不敢承，具論如法。值歲饑，或言勸積粟家出粟，嗣堯曰：「人惟不積粟，故歲饑則束手，吾方靳令積粟家獲厚利，何勸爲？」已而糶粟者衆，歲不爲災。有言開滏陽河通舟楫者，巡撫于成龍使嗣堯往相度，嗣堯力持不可，謂：「此河旱潦不常，未可通舟楫。卽或能通，恐舟楫之利歸商賈，挑濬之害歸窮民矣。」事遂寢。

盜殺人於縣界，立捕至，置之法。或毀於上官，以酷刑奪職。尚書魏象樞奉命巡視畿輔，民爲申訴，事得白。于成龍復薦之，補清苑。嗣堯益感奮自勵，屢斷疑獄，人以包孝肅比之。二十九年，尚書王騭薦嗣堯清廉慈惠，行取，擢御史。三十年，出爲直隸守道，持躬清介，苞苴杜絕。遇事霆發機激，勢要憚之。所屬州縣，肅然奉法。

三十三年，江南學政缺，聖祖諭曰：「學政關繫人材，朕觀陸隴其、邵嗣堯操守學問俱優，若以補授，必能秉公校士，革除積弊。」時隴其已卒，遂命嗣堯以參議督學江南。既蒞事，虛衷衡校，論文宗尙簡質，著四書講義，傳示學者。甫試三郡，以積勞遘疾卒。身無長物，同官斂貲致賻乃得歸葬。士民思之，爲立祠肖像以祀焉。

聖祖澄清吏治，拔擢廉明，近畿尤多賢吏，如彭鵬、陸隴其及嗣堯，當時皆循名上達，聞於天下。鵬及隴其自有傳。又有衞立鼎、高蔭爵、靳讓，治績亦足媲美。

立鼎，字愼之，山西陽城人。康熙二年舉人，授直隸盧龍知縣。地當兩京孔道，驛使旁午，供張糗糒，悉自營辦，不以擾民。先是縣中徵糧，勺杪以下，皆用升合量。納草以銀代，仍抑價買諸民間。立鼎令輸戶舍納奇零，統歸斛斗，徵草則以本色輸，民甚便之。興行敎化，奬拔士類，丕變其俗，尤以清廉著稱。尙書魏象樞及侍郎科爾坤奉命巡畿內，至盧龍，已治具，不肯食，僅啜一甌。曰：「令飲盧龍一杯水耳，吾亦飲令一杯水。」諸大獄悉以咨之，立鼎引經準律，象樞大稱善。于成龍之巡撫直隸也，嘗迎駕於霸州，奏舉循吏，以立鼎、陸隴其並稱。嗣巡撫格爾古德以事至盧龍，謂立鼎曰：「令之苦，無異秀才時。秀才徒自苦，今令苦而百姓樂，非苦中之樂乎？」疏薦立鼎治行第一，靈壽令陸隴其次之。內遷戶部郎中，秩滿授福建福州知府，以年老致仕歸。教授鄉里，以倡論道學爲事。年七十有六，卒。

蔭爵，字子和，奉天鐵嶺人，隸漢軍。康熙初，謁選，授直隸蠡縣知縣。縣多旗屯，居民田之半，佃者倚勳貴爲奸利，持吏長短。河數決孟嘗村，歲比不登，民大饑。蔭爵至，曰：「吾未暇理他政，且活民。」倉有粟二萬石，請發以賑。牘再上，不許；請解官，乃許之五千石。蔭爵曰：「若今歲又惡，民不能償，二萬石、五千石等死耳，吾且活吾民。」乃盡發之。更出帑五百金貸民種麥。夏旱，蝗起，捕蝗盡。秋又大霖雨，河暴溢，率吏民冒風雨捍禦，隄完而歲大熟，民乃安。某甲以財雄諸佃，多爲不法，誣諸生爲奴，而籍其田。按治得實，置之法。豪猾慴服，莫敢犯令。於是設義倉，置鄉學，尊禮賢士，民大和悅。調三河，一以簡易爲治。或問之，曰：「前令已治矣，何紛更爲？」前令，彭鵬也。聖祖校獵至三河，問父老：「高令與彭令孰賢？」對曰：「彭廉而毅，高廉而和。」上稱善，擢順天府南路同知。于成龍問以捕盜方略，條上三事，略言：「盜以旗屯爲逋逃藪，請嚴保甲首實之令，使無所匿，而平日能使之衣食粗足，則可不至爲盜。」成龍韙之。會丁父艱歸。成龍總督南河，築界首隄，以屬蔭爵。隄成，上南巡閱工，召見，賜克食。起復補湖北德安府同知，累擢四川松茂道、直隸口北道，皆有惠政，卒於官。子其倬，官至大學士，自有傳。

讓，字益庵，河南尉氏人。康熙十八年進士，授浙江宣平知縣。旱災，請蠲甚力，巡撫張鵬翮以爲賢。父憂去，服闋，授山西汾西。會親征漠北，供張杜絕擾累，民力不足，請以正賦辦治。行取，擢御史，數上疏言察吏安民，實行教養。聖祖諭曰：「朕御極四十年，惟冀天下黎庶盡獲安全，邊疆無事。如靳讓所言，必令家給人足，無一人凍餒，此非朕所可必者，恐其不過徒爲大言。曩者錢珏、衞旣齊亦曾爲此言，及後用爲大吏，皆不能自踐其語。靳讓曾爲縣令，其所爲能如是乎？通州驛馬事繁，著調爲通州知州，果能如所言，朕卽超用。」上意欲試之也，許其便宜啓奏。讓布衣羸馬之官，皇莊、旗莊恣肆病民，繩以法，不少貸。私錢、私鑄悉禁止。時禁河捕魚，誣累平民，讓分別治之。奸商藉權貴勢，謀專賣麥豆及設蘆肆牟利，並拒絕。上聞，皆韙之。會學政更替，命九卿舉所知。上曰：「朕亦舉一人。」命以僉事督學廣西。逾年，調浙江，除弊務盡，敎士先德行而後文藝。值南巡，召對，褒奬曰：「汝不負朕舉，朕將用汝爲巡撫。」讓以母老乞終養，賜御書「天麻堂」額以榮其母。尋母喪，以毀卒。

崔華，字蓮生，直隸平山人。順治十六年進士。康熙六年，授浙江開化知縣。政務寬平，建塾校藝，士爭嚮學。縣舊有里總，主賦稅，橫派滋擾，除之。又以虛糧爲累，請豁於上官，未竟其事。十三年，耿藩亂作，縣南墾戶多閩人，豎旗以應，城守千總吳正通賊，陷城，露刃相逼。華從間道出，檄召十六都義勇鄭大來、夏祚等，涕泣開諭，立聚萬人，躬冒矢石，閱五日，城遂復。總督李之芳上其事，詔嘉之。

時閩寇方熾，分三路犯浙。衢州當中路之衝，縣城再陷，慘掠尤甚，民無叛志。華率兵退保遂安，圖恢復，時出有所擒斬。大兵扼衢州，久與賊持。十五年春，始遣將由遂安復開化，至秋，大破賊軍。浙境漸清，流亡初集，積逋尤多。華圖上遺黎困苦狀，乞爲請命，盡蠲十三年至十六年額賦。贖民之流徙者，俾得完聚。疫癘盛行，廣施藥餌，全活無算。

先後論功，十九年，擢江南揚州知府。值湖、河並漲，屬縣被災者衆，華加意撫恤。二十三年，命九卿舉中外清廉之吏，廷推七人，外吏居其三，華爲首焉。擢署兩淮鹽運使，軍興商困，乃權宜變通，令先行鹽、後納課，務與休息，商力甦而賦亦無缺。先是湖南諸府因兵蠲引三十九萬有奇，至是有請補行蠲引者。華以兩淮浮課重，又帶加斤，若補蠲引，必致額售者滯銷誤課，力言不便，事得寢。三十一年，遷甘肅莊涼道，未行，卒。淮商祠祀之。

周中鋐，字子振，浙江山陰人。康熙中爲江南崇明縣丞。崇明故重鎮，兵籍千人，欲預取軍食於官，不獲，轂刃譁噪。官吏咸避匿，中鋐獨挺身前，宣布順逆利害，感切聳動，衆皆投械散。擢華亭知縣，民有被誣殺人久繫獄，中鋐立出之，而坐其實殺人者。提標兵庇盜，前令莫敢問，中鋐捕治置諸法，境內乂安。四十三年秋，大霆雨以風，海水驟溢，漂數縣。迺具衣糗棺櫝救卹之，又爲請賑蠲租，活民甚衆。雍正四年，以催科不及格罷，縣民萬數遮言，上官聞於朝，得復職。

時左都御史朱軾被命修海塘，知中鋐賢，悉以事付之。塘成，丁母憂，民復籲留，中鋐先已擢松江知府，至是予假治喪，還視府事。五年，議濬淞、婁諸水，以中鋐署太倉知州，董其役。六年二月，築壩於陳家渡，一再潰，與千總陸某晝夜冒險指揮，倉卒覆其舟，既歿而築合。事聞，贈太僕寺少卿。

當中鋐令華亭時，奉賢猶隸境內，後析爲縣，中鋐適爲知府，至是民懷其澤，奉以爲奉賢城隍之神，歲時祈報，著靈異，長洲王芑孫爲廟碑紀其事。道光七年，巡撫陶澍復濬吳淞江，疏請立廟江干。

劉棨，字弢子，山東諸城人。康熙二十四年進士。三十四年，授湖南長沙知縣，以廉明稱。時訛言裁兵，撫標千人環轅門大譟，棨爲開陳大義，預給三月餉，示無裁意，衆乃定。總督吳琠以循良薦之。三十七年，擢陝西寧羌知州。關中大饑，漢南尤甚。州無宿儲，介萬山中，艱於輓運。棨請貸隣邑倉粟，約民能負一斗至者予三升，不十日輓三千石。大吏下其法賑他邑，咸稱便。又奉檄賑洋縣，移粟沿漢而下。棨先徧歷審勘，尅期給發，數日而畢。謂洋令曰：「此粟貸之官，倘民不能償，吾兩人當代任。」比秋大熟，洋縣民相勉還粟，不煩催督。

始寧羌地苦凋瘵，檠爲均田額，完逋賦，補棧道，修旅舍。安輯招徠，期年而廬舍萃集。山多槲葉，民未知蠶，遣人旋鄉里，齎蠶種，募善蠶者教之，人習其利，名所織曰「劉公綢」。士苦無書，爲召賈列肆，分購經籍，建義塾，親爲講解。

四十一年，擢甘肅寧夏中路同知，未赴，母憂去。以代民完賦，負累不能行，囑弟代售遺產，不足，弟並以己產易金償負。民聞之，爭輸金爲助，卻不受。服闋，補長沙府同知。入覲，奉溫旨，試文藝於乾清門，卽日擢山西平陽知府。裁汰陋例，蠲除煩苛，訟牘皆立剖決之。四十八年，九卿應詔舉廉能吏，以知府被舉者，惟檠與陳鵬年二人。

四十九年，擢直隸天津道副使，迎駕淀津，詔許從官恭瞻親洒宸翰。檠因奏兄果昔官河間知縣，奉「清廉愛民」之褒，乞賜御書「清愛堂」額，上允之。歷江西按察使、四川布政使。五十五年，上詢九卿，本朝清介大臣數人，求可與倫比者。九卿舉四人，檠與焉。駕幸湯泉，又以檠治狀語諸從臣，會廷推巡撫，共薦檠，上嘉納之。以四川用兵，未輕調。五十七年，卒於官。

兄果，官山西太原府推官，有聲。改河間知縣，康熙八年，駕幸河間，問民疾苦，父老陳果治狀，召見褒之。卒，祀名宦。檠子統勳，孫墉，曾孫鐶之，並爲時名臣，自有傳。

陶元淳，字子師，江蘇常熟人。康熙中舉博學鴻詞，以疾不與試。二十七年，成進士，廷對，論西北賦輕而役重，東南役均而賦重，願減浮額之糧，罷無益之費。閱者以其言戇，置二甲。三十三年，授廣東昌化知縣，到官，首定賦役，均糧於米，均役於糧。裁革雜徵，自坊里供帳始，相率以力耕爲業。縣隸瓊州，與黎爲界，舊設土舍，制其出入，吏得因緣爲奸，元淳立撤去。一權量，定法度，黎人便之。城中居人，舊不滿百家，至此戶口漸蕃。元淳時步行閭里間，周咨疾苦，煦嫗如家人。

瓊郡處海外，軍將多驕橫，崖州尤甚。元淳嘗署州事，守備黃鎮中以非刑殺人，游擊余虎縱不問；且貪，索黎人獻納。元淳廉得其狀，列款以上，虎私以金賄之不得，造蜚語揭之。總督石琳下瓊州總兵會訊，元淳申牘曰：「私揭不應發審，鎮臣不應侵官，必挫執法之氣，灰任事之心。元淳當棄官以全政體，不能蒲伏武臣，貽州縣羞也。」初鞫是獄，鎮中令甲士百人佩刀入署，元淳據案怒叱曰：「吾奉命治事，守備敢令甲士劫持，是藐國法也。」鎮中氣懾，疾揮去，卒定讞，論罪如律。崖人爲語曰：「雖有余虎，不敵陶公一怒。」而總督卒因元淳倔彊，坐不檢驗失實，會赦免。復欲於計典黜之，巡撫蕭永藻初授事，曰：「吾初下車，便劾廉吏，何以率屬？」爲言於總督，乃已。

元淳自奉儉約，在官惟日供韭一束。喜接諸生，講論至夜分不倦。屢乞病未果，竟以勞卒於官。昌化額田四百餘頃，半淪於海，賦不及二千，浮糧居三之一，民重困。元淳爲浮糧考，屢請於上官，乞豁除，無應者。乾隆三年，元淳子正靖官御史，疏以入告，竟獲俞旨免焉。

廖冀亨，字瀛海，福建永定人。康熙二十九年舉人，四十七年，授江蘇吳縣知縣。值歲旱，留漕賑饑，不足，自貸金易米以濟。士人感其誠，相率捐助，賑以無乏。吳中賦額甲天下，縣尤重，冀亨減火耗，用滾單，民皆稱便。知收漕弊多，拘不法者重治之，凡留難、勒索、踢斛、淋尖、高颺、重篩諸害，埽除一清。太湖中有蘆洲，或墾成田，或種蓮養魚，官吏輒假清丈增糧名以自利。冀亨曰：「湖蕩偶爾成田，未可久持，今增其賦，朝廷所得幾何，而民累無盡期。」一無所問。初，冀亨涖任時，有吳人語之曰：「吳俗健訟，然其人兩粥一飯，肢體薄弱，凡訟宜少準、速決，更加二字曰『從寬』。」冀亨悚然受之。收詞不立定期，民隱悉達。嘗自謂訟貴聽，聽之明，乃能速決而無冤抑。在吳三年，非奸盜巨猾，行杖無過二十，蓋守此六字箴也。

有庠生授徒鹽商家，自刎死，勘得實。或有謗其受賄者，冀亭無所避，卒釋鹽商勿罪。東山巡檢報鄉人弑父屠嫂，未遂，自盡。冀亭方秉一燭閱其詞，燭無風齊滅，知有冤。尅日渡湖往驗，大風，舟幾覆，從者色變。冀亭曰：「縣官伸冤理枉而來，神必佑之，何懼！」須臾抵岸。訊得父故殺狀，巡檢得賄誣報，俱論如律。

冀亭既有聲於吳，他縣疑獄，往往令推治。會有宜興知縣誣揭典史故勘平民爲盜，刑夾致死，冀亭奉檄按驗。知縣者總督噶禮之私人也，或告宜少假借，冀亭不爲動。檢踝骨無傷，原揭皆誣。獄上，噶禮屢駁詰。再三審，卒如冀亭議，以是忤總督。時巡撫張伯行以清廉著，深契冀亭，布政使陳鵬年尤重之；而噶禮不懌於伯行，尤惡鵬年。四十九年，鵬年被劾，並及冀亭，以虧帑奪職。逾年，噶禮敗，冀亭始復原官，以病不赴選。及卒，吳人祀之百花書院。

冀亭歿後，家留於吳，入籍嘉定。曾孫文錦，嘉慶十六年進士，由翰林出爲河南衞輝知府，有惠政，祀名宦。文錦子惟勳，道光十三年進士，亦由翰林爲貴州鎭遠知府，撫苗有法，終貴陽府。

佟國瓏，字信侯，奉天人，隸漢軍籍。康熙三十年，由筆帖式授山東文登知縣。縣俗愚悍，有勸治宜嚴峻者。國瓏曰：「爲政在誠心愛民，興利除害，化導之而已，嚴峻非民之福也。」副將某以暱妓蝕餉，軍大譟，夜半斬關出屯東郊。國瓏聞變，單騎往諭曰：「吾與軍民同疾苦，有寃當訴我，何妄動爲？」衆猶洶洶，國瓏當砲立，曰：「吾不忍見爾曹族誅，請先試若砲。」衆動色，曰：「公廉明，軍何敢犯，然事已至此，奈何？」國瓏力任保全。究其故，得實。縛妓抶之，衆泣拜而散，副將尋被劾去。

歲饑，奸民騷動，國瓏歷村墟，給賑撫諭，捕治凶渠，民賴以安。邑豪宋某以隣婦貸錢不償息殺之。吏役得賂，皆爲豪掩，又以千金賄國瓏。國瓏怒，覆驗婦有重傷，鞫得其情，置豪於法。邑故瀕海，副將林某縛商舶之泊島嶼者數千人，指爲寇，國瓏訊釋之，別捕誅眞盜四十餘人。

五十年，擢山西澤州知州。歲祲，發常平倉以貸民，尅期輸還無爽。又減耗羨，革陋規，省傜役，平物價，民情大悅。國瓏嘗以論事忤太原知府某，某嗾人誣揭之，坐罷任。州民鳴鐘鼓罷市，欲詣闕。既而得白，留原任。時平陽民變，巡撫檄國瓏以兵往，國瓏曰：「是速之亂也。」單騎馳赴，民皆額手曰：「佟公至，吾屬無慮矣！」乃安堵受撫。五十九年，以疾乞免。後以所屬高平令虧帑被逮，責償萬金，民感其惠，捐金投州庫代償其半云。

陸師，字麟度，浙江歸安人。少負文名。康熙四十年進士，授河南新安知縣。修學校，集諸生治經，童子能應試者免其徭，民興於學。響馬賊季國玉爲患久，捕誅之。巡鹽使者下縣，取鹽犯四十人。師曰：「律以人鹽並獲始爲犯，今勘犯止二人，何濫爲？」父憂歸，在途，有六七騎挾弓矢，驅牛車，載婦女三十餘人，言歸德饑民，某將軍買以歸者也。師叱止之，令官還婦女於其家，白將軍收其騎卒。或謂已去官忤將軍，師曰：「知縣一日未出境，忍以饑民婦女媚將軍耶？」

服闋，補江蘇儀徵。有盜引良民爲黨，師親馳往捕，見壞器滿地，言有暴客食此不償值，因而鬭毀。詰其人，狀與盜肖，事得白。春徵，勸富戶先輸，秋則減其耗，令自封投櫃。故事，驛夫臨時取給鋪戶，倉猝滋擾。一切禁革，但令戶日賦一錢歸驛，商賈以安。揚州五縣饑，大吏令縣各以五千金糴穀備賑，具舟車往，則虛而歸。師察知府意欲縣官借補所虧也，力爭，於是五縣皆得穀以賑。

卻鹽商例餽，固請，乃籍其入以修學宮，具祭器樂舞，浚泮池，植桃李其上。修宋文天祥祠，又以其餘建倉廒，潔治囹圄。質庫書票，故有月無日，勿論久近，皆取一月息。師辭其歲餽，令視他縣月讓五日。舊有豬稅，下令蠲除之。

課最，行取擢吏部主事，升員外郎。掌選，有要人求官，力持不可。督山東礦務，條上開採無益，罷其役。還，擢御史，巡河、讞獄皆稱職。康熙六十一年，河督陳鵬年疏請以師爲山東兗沂曹道，未到官，卒。祀名宦祠。

龔鑑，字明水，浙江錢塘人。早與同郡杭世駿齊名。雍正初，以拔貢就選籍，授江蘇甘泉知縣。縣新以江都析置，故脂膏之地，鑑恥爲俗吏，一以子惠黎元、振興文教爲己任。故某侍郎子與有舊，入謁，有所囑，拒之。有同城官爲大吏所昵，令伺察屬吏者，有挾而請，又拒之；亘室延飲，又拒之。於是大江南北盛傳甘泉令不近人情，鑑益自刻苦，無一長物。

縣境邵伯埭受高、寶諸湖之水，地卑下。鑑謂當於農隙運土築高埂沿隄爲防，以徐議溝洫。隄上卽植桑，與蠶事。其西境地高，浹旬不雨卽龜坼，宜每一里爲水塘以蓄之。如是則高下之田俱無患。大吏韙之，然不能行。邵伯埭下有芒稻河，設閘洩水尤要。值大水泛溢，鑑冒雨至，呼閘官洩之。閘官以鹽漕爲言，不可。會總河嵇曾筠視河至，鑑直陳，厲聲訶閘官，曾筠卽令啓閘。又用鑑言，定鹽漕船過湖需水不過六尺，過卽啓閘，無得藉口蓄水，爲民田患。每歲晏，江都之鰥寡孤獨多入甘泉部中。

西湖聖因寺僧明慧者，恃前在內廷法會恩寵，干求徧於江、浙。一日以書幣關白，鑑杖其使而遣之。事流傳，上聞。世宗召明慧還京，錮不許出。當是時，甘泉令聲聞天下。在任六年，以父憂去官，貧，至無以葬。河南巡撫尹會一故爲揚州守，雅與鑑善，招之，欲使主大梁書院，以修脯助葬。遂卒於河南。

鑑湛深經術，能摘先儒之誤，顧書多未成。所成者毛詩疏說，闡明李光地之說爲多。

清史稿卷四百七十七

列傳二百六十四

循吏二

陳悳榮，字廷彥，直隸安州人。康熙五十一年進士，授湖北枝江知縣。修百里洲隄，除轉餉雜派。雍正三年，遷貴州黔西知州，父憂歸。服闋，署威寧府。未幾，威寧改州，補大定知府。烏蒙土司叛，東川、鎮雄附之，悳榮赴威寧防守。城陴頹圮，倉猝聚米桶，實土石，比次甃築，墉堞屹然。賊焚牛衞鎮，去城三十里，悳榮日夜備戰，賊不敢逼。總兵哈元生援至，賊敗走。尋以母憂去官。服闋，授江西廣饒九南道。九江、大孤兩關錮弊盡革之。

乾隆元年，經略張廣泗疏薦，擢貴州按察使。時羣苗交煽，軍事方殷，古州姑盧朱洪文諸叛案，悳榮治鞫，詳慎重輕，咸稱其情，衆心始安。及苗疆漸定，駐師與屯將吏多以刻急見能。二年，貴陽大火，悳榮謁經略曰：「天意如此，當竭誠修省，苗亦人類，曷可盡殺？」廣泗感動，戒將吏如悳榮言。

四年，署布政使，疏言：「黔地山多水足，可以疏土成田。小民難於工本，不能變瘠爲腴。山荒尤多，流民思墾，輒見撓阻。桑條肥沃，亦不知蠶繅之法。自非牧民者經營而勸率之，利不可得而興也。今就鄰省雇募種棉、織布、飼蠶、紡績之人，擇地試種，設局教習，轉相仿效，可以有成。應責各道因地制宜，隨時設教。一年必有規模，三年漸期成效。」詔允行。乃給工本，築壩堰，引山泉，治水田，導以蓄洩之法。官署自育蠶，於省城大興寺繅絲織作，使民知其利。六年，疏陳課民樹杉，得六萬株。七年，貴筑、貴陽、開州、威寧、餘慶、施秉諸州、縣報墾田至三萬六千畝。開野蠶山場百餘所，比戶機杼相聞。悳榮據以入告，數被溫旨嘉奬。又大修城郭、壇廟、學舍。廣置栖流所，收行旅之病者。益囚糧。冬寒，恤老疾煢孤之無衣者。親課諸生，勗以爲己之學。設義學二十四於苗疆，風氣丕變。十一年，遷安徽布政使，賑鳳、潁水災，流移獲安。十二年，卒於官。

惠榮在貴州興蠶桑，爲百世之利。時遵義知府陳玉璧，山東歷城人，到郡見多槲樹，土人取爲薪炭。玉璧曰：「此青萊樹也，吾得以富吾民矣。」乃購歷城山蠶種，兼以蠶師來，試育五年，而蠶大熟，獲繭八百萬，自是遵紬之名大著。正安州吏目徐階平，亦自浙江購繭種，仿玉璧行之正安，亦大食其利。遵義鄭珍著樗繭譜，以傳玉璧遺法。

芮復傳，字衣亭，順天寶坻人，原籍江蘇溧陽。康熙四十八年進士，授浙江錢塘知縣。悉除諸無名錢，曰：「官足給饔飧而已。」有金三者，交通上官署，爲姦利，立逮杖斃之，一時大快。五十八年，大旱，復傳勘實上狀，上官欲寢之，固爭曰：「律有揑災、匿災並當劾，某今日請受揑災罪。」時同城仁和民千人，跣走圍署，曰：「錢塘爲民父母，仁和獨不父母我耶？」上官感動，竟以災聞。開倉行賑，復傳設粥廠二十有七。微行覘視，治胥吏之侵擾者，帑不費而賑溥。駐防營卒馳躪民田，便宜懲治，輒縛而鞭之。

治績上聞，世宗特召引見，擢溫州知府。故事，貢柑，歲期至。織造封園，民以爲累。復傳第取足供貢，不使擾民。府境私鹽充斥，設三團，集竈戶，平其直，私販息，官鹽不督自行。天台山東南有山曰玉環，在海中，總督李衞欲開田設治，檄復傳往勘，以徒費無益，陳請罷之。衞怒，檄他吏往，意必行。時山中田僅二萬畝，乃割天台、樂清兩縣民田隸玉環，經費不足，則捐通省官俸，又加關津一切雜稅以給之。弛山禁，漁者往來並稅，曰塗稅。既而漁者不入，山者度關納稅，亦徵其塗稅。復傳爭曰「是重稅也」，具牘凡七上。衞益怒，以爲阻撓玉環墾田事，蜚語頗聞。劉統勳奉使視海塘，過溫州，語之曰：「君與李宮保，兩雄不相下，不移不屈，君之謂乎？」

尋擢溫處道。會銅商積弊敗露，復傳持法，又揭劾知府尹士份不職，士份反誣以阻商誤銅，大吏故嫉之，遂幷劾復傳。解任，總督趙弘恩質訊，坐失察關吏舞弊奪職。會高宗登極，詔仍留浙江辦銅，事竣，例得復官，以親喪歸，遂不出。家居三十餘年，卒，年九十有四。

蔣林，字元楚，廣西全州人。康熙五十四年進士，選庶吉士，授檢討。直南書房，十年不遷。大將軍年羹堯欲辟爲幕僚，林急告歸。尋調戶部郎中，出爲福建邵武知府，以事解職，詔發浙江，歷杭州、嚴州、金華三府。在杭州，值織造隆昇建議改海門尖山海口，別開河以固海塘。林極言不可，曰：「能使海不潮，則役可興。否則勞民傷財，萬無成理。」上書督撫，俱不省。雍正十二年三月二十五日夜，牒下，索杭夫萬五千人，合旁郡無慮數萬人。期三日集海上。林又爭曰：「田翼方亟，期會迫，萬一勿戢，奈何？必不得已，俟翼功畢。」隆昇怒，督益急，以抗旨脅之。四月，送役往，面詰以工不可成狀。隆昇益怒，留林督役以困之。冒雨撫循，泥深沒脛，役人感其誠，咸盡力。隆昇復虐使，動以捶撻，衆屢譁噪。微林，事幾殆。役迄無成，隆昇得罪去。乾隆初，召至京，入對，卽日擢長蘆鹽運使。曩時院司歲各費數萬緡，林率以儉，歲費百緡而已，羨餘悉歸公。居四年，以親老乞養。高宗曰：「世乃有不願久爲長蘆運使者耶？」久之，卒於家。

閻堯熙，字涑陽，河南夏邑人，原籍山西太原。康熙四十五年進士，五十二年，授直隸藁城知縣。滹沱常以秋溢，築隄樹木樁，以捍其衝，夾岸種柳，隄固，水不爲患。雍正元年，調南宮，擢晉州知州。州瀕滹沱河，河決徙道，蕩析民居。堯熙爲籌安集，民免於患，扶攜老稚來謝。堯熙曰：「此朝廷恩，我何與？」令望闕拜，人給百錢，以資裹糧，散錢十萬，咸感泣曰：「眞父母也！」怡賢親王奉使過境，聞其名，奏循良第一。擢山東青州知府，未之官，改授浙江嘉興。俗健訟，良懦不得直。訟府，下縣，或不理，奸猾益無忌。堯熙始至，日受狀三百。比對簿，自請息者二百餘，庭折數十，各得其情。豪民張某稔惡，訊實，杖殺之，民皆稱快。屬縣賦重，名目糾紛，里胥因緣爲姦。民完如額，官不知，民亦不自知，官累以缺賦課殿去。堯熙巡行清理，民始知額，歲無逋賦。

海鹽縣塘工不就，總督李衞聽浮言，欲開引河洩潮。堯熙言：「滷水入內河，田皆傷，非特壞廬舍、糜帑金已也。」議遂罷。營弁緝私鹽，縱其梟，持他人抵罪。堯熙言其誣，總督不聽，庭爭再三，總督乃自勘，釋之，愈以賢堯熙。累擢湖北按察使、四川布政使，皆持大體，有惠政。乾隆七年，卒於官。

堯熙質直，好面折人過，雖上官不少避。然勇於從善，在川藩多得成都知府王時翔之助，人兩賢之。

時翔，字皐謨，江蘇鎮洋人。爲諸生，績學未遇。雍正六年，世宗重選守令，命中外官各舉一人，同州人沈起元，官興化知府，以時翔應詔，卽授福建晉江知縣。時福建吏治頹廢，遣使按視，多更諸守令有司，頗尙操切。晉江民好訟，時翔至，曰：「此吾赤子，忍以盜賊視乎？」一以寬和爲治。坐堂皇，呴呴作家人語。曲直旣判，令兩造釋忿，相對揖，由是訟者日衰。觀風整俗使劉師恕按泉州，委時翔鞫疑獄二十餘事，語人曰：「晉江長者，決獄又何精敏也！」尋調政和，又調甌寧。

擢漳州府同知，駐南勝。南勝民族居峒中，多械鬬。有賴唱者，糾衆奪犯，匿險自固。時翔親入山諭之曰：「汝諸賴萬人，奈何庇一人而以死殉耶？爲我縛唱來卽無事。」唱不得已自縛出，治如律。瀨子坑民葉揚煽亂，時翔謂緩之可一紙定，或張其事，大吏檄入山勦之。事平，意不自得，乞病歸。

乾隆元年，以薦起山西蒲州府同知，擢成都知府。以廉率屬，善審機要。錢價騰，布政使榜平其直，市大譁。時翔方在假，召成都、華陽二令曰：「市直當順民情，抑之，錢閉不出，奈何？」言於布政撤其榜，錢價尋平。

議徙涼州兵於成都，拓駐防城，當奪民居二千家。時翔檢故牘，請曰：「城故容兵三千，現兵一千五百，尚虛其半。第出現所侵地足矣，奚拓爲？」已而涼州兵亦不果徙。成都當康熙時，人稀穀賤，旗兵利得銀。至雍正以後，生聚多，穀貴，又願得穀。或徇其意，令民受銀，購穀給兵。未幾，漢兵亦欲仿行，時翔曰：「旗兵例不出城，語言與土人殊，故代購。漢兵皆土著，奚代爲？」二事亦賴布政力主其議得止。

至七年，江南、湖廣災，巡撫奏運蜀米四十萬石濟之。湖廣急米，來領運，江南則否。巡撫乃檄下縣餽運，舳艫蔽江，商賈不通，成都薪炭俱絕。時翔謂江南運可緩，徒病蜀。請獨運楚，而聽商人自運江南。時堯熙既歿，竟無用其言者。時翔在成都，屢雪疑獄，時稱神明。九年，卒。

藍鼎元，字玉霖，福建漳浦人。少孤力學，通達治體，嘗泛海考求閩、浙形勢。巡撫張伯行器之，曰：「藍生經世之良材，吾道之羽翼也。」

康熙六十年，臺灣朱一貴倡亂，鼎元從兄南澳鎮總兵廷珍率師進討，多出贊畫，七日臺灣平。復從廷珍招降人，殄遺孽，撫流民，綏番社，歲餘始返。著論言治臺之策，大意謂：「土地有日闢、無日蹙，經營疆理，則爲戶口貢賦之區；廢置空虛，則爲盜賊倡亂之所。山高地肥，最利墾闢。利之所在，人所必趨。不歸之民，則歸之番與賊。卽使內亂不生，寇自外來，將有日本、荷蘭之患，不可不早爲措置。」時議者謂臺灣鎮當移澎湖，鼎元力言不可，大吏採其說，見諸施行。鼎元復爲臺灣道條十九事，曰「信賞罰、懲訟師、除草竊、治客民、禁惡俗、儆吏胥、革規例、崇節儉、正婚嫁、興學校、修武備、嚴守禦、教樹畜、寬租賦、行墾田、復官莊、恤澎民、撫土番、招生番。」後之治臺者，多以爲法。

雍正元年，以選拔入京師，分修一統志。六年，大學士朱軾薦之，引見，奏陳時務六事，世宗善之。尋授廣東普寧知縣，在官有惠政，聽斷如神。集邑士秀異者講明正學，風俗一變。調權潮陽縣事，歲荐飢，多逋賦，減耗糧，除苛累，民爭趨納。妖女林妙貴惑衆，寘之法。籍其居，建棉陽書院。以忤監司罷職，總督鄂彌達疏白其誣，徵詣闕。逾年，命署廣州知府，抵官一月，卒。

鼎元尤善治盜及訟師，多置耳目，劾捕不稍貸，而斷獄多所平反，論者以爲嚴而不殘。志在經世，而不竟其用。著鹿洲集、東征集、平臺紀略、棉陽學準、鹿洲公案傳於世。

葉新，字惟一，浙江金華人。康熙五十一年，順天舉人。從蠡縣李塨受業，立日譜自檢，尤嚴義利之辨。雍正五年，以知縣揀發四川，授仁壽縣。有與鄰縣爭地界者，當會勘，鄉保因閽人以賄請，新怒，悉下之獄。勘畢，各按其罪，由是吏民斂手奉法。

署嘉定州，故有沒水田，多逋賦。新視曠土可耕者，召民墾闢，以新科抵賦額，舊逋悉免。時仁壽採木，部匠倚官爲暴，民勿堪，糾衆相抗，縣以變告，檄新往治之，抵匠頭及首糾衆者於法，餘釋不問。遷邛州知州，再遷夔州府同知，署龍安及成都知府。又署瀘州知州，訟者至，立剖決，滯獄一空。治瀘兩載，俗一變焉。新自授夔州同知，閱五載，始一蒞任。尋又署保寧、順慶兩府，擢雅州知府，母憂歸。

乾隆十年，服闋，補江西建昌。修盱江書院，招引文士與講論學術。復南城黃孝子祠，以勵民俗。十三年，南豐令報縣民饒令德謀反，令德好拳勇，令以風聞遣役往偵，誤探其讎，謂謀反有據，遂往逮令德，適他往，乃逮其弟繫獄。令德歸，自詣縣，受刑誣服，雜引親故及隣境知識爲同謀，追捕蔓及旁郡。新得報，集諸囚親鞫，株連者已七十餘人，言人人殊。

新詰縣役捕令德弟狀，役言初至其家，獲一篋，疑有金寶匿之。及發視，無所有，棄之野。新令聞，意篋有反迹，訊以刑。妄稱發篋得簿劄，納賄毀之矣，令謂實然，遂逼令德誣服。新於是盡釋七十餘人縲絏，命隨往南昌。戒之曰：「有一逋者，吾代汝死矣。」及至，七十餘人則皆在。謁巡撫，具道所以，巡撫愕不信，集才能之吏會勘，益雜逮諸所牽引，卒無據，而巡撫已於得報時遽上奏。朝命兩江總督委官就讞，新爲一一剖解得白，所全活二百餘人。

十七年，調贛州，有贛縣搶奪拒捕之獄，值改例，新舊輕重懸殊。新謂事在例前，當依舊比，爭之不得。復以寧都民獄事，與同官持異同，不得直，謝事閉門候代。上官慰喻，不從，遂以任性被劾免歸。欣然曰：「今而後可無疚於心矣！」家居十餘年，卒。

施昭庭，字鉤瞻，江蘇吳縣人。康熙五十四年進士，授江西萬載知縣。地僻多山，客民自閩、粵來，居之累年，積三萬餘人，號曰「棚民」。溫尙貴者，臺灣逸盜也，亦處山中。雍正元年，福建移捕盜黨急，尙貴謀爲變。始昭庭之至也，以棚民爲慮，厚禮縣人易廉野使偵之。廉野積粟貸棚民，不取息，或免償，得棚民心。其才者嚴林生、羅老滿，從廉野游，盡得山中要領。尙貴將舉事，廉野以聞，昭庭、林生、老滿率勇敢三百人待之。尙貴有衆二千肆掠，昭庭曰：「賊易破也，然慮其擾傍縣。」撫賊諜使誑尙貴趨萬載。乃張疑兵於山徑，賊不敢入，由官道來。預設伏叢棘中，伺賊過，突出擊殺。賊數中伏，疑駭，逆擊之，一戰獲尙貴。尚貴起二日而敗，又二日而撫標兵至。

初，棚民與市人積嫌，事起，道路洶洶，指目棚民。昭庭以免死帖與諸降者，取棚民不從賊者結狀，兵至搜山，不戮一人。巡撫初到官，張其事入奏，既見縣申狀不合，欲改之，昭庭不可。又謂棚民匿盜從亂，今雖赦之，必驅歸本籍。昭庭曰：「棚民種植自給，非刀手老瓜賊之比。歷年多，生齒衆，間與居民爭訐細故，不必深懲。今亂由臺灣逸盜，而平盜悉資棚民。」力請：「覈戶口，編保甲，泯其主客之形，寬其衣食之路，長治久安，於計便。」總督查弼納許之，巡撫尋亦悟，如昭庭策，棚民乃安。事聞，世宗諭九卿曰：「知縣以數年心力辦賊，巡撫到官幾日，豈得有其功耶？」獨下總督疏，議敍，以主事知州用。尋引疾歸，卒於家。

陳慶門，字容駟，陝西盩厔人。雍正元年進士。從鄠王心敬講學，養親不仕。母王趣之，乃謁選。七年，授安徽廬江知縣，修建文廟，規制悉備。大濬城壕。置義田二百畝有奇。贍養煢獨，立社倉四所，積穀以貸平民。縣民舊習，止知平疇種稻，高阜皆爲棄壤。因市牛具，仿北方種植法，躬督墾闢，遂享其利。

尋署無爲州事。州瀕江，上下二百里，牵當水衝，前人築壩四，常沒於水。慶門於鮑魚橋、魮魚口二處，樹樁編竹，實土爲坦坡；又取亂石填擲水中，水停沙淤，久而成洲，民免墊溺之患。又署六安州，舊有水塘，議者欲墾塘以爲田，將絕灌溉之利。慶門力言於上官，事乃寢。

十一年，擢亳州知州，俗悍，好羣鬭，倚蠹役，表裏爲奸。慶門廉得其魁黨，先後杖遣數百人。又好訟，仿古鄉約法，使之宣導排解。勤於聽斷，日決數十事。不數月，澆風一變。州瀕湖，地窪下，用秦中收淀之犂法，督民挑濬，地下者漸高，水歸其壑，農田賴焉。母憂歸。

乾隆元年，服闋，以大臣薦，補四川達州知州。境環萬山，歲常苦旱，敎民種旱稻，始無艱食之憂。隣郡巴州，桑柘素饒，乃買桑徧植，敎以分繭繅絲之法，獲利與巴州等。時川東多流民，官廩不給，遂釐剔腴田之被隱占者，爲義產以贍之，全活甚衆。建宣漢書院，聘名流敎授，文風漸振。未幾，乞病歸。著仕學一貫錄，世以儒吏稱之。

周人龍，字雲上，直隸天津人。康熙四十八年進士，授山西屯留知縣。興學賑荒，有聲。調清源，境內洞渦、嵺峪諸河入汾，常有水患，濬渠築堰，民賴之。歷忻州直隸州知州、蒲州知府。蒲郡瀕黃河，河水遷徙無常。山、陝兩省民隔河爭地，訟數十年不結。人龍請於大吏曰：「臨河灘地，當以河爲界。河東遷，則山西無地之糧歸陝西；河西遷，則陝西無地之糧歸山西。糧隨地起，不缺正賦。因地納糧，無累民生。山、陝沿河二千餘里，凡兩省湮沒之地，令地方官照糧查地，按地過糧。除鹵鹹者照例題請免徵，其餘水退之地，招令沿河民認糧承種，庶事無偏枯，爭訟可息。」大吏從其議，至今便之。

雍正初，有言丁糧歸地，便於無力之丁，不便於有田之家。人龍駁之，略曰：「有田者，尚以輸納爲艱，豈無田者反易？君子平其政，焉得人人而悅之？今不悅者，不過紳衿富戶；而大悅者，乃在煢煢無告之小民。若因其控告而不行，則豪强得志，而窮民終於無告。此議在當日未行則已耳，今行之數年，勢難中止。窮民狃於數年樂利，必不安於一旦變更。且富民少而窮民多，不當以彼易此。」議上，事乃定。以憂去官。

服闋，補湖北安陸。數月，擢江西督糧道，未行，江水決鍾祥三官廟隄及天門沙溝垸，招集鄰縣民，諭以利害，同築禦。踴躍荷畚鍤至者數萬人，親冒風雨，率以施工。或勸其「已遷官，何自苦」，人龍曰：「助夫由我招至，我去卽散矣。伏汛一至，民何以堪？」閱兩月工成，安陸人尸祝之。江西漕糧徵運素多弊，嚴立規條，宿蠹一清。乾隆十年，乞病歸，卒。

童華，字心樸，浙江山陰人。年未冠爲諸生，長習名法家言，出佐郡邑治。雍正初，入貲爲知縣。時方修律例，大學士朱軾薦其才，世宗召見，命察賑直隸。樂亭、盧龍兩縣報饑口不實，華倍增其數。怡賢親王與朱軾治營田水利，至永平，問灤河形勢，華對甚晰，王器之。尋授平山知縣，邑災，不待報，遽出倉粟七千石貸民。擢眞定知府，權按察使。以前在平山發粟事，部議免官，特詔原之。

怡賢親王奏以華理京南局水利，華度眞定城外得泉十八，疏爲渠，溉田六百畝，先後營田三百餘頃。滏陽河發源磁州，州民欲獨擅其利。自春徂秋，閉閘蓄水，下游永年、曲周滴涓不得。時改州歸直隸，以便控制。華建議仿唐李泌、明湯紹恩西湖三江兩閘遺規，計板放水，數縣爭水之端永息。華又以北人不食稻，請發錢買水田穀運通倉，省漕費，民得市稷黍以爲食，從之。

調江蘇蘇州，會清查康熙五十一年以來江蘇負課千二百餘萬，巡撫督責急，逮捕追比無虛日，華固請寬之。巡撫怒曰：「汝敢逆旨耶？」對曰：「華非逆旨，乃遵旨也。上知有積欠，不命嚴追而命清查，正欲晰其來歷，查其委曲，或在官，或在役，或在民，或應徵，或應免，了然分曉，奏請上裁，乃稱詔書意。今奉行者不顧名思義，徒以十五年積欠立求完納，是暴徵，非清查也。今請寬三月限，當部居別白，分牒以報。」巡撫從其請，乃盡釋獄繫千餘人，次第造册請奏。時朝廷亦聞江南清查不善，下詔切責，如華言。

浙江總督李衞嘗捕人於蘇，華以無牒不與，衞怒，蜚語上聞。世宗召見，責以沽名干譽，對曰：「臣竭力爲國，近沽名；實心爲民，近干譽。」上意解，命往陝西以知府用。署肅州，佐經略鄂爾泰屯田事，鑿通九家窰五山，引水穿渠，漑田萬頃。以忤巡撫被劾罷官。乾隆元年，起福州知府，調漳州。頗好長生術，招集方士，習丹家言，復劾罷歸。數年卒。

華剛而忤時，屢起屢蹶。在蘇州，民德之尤深，以比明知府況鍾。當世宗治畿輔營田時，所用者多一時賢守令，有黃世發，名與華相媲云。

世發，字成憲，貴州印江人。康熙三十五年舉人，授直隸肅寧知縣。舊例，錢糧加一二作耗銀，世發亦收之而不自用，雜派畝銀三四錢悉除之。縣有役事，若修學校、繕城垣及上官別有攤派，卽以耗銀應。河間府檄修府城，親齎餱糧，出錢雇役，不以擾社甲。視民如家人，敎以生計。坑嗛荒地，令穿井耕種。緣城植桑柳樹萬株，凡水車、蠶箔、糞灌、紡績，悉爲經畫。復闢護城廢地，穿池種稻以導之。建社學，敎以孝親敬長，贖官田九十餘畝，以其租爲學者膏火。旬三日集諸生講學會文，士有自隣縣來學者。雍正三年，水災，大吏遣官履勘，世發不能得其意，被劾罷。士民呼籲挽留，特詔復官，加四品銜。已，晉授按察使銜直隸營田觀察使，巡行勸民農桑，察水利可興者。所至剴切宣諭，民多興起。修隄墾田，變汙下爲沃壤。最後開易州水峪田，經營年餘，以勞卒。

李渭，字菉涯，直隸高邑人。父兆齡，康熙中官福建閩清知縣，以廉能稱。渭，康熙六十年進士，授內閣中書，遷刑部主事。雍正二年，出爲湖南岳州知府，詔許密摺奏事。忤大吏，左遷武昌府同知，未之任，丁母憂。服闋，授四川嘉定知府，復以爭冤獄忤上官。渭曰：「吾官可棄，殺人媚人不爲也。」奉檄賑重慶水災，多所全活。父憂歸。

後補河南彰德，萬金渠源出善應山，環府城，入洹河，灌田千數百頃，山水暴發易淤。渭履勘濬治，增開支河，建閘啓閉，定各村分日用水，歲以有秋。漳河當孔道，舊設草橋於臨漳，道迴遠，移於豐樂鎭，行旅便之。雩武安民班某誣殺族兄獄。林縣富室毆人死，賂屍屬以病死報。渭驗屍腿骨盡碎，治如律。舉卓異。

乾隆九年，擢山東鹽運使，時議增鹽引，渭以增引則商不能賠，必增鹽價，商、民且兩病，持不可。十二年，山東大水，大吏檄渭勘災，至益都、博興、樂安諸縣，餓莩載途，而有司先以未成災報，已入告，難之；乃請以借作賑，異日免追，民乃蘇。十三年，就遷按察使，折獄平。嘗曰：「古人言求其生而不得，今俗吏移易獄詞，何求生不得之有？然如死者何！此婦寺之仁，非持法之正。」

尋遷安徽布政使，禁革徵糧長單差催法，以杜詭寄。調山東，墾荒，令客民帶完舊欠，免鄰保代賠逃戶之累，民便之。爲政持大體，不吝出納，不輕揭一官，馭吏嚴而不念舊過。

十九年，卒於官。子經芳，乾隆中官至湖北施南知府，亦廉謹守其家風。

謝仲玩，字孔六，廣東陽春人。雍正元年舉人，登明通榜。初官長寧教諭，乾隆初，擢授湖南常寧知縣，峻却餽遺。履鄉自裹行糧，嚼生萊菔供饌。月兩課士，以節行相勸勉。調平江，再調衡陽。前令李澎徵漕米浮收斛面，糧儲道謝濟世發其奸。時巡撫許容方以浮收誣劾濟世，總督孫嘉淦亦徇巡撫意，故濟世與澎並免。言官論奏，朝命侍郎阿里衮往按。署糧道倉德又因布政使函囑改換衡陽浮收詳文，據以上揭，詔責切究。事急，澎則盡出賄贈簿以脅上官，阿里衮重興大獄，欲出澎浮收罪，與濟世俱復官。仲玩乃重治澎丁役，以決罰過當被劾罷官。逾年，特起爲衡山知縣。以讞巴陵獄，巡撫與按察使互奏，奉旨引見，擢荆州府通判。又以歸州縱盜冤良之獄，自巡撫按察以下皆被重譴，仲玩承審時，堅不會印，特旨召對。擢常德府同知，歷署襄陽、寶慶、宜昌、武昌、永順、岳州、永州七府知府，護衡永郴桂道。正躬率屬，屏絕請託，暇輒延耆士論學不倦。

仲玩官湖南先後三十年，長於折獄，大吏倚重。歷奉檄鞫獄二百餘，多所平反，以直戇名。乾隆三十七年，在永州議改淮引食粵鹽，格於例不行，遂以目疾請告。解組日，貧如故，卒於家。

李大本，字立齋，山東安丘人。雍正十三年舉人。乾隆九年，銓授湖北棗陽知縣，改湖南益陽。居官自奉儉約，勤於吏事。益陽人不知蠶，大本教之樹桑，後賴其利。調長沙，遷寶慶府理瑤同知。所隸通水峒有苗僧行賈臨桂，知縣田志隆見之，意爲賊黨。吳方曙者，從馬朝桂謀叛，時方繪圖懸購者也。僧畏刑誣服，又訊朝桂所在，妄言在峒中。廣西巡撫定長立上奏，率兵出，命大本從行。大本曰：「僧言眞僞不可知，大兵猝至，苗必駭，且生變，請潛訪之。」既而白僧言實妄，巡撫疑未釋，復欲以兵往，大本力諫乃止。後廷訊苗僧果誣如大本言。

橫嶺峒苗乏食，籲官求粟，大本多方賑之。復爲苗民籌生計，請於上官曰：「橫嶺峒自逆渠授首，安插餘苗，因惡其人，故薄其產，每口授田才三十穦至四十穦。每穦上田穫米六升，中田五升，下田四升，得米無多。又峒田稍腴者盡與堡卒，極惡者方畀苗民，歲入不足，男則斫柴易米，女則斸蕨爲粉，給口食。年來生齒日繁，材木竭，米價益昂，飢餓愁嘆，深可憐憫，恐不可坐視而不爲之所。現有入官苗田一千三百四十八畝，舊募漢民佃種，出租供餉，奸良不一，屢經淘汰。請視苗民家貧丁衆者書諸簿，有漢佃應除者，即書簿之苗丁次第受種，出租如故，則苗民得食而餉亦無虧，乃補救之一端。」議上，不許。後巡撫陳宏謀見之，曰：「此識時務之言也。」將陳其事，會他遷，未果。二十一年，題請升授知府，因病足歸，卒於家。

牛運震，字階平，山東滋陽人。雍正十一年進士。乾隆元年，召試博學鴻詞，不遇。尋授甘肅秦安知縣，開九渠，溉田萬畝。縣北玉鍾峽山崩塞河，水溢爲災。運震率丁夫開濬，凡四日夜，水退。緣山步行，以錢米給災戶。縣聚曰西固，去治二百餘里，輸糧苦運艱，多積逋。運震許以銀代納，民便之。先是巡檢某誣馬得才兄弟五人爲盜，前令弗察，得才自刎死。其兄馬都上控，令又誘而斃之獄。其三人者將解府，運震鞫得其情，昭雪之。又清水縣某令冤武生杜其陶父子謀殺罪，上官檄運震覆治，驗死者得自刎狀，以移屍罪其陶而釋其子。他訟獄多所平反。

官秦安八年，惠農通商。暇則行視郊野，鑄農具，敎民耕耨。稱貸販糴戶，不求其息。設隴川書院，日與諸生講習，民始向學。兼攝徽縣，又攝兩當縣，茇舍於三縣之中，曰大門鎮，以聽訟。徽縣多虎，募壯士殺虎二十六，道始通。調平番，值縣境五道峴告饉，捐粟二百石以賑，民感之。人輸一錢，製衣銘德，運震受衣返幣。固原兵變四掠，督撫皆至涼州，檄召運震問方略。運震請勿以兵往，但屯城外爲聲援，令城內捋出亂者。游擊某執三百餘人，衆恟懼，運震請釋無辜，入城慰喻。斬三人，監候四人，餘予杖徒有差，反側遂安。有忌者摭前受萬民衣事，劾免官。貧不能歸，留主臯蘭書院，教學得士心。及歸，有走千里送至灞橋者。

運震居官，不假手幕下，事輒自治。所至嚴行保甲，鬬爭訟獄日卽於少。遇人干訟，必嚴懲。治盜尤嚴，曰：「邊鄙風俗疵悍，不如此，則法不立；令不行，民不可得而治。且與其輕刑十人，不如重處一人而九人畏，是懲一而恕九也。」罷官歸後，閉門治經，搜考金石，所著經義、史論、文集及金石圖，皆行於世。嘗主晉陽、河東兩書院，所造多名雋士，世稱「空山先生」。

張甄陶，字希周，福建福清人。舉鴻博，補試未合格罷。大學士朱軾、侍郎方苞薦修三禮，辭，而請受業於苞。乾隆十年，成進士。時方許極言直諫，甄陶對策，因極陳時務。選庶吉士，授編修，尋改授廣東鶴山知縣。歷香山、新會、高要、揭陽，皆劇邑，所至有聲。疆田疇，修隄圩，弛疍戶蠔蜆之禁，增建書院、社倉，平反寃獄，詰捕盜賊，爲政務無怫逆於民。以憂去官，服除，起授雲南昆明，弗獲於上官，坐事免。主講五華書院，尹壯圖、錢灃皆其弟子。復移掌貴州貴山書院，課士有法。總督劉藻疏薦，詔加國子監司業銜。晚以病歸閩，主鼇峯書院。以經義教閩士，於是咸通漢、唐注疏之學。在滇時著經解百餘卷。方甄陶之補外，人咸惜之。大學士陳世倌贈以明呂坤呻吟語，甄陶讀其實政錄而慕之，在粵作學實政錄，見其書者，咸曰：「循吏之言也。」

邵大業，字在中，順天大興人，舊籍浙江餘姚。雍正十一年進士，乾隆元年，授湖北黃陂知縣。初到官，投訟牒者坌至，不移晷，決遣立盡。吏人一見問姓名，後無不識，衆莫敢弄以事。有兄弟爭產訟，皆頒白，貌相類。令以鏡鏡面，問曰：「類乎？」曰：「類。」則進與爲家人語曰：「吾新喪弟，獨不得如爾兩人白首相保也。」二人感動罷去。蛟水壞城，當壞處立，誓以殉，水驟止，拯溺餔飢，完隄岸，民得免患。總督以其名上聞，會父憂去。

服闋，授河南禹州知州，調睢州。頻澇，請糶請賑，民以免患。濬惠濟河，以俸錢更直，擢江南蘇州知府。松江盜獄久不決，株連瘐斃者衆，奉檄鞫治。見羣犯皆斷脛折踝，蹙然曰：「爾等亦人子，迫飢寒至此，猶茹刑顚倒首從，誣連非罪人，何益於爾？」有盜皤然曰：「官以人類待我，我不忍欺。」獄辭立具。

兼署蘇松太道，尋攝布政使事，大吏交章薦。十六年，高宗南巡，御舟左右挽行，名縕縴。大業語從臣，除道增縴必病民，非所以宣上德意，遂改單縴。會積雨，治吳江帳殿未就，總督劾大業觀望。及乘輿至，則供備已具，然大業卒因左遷。

尋授河南開封知府，屬縣封丘民被控侵占田畝，及勘丈，非侵占，而畝浮於額。大業考志乘，河南賦則，自明萬曆改併，中地十畝，作上地七畝；下地十畝，作上地三畝。上官以昔爲下則，今則膏腴，議加賦。大業曰：「此河衝淤積，百姓以墳墓田廬所易之微利也。今日爲退灘淤地，異日卽可爲沙壓水衝。冬春播種，夏秋之收穫不可知。上年河決，屋宇未盡葺，流亡未盡復，遽增歲額，何以堪？」旋從部議試種三年，次年果沒入水，乃止。未幾，以河溢，降江南六安州知州，又以盜案鐫級。引見，再還江南，署江寧府。

二十八年，授徐州知府，府城三面瀕黃河，西北隅尤當衝，雖有重隄，恃韓家山埽爲固。大業按視得蘇公舊隄，起城西雲龍山，迄城北月隄，長三里，湮爲民居，復其舊。越歲，韓家山埽幾潰，民恃此隄以無恐。復濬荆山橋河，於水利宣洩，規畫盡善。治徐七年，間有水患，不病民。三十四年，坐妖匪割辮事罷職，謫戍軍臺，數年卒。

大業所至以勸學爲務，因黃陂二程子祠建義學，葺睢州洛學書院，集諸生親爲之師焉。

周克開，字乾三，湖南長沙人。乾隆十二年舉人。十九年，以明通榜授甘肅隴西知縣。調寧朔，縣屬寧夏府，並河有三渠，曰漢來、唐延、大清，皆引河入渠灌田。唐延渠所經地多沙易漫，克開治之使深狹，又頗改其水道，渠行得安。渠有石竇，洩水於河，以備旱澇，民謂之暗洞。時暗洞崩塞，渠水不行，上官欲塡暗洞而竭唐延入漢來，以便寧夏縣之引河，寧夏利而寧朔必病。克開恐夏、秋水盛無所宣洩，時新水將至，不可待。克開請五日爲期，取故渠及廢閘之石，晝夜督工，五日而暗洞復，兩縣皆利。大清渠長三十餘里，鑿自康熙間，久而石門首尾壞，民失其利，克開亦修之，皆費省而工速。再以卓異薦，擢固原知州，父憂去。服闋，補洮州。

尋擢貴州都勻知府。從總督吳達善、侍郎錢維城治貴州逆苗獄，用法有失當者，力爭無少遜。調貴陽，亦以強直忤巡撫宮兆麟，因公累解職。引見，復授山西蒲州知府，調太原。清釐積獄，修復風峪口堤堰，障山潦，導之入汾，民德之。擢江西吉南贛寧道，署布政使，以王錫侯書案被議。高宗知其賢，發江南，以同知用。會南巡，克開署江寧府，迎駕，授江西九江知府，尋擢浙江糧儲道。

時巡撫王亶望貪黷，屬吏多重徵以奉上官。克開至，誓不取一錢，請於巡撫，約與之同心。亶望姑應之，心厭克開，乃奏克開才優，請移治海塘，於是調杭嘉湖道。會改建海岸石塘，總督欲徙柴塘近數百丈以避潮，克開曰：「海與河異，讓之則潮必益侵，無益也。」乃止。年餘，以督工勞瘁卒。

克開在寧朔治水績最著，生平治獄多平反。禮儒士，嘗以私錢興書院。歿無餘貲，天下稱清吏。當時守令以興水利著者，又有鄭基、康基淵、言如泗，後有周際華。

基，字築平，廣東香山人。以諸生入貲爲知縣。乾隆間銓授安徽鳳臺縣，東鄉有通川三：曰黑濠，曰湮泥，曰裔溝。匯潁上、蒙城諸縣水以達淮，歲久盡湮，秋潦輒成巨浸。侍郎裘曰修奉使治淮、潁諸水，獨不及鳳臺。基具牘陳利害及工事甚悉，曰修允其請。基察土宜，穿故渠，三河交暢。釃上游諸水以通淮流，不逾時工成。魯松灣地遠淮而卑，頻患潦，捐俸倡築隄障，遂成膏腴。調定遠，舉卓異，擢壽州知州。安豐塘，古芍陂也。塘圮，基審覈舊制，繕復之，爲水門三十六，爲閘六，爲橋一。其旁則爲堨、爲堰、爲圩，啓閉以時，汙萊盡闢。嘗循行阡陌，見沙地磽确多不治，教民種薯蕷，佐菽麥，俾無曠土。壽州不知蠶織，而地多椿樗，可飼蠶。購蠶種，教民飼之，農桑並興。其後遇旱，獨鳳臺、壽州秋成稔於他縣，以水利修也。遷泗州直隸州知州。賑水災，飢而不害。擢江蘇淮安知府，淮安爲衆水所聚，於城東濬澗市河，於北開漁濱山字河，於西開護城河，壅滯悉通，民便之。基博覽前史，於河渠水利圖經，丹鉛殆徧，施行輒有成效。乾隆四十一年，擢江南守巡道，命甫下而卒。

基淵，字靜溪，山西興縣人。乾隆十七年進士，歸班銓授河南嵩縣知縣。舊傍伊水有渠十一，久湮絕。基淵按行舊址，勸民修復。山澗諸流可引漑者，皆爲開渠。渠身高下不一者，分段設閘以蓄洩之。田高渠下者，則教爲水車引漑。凡開新、舊渠十八，灌田六萬二千餘畝。巡撫上其事，優詔議敍，尋以憂去。服闋，授甘肅鎮原，調臯蘭，擢肅州直隸州知州。洪水渠岸峻易崩，基淵度勢於南石岡引鑿渠口，以避沖陷之害。野猪溝有荒田，無水久廢。基淵詢訪耆舊，加寬柳樹閘龍口，別開子渠。界荒田為七區，招民佃種，區取租十二石，給各社學，名曰新文渠。州東南九家窰，鑿山後渠開屯田，舊駐州判主之，久之田益薄瘠，民租入不足支官役；基淵請汰州判，改屯升科，爲籌歲修費，民於是有恆產。

基淵治官事如家事，博求利病。在嵩縣，植桑教蠶，出絲甲於他邑。以無業之地，建社學三十二所。在肅州，開郊外廢灘，種楊十餘萬株。徧諭鄉堡種樹，薪樵取給，建社學二十一所。又於金佛、淸水兩鄉建倉，以免徵糧借囤民房之累。革番、民採買需索，皆有實惠。四十四年，擢江西廣信知府，卒於官。

如泗，字素園，江蘇昭文人，言子七十五世孫。乾隆三年，高宗臨雍，如泗以賢裔陪祀，賜恩貢生，充正黃旗官學教習。十四年，銓授山西垣曲知縣，城濱黃河，修石隄以捍水。亳河故有數渠，復於上游濬之，分以溉田，民稱「言公渠」。調聞喜，涑水湍急，舊渠多圮，別濬新渠，食其利者五村。舉卓異，擢保德直隸州知州。新疆軍興，徵調過境，值歉歲，如泗經畫曲當，民無所累。陝西巡撫明德聞其能而薦之，乞養歸。父喪除，補解州。白沙河在城南，地如建瓴，南決則害鹽池，北決則壞城。如泗請於大吏，用鹽帑修築兩岸石堰，長五里。又姚暹渠本以護鹽池，民田不能灌溉。故事，商民分修，商盡諉之於民，力爭，乃仍舊貫。二十九年，擢湖北襄陽知府。如泗愛士恤民而治盜嚴，在解州，民間夜不閉戶。襄陽素爲盜藪，聞其至，盜皆遠遁。三十四年，因失察屬員罷職。尋以皇太后萬壽祝嘏復原官，遂不出。嘉慶十一年，卒於家，年九十一。光緒中，祀名宦。

際華，字石藩，貴州貴筑人。嘉慶六年進士，授內閣中書，親老乞改教職。歷遵義、都勻兩府教授，以薦擢知縣。道光六年，授河南輝縣。百泉出縣北蘇門山，衞河之源也。其西諸山水經縣南入衞，曰峪河；其北諸澗水歷縣東入新河，曰東石河。新河者，自縣北鑿渠引衞河，至縣南復入衞，又稱玉帶河，皆資疏洩、利灌溉。時並淤塞，遇水輒苦漂溺。際華履視溝、渠，出俸錢率民釃貲濬峪河，修紅石堰，疏新河。鑿東石河六十餘丈，堅築其岸。諸渠綺交脈注，潦患以息。課民種桑四萬株，敎之育蠶，他樹亦十五萬株，於是邑有絲絮、材木之利。蘇門故多名賢祠宇，咸新之，修明祀事，以勵風敎焉。

署陝州直隸州知州。自澠池入陝，道硤石五十餘里，險惡爲行旅所苦。際華別開平道，往來者便之。迴避，改授江蘇興化縣。當裏下河之下游，水患尤急。際華議開攔江壩以洩湖、河之水，鹽官及商皆力爭，以爲壩開則水南下溜急，於鹽舟牽挽不便。際華曰：「彼所爭者，十四里牽挽之勞，以較揚州東七縣田廬場竈之漂溺，蠲免賑恤之煩費，輕重何如？」

總督林則徐韙其議。調江都，兼署泰州，毀淫祠百餘區，改爲義學。則徐疏薦之，尋告歸，卒於家。

先是輝縣及興化民皆不習織，際華輒自出貲置織器教之，轉相授，於是二縣有衣被販貿之利，至今賴之。輝縣請祀名宦祠。

汪輝祖，字龍莊，浙江蕭山人。少孤，繼母王、生母徐敎之成立。習法家言，佐州縣幕，持正不阿，爲時所稱。乾隆二十一年成進士，授湖南寧遠知縣。縣雜瑤俗，積逋而多訟，前令被訐去，黠桀益肆挾持；又流丐多强横。輝祖下車，卽捕其尤，驅餘黨出境。民納賦不及期，手書諭之曰：「官民一體，聽訟責在官，完賦責在民。官不勤職，咎有難辭；民不奉公，法所不恕。今約每旬以七日聽訟，二日較賦，一日手辦詳稾。較賦之日亦兼聽訟。若民皆遵期完課，則少費較賦之精力，卽多聽訟之功夫。」民感其誠，不逾月而賦額足。

治事廉平，尤善色聽，援據比附，律窮者，通以經術，證以古事。據漢書趙廣漢傳鉤距法，斷縣民匡學義獄；據唐書劉蕡傳斷李、蕭兩氏爭先隴獄：判決皆曲當，而心每歉然。遇匪人當予杖，輒呼之前曰：「律不可逭，然若父母膚體，奈何行不肖虧辱之？」再三語，罪人泣，亦泣。或對簿者，反代請得免，卒改行爲善良。每決獄，縱民觀聽。又延紳耆問民疾苦、四鄉廣狹肥瘠、人情良莠，皆籍記之。

寧遠例食淮鹽，直數倍於粵鹽，民食粵私，大吏遣營弁偵捕。輝祖白上官，以鹽愈禁則值愈增，私不可縱，而食淡可虞，請改淮引爲粵引。未及報，輝祖卽張示：「鹽不及十斤者聽。」偵弁謂其縱私，輝祖揭辨，總督畢沅嘉之，立弛零鹽禁，時偉其議。兩署道州，又兼署新田縣，皆有惠政。以足疾請告，時大吏已疏調輝祖善化，又檄訊隣邑獄，因足疾久不赴，疑其規避，奪職。歸里，閉戶讀書，不問外事。值紹興西江塘圮，巡撫吉慶强輝祖任其事，畚節工堅，時稱之。舉孝廉方正，固辭免。

輝祖少尚氣節，及爲令，持論挺特不屈，而從善如轉圜。所著學治臆說、佐治藥言，皆閱歷有得之言，爲言治者所宗。初通籍在京師待銓，主同郡茹敦和，論治最契。同時朱休度並以慈惠稱。

敦和，字三樵，浙江會稽人。初嗣姉翁李爲子，占籍廣東。乾隆十九年成進士，歸本宗，授直隸南樂知縣。愼於折獄，於片紙召兩造，立剖曲直，當笞者薄責之，民輒感悔自新。擇清白謹愿者充社長、里正，令密陳利弊，以次行之。縣當豬龍河之衝，察河源委，於開州、清豐之間審地形高下，因勢利導，水不爲患。地多茅沙鹽鹹，敎以土化之法，廣植雜樹。鄉民以麥稭編笠爲生，敦和勸種桑。

調大名，漳水患劇，旁有渠河，教和謀開渠以殺其勢。適內遷大理寺評事，不及上請。乃手書揭城門，勸民刻期集河干，親爲指示，民具畚鍤來者以萬計。經旬而渠成，後利賴之。尋復出爲湖北德安府同知，署宜昌知府，緣事降秩。卒，祀直隸名宦祠。子棻，以一甲一名進士官至兵部尚書。

休度，字介斐，浙江秀水人。乾隆十八年舉人，官嵊縣訓導，以薦授山西廣靈知縣。值大荒疫，流亡過半，休度安撫招徠。糧籍舊未清，履勘勸耕，一年而荒者墾，三年而無曠土。糧清賦辦，獲優敍。尤善決獄，劉杷子妻張，以夫出，飢欲死，易姓改嫁郭添保。疑郭爲略賣，詰朝手刃所生子女二而自剄。休度詣驗，婦猶未絕，目郭作聲曰：「販，販！」察其無他情，讞定，杷子乃歸。衆曰：「汝欲知婦所由死，問朱爺。」休度語之狀，並及其家某事某事。杷子泣曰：「我歸愆期至此，勿怨他人矣。」稽首去。薛石頭偕妹觀劇，其友目送之。薛怒，刃傷其左乳，死。自承曰：「早欲殺之，死無恨。」越日，復詰之曰：「一刃何卽死也？」薛曰：「刃時不料卽死。」曰：「何不再刃？」薛曰：「見其血出不止，心惕息，何忍再刃？」遂以誤殺論，減戍。休度嘗曰：「南方獄多法輕情重，北方獄多法重情輕，稍忽之，失其情矣。」待人以誠，人亦不忍欺。周知民情，訴曲直者，數語處分，民皆悅服。數年囹圄一空，舉卓異。嘉慶元年，引疾歸，縣人懇留不得，乞其「壺山垂釣」小像勒諸石。歿後，祀名宦。

休度博聞通識，尤深於詩，以其鄉朱彝尊、錢載爲法。任校官時，採訪遺書，得四千五百餘種，撰總目上諸四庫。大學士王杰爲學政，任其一人以集事，時盛稱焉。

劉大紳，字寄庵，雲南寧州人。乾隆三十七年進士，四十八年，授山東新城知縣。連三歲旱，大紳力賑之。調曹縣，代者至，民數千遮道乞留，大吏爲留大紳三月。及至曹縣，旱災更重於新城。大紳方務與休息，河督檄修趙王河決隄，集夫萬餘人，以工代賑，兩月竣事，無疾病逃亡者。既又檄辦河工稭料三百萬，大紳以時方收斂，請緩之。大吏督責益急，將按以罪，請限十日，民聞，爭先輸納，未卽期而數足。一日巡行鄉間，有於馬後議穀賤銀貴開徵期迫者，大紳顧語之曰：「俟穀得價再輸未遲也。」語聞於大吏，怒其擅自緩徵，遣能吏代之。民慮失大紳，爭輸賦，代者至，已畢完。大吏因責徵累年逋，久倘不足，終以代者受事。民益恐，晝夜輸將，不數日得三萬餘兩。初，大紳以忤上官意，自劾求去，民環署泣留，相率走訴大吏。適大吏有事泰山，路見而諭止之，不得去。至是密自申請，民知之，已無及，乃得引疾歸。

五十八年，病起，仍發山東，補文登。值新城修城，大吏徇士民請，檄大紳督工，逾年始竣。尋以曹縣舊獄被議，罷職遣戍。新城、曹縣民爲捐金請贖，得免歸。嘉慶五年，有密薦者，詔以大紳操守廉潔、兼有才能，辦理城工、渡船二事，民情愛戴，引見，復發山東，攝福山，補朝城。大水，大紳以災報，大吏駁減其分數，民感大紳，雖未獲減徵，亦無怨謗者。大紳又力以病求去，移攝青州府同知，尋擢武定府同知。捕蝗查賑，並著勞勩。以母老終養歸，遂不出。卒，祀名宦祠。

大紳素講學能文章，在官公暇，輒詣書院課士。嘗訓諸生曰：「朱子小學，爲作聖階梯，入德塗軌。必讀此書，身體力行，庶幾明體達用，有益於天下國家之大。」於是士知實學，風氣一變。

吳煥彩，字蘊之，福建安定人。乾隆二十五年進士，授山東范縣知縣。民苦充牌頭，吏列多名進，以次需索，煥彩革其弊。清河水溢爲災，其岸左高右卑，因開五頃窪，以瀉其東南；築福金堤，以防其西北：歲得麥田四萬畝。墉地民苦納租，欲請免而格於例，代輸租之半，教之種番薯，民困乃紓。三十九年，壽張逆匪王倫作亂，距范縣四十里，煥彩修城籌守禦，力清保甲，凡村落大小，人民賢愚可指數。有孟興璧者，與黃昌吉等有隙，上變列三十餘人，朝命侍郎高樸與巡撫往察治。使者出牒示，煥彩曰：「某已死，某爲某之父，某之子皆良民，呼之卽至。」使者欲以兵往，煥彩曰：「兵至，愚民非死卽走，無可訊，咎將誰執？」煥彩夜抵村中呼告之，皆呼冤。煥彩曰：「惟無其事，必出就訊，亟從我去。不然，禍立至。」民皆裹糧從。使者按籍，少二人，煥彩曰：「一已死，一外出，已命其兄招之。」言未畢，有跪門外者，則已來矣。訊之皆誣，遂坐告變者。巡撫曰：「知縣者，知一縣事，君可謂之知縣矣。知縣者，民之父母，君可謂之民之父母矣。」以卓異薦，擢湖北鶴峯知州。地本苗疆，改流未久，奸宄雜居。煥彩勤於聽訟，積弊一清。土司族裔，每借祖墳詐人財，懲治之，澆風自息。民樸陋不知書，設義塾，資以膏火，至五十三年，始有舉於鄉者。後以病歸，鶴峯請祀名宦，范縣亦爲建生祠。年逾八十，卒。

紀大奎，字愼齋，江西臨川人。乾隆四十四年舉人，充四庫館謄錄。五十年，議敍知縣，發山東，署商河。會李文功等倡邪教，誘民爲亂，訛言四起。大奎集縣民，諭以禍福，皆驚悟。鄰郡惑者聞之，亦相率解散。補丘縣，歷署昌樂、棲霞、福山、博平，民皆敬而親之。父憂歸。嘉慶中復出，授四川什邡縣。或謂：「什邡俗强梗，宜示以威。」答曰：「無德可懷，徒以威示，何益？」奸民吳忠友據山中聚衆積粟，講清涼教。大奎躬率健役，夜半擣其巢，獲忠友，餘衆驚散。下令受邪書者三日繳，予自新，民遂安。擢合州知州，道光二年，引疾歸。年八十，卒，祀合州名宦。

邵希曾，字魯齋，浙江錢塘人。乾隆五十四年舉人，嘉慶中，官河南知縣。歷權通許、盧氏、鄢陵、西華、沈丘、太康、扶溝、淮寧、新鄉，皆有聲。滑縣教匪之役，司糧臺。及匪平，訊鞫俘虜，治餘匪，凡良民被脅者皆得釋，保全甚衆。晚授桐柏，民苦盜，令村集建棚巡更，鄉數家出一人爲門夫，有警環集，無事歸業。訪捕强暴者繩以法，積匪率遠徙。愼於折獄，皆速結，訟日以稀。朔望莅學，集諸生講論，增書院膏火，親課之如師。道光六年，邑人王四杰始登進士第，自明初以來所未有。募錢萬緡，建義學。凡經塾三，蒙塾十五。擇其秀者入書院肄業，文教興而悍俗漸化。在任十年，民安之。老病，大吏不令去，卒於官。

清史稿卷四百七十八

列傳二百六十五

循吏三

張吉安　李毓昌　龔景瀚　蓋方泌　史紹登　李賡芸
伊秉綬　狄尚絅　張敦仁　鄭敦允　李文耕　劉體重　子煦
張琦　石家紹　劉衡　徐棟　姚柬之　吳均　王肇謙　曹瑾
桂超萬　張作楠　雲茂琦

張吉安，字迪民，江蘇吳縣人。乾隆四十二年舉人，六十年，大挑知縣，發浙江。時清治各縣虧空，責彌補。富陽令惲敬獨不奉上官意旨，檄吉安往摘印署事。至則士民羣集，乞留敬。吉安見之，默然徒手返，白臺司曰：「惲敬賢吏，乞保全之。且州縣賦入有常經，前官不謹致虧，責彌補於後來者，恐開掊克之漸。方今楚、豫奸民蠭起，皆以有司貪殘爲口實。宜用讀書人加意拊循，乃無形之彌補耳。」聞者迂其言。委攝縣丞及杭州府通判，吉安自以不諧於時，乞改教職，上官留之。

嘉慶二年，署淳安，尋調象山。海盜由閩擾浙，沿海窮民業漁鹽者，多以米及淡水火藥濟盜，且爲嚮導。吉安革船埠商漁之稅，嚴禁水、米出洋，盜漸窮蹙。值颶風覆盜艇，泅至岸，悉爲舟師所獲。提督李長庚歎曰：「牧令盡如張象山，盜不足平也。」又建議縣境南田爲海中大島，宜如明湯和策，封禁以斷盜翼。韭山當海盜之衝，石浦、昌國兵力皆薄，請增兵以資鎮懾。事雖見格，後卒如所議。

四年，署新城，漕倉設省城，民輸折色，縣官浮收，運丁需索，習以爲常。吉安平其折價，不及舊時十之六七，民感之。

五年，署永康，蛟水猝發，田廬蕩析，爲棚廠以棲災民，阻水者具舟餉之，溺者具棺㿻之，不待申詳報可，所以賑卹者甚至。上官或斥其有違成例，巡撫阮元素重之，悉如所請。六年，調署麗水，竭誠禱雨，旱不爲災。縣多山，民處險遠者，艱於赴愬。吉安輒巡行就山寺讞獄，咸樂其便。

八年，署浦江，值水災，奸民糾衆掠富室，伐墓樹，鄰邑咸煽動。吉安曰：「非法無以止奸民，非米無以安良民，良民安則奸民氣散。」請運兵米所餘以賑之，民心漸定，乃擒首惡治如律。補餘杭，九年春，雨傷禾，糶倉穀以平米價，又運川米千石濟之。十年，復被水，分鄉設廠，煮粥以賑，規畫詳密，竟事無擁擠之擾。邑多名區，次第修復之。懲訟師，勤聽斷，修志、葺學，文教丕振。在餘杭七年，引疾歸，遂不出。歿後，永康士民請祀名宦，建立專祠。

當時吏治積弊，有南漕北賑之說，南利在漕，相率諱災。督撫藉詞酌劑，置災民於不問。苟有切求民瘼者，轉不得安於位。吉安宦浙前後幾二十年，所涖多災區，皆能舉職。在新城減漕之三四，時論尤以爲難。北賑之弊亦然。同時江蘇知縣李毓昌，以不扶同侵賑致禍，仁宗優卹之，重懲諸貪吏，蓋欲以力挽頹風云。

毓昌，字皋言，山東卽墨人。嘉慶十三年進士，以知縣發江蘇。十四年，總督鐵保使勘山陽縣賑事，親行鄉曲，鉤稽戶口，廉得山陽知縣王伸漢冒賑狀，具清册，將上揭。伸漢患之，賂以重金，不爲動，則謀竊其册，使僕包祥與毓昌僕李祥、顧祥、馬連升謀，不可得，遂設計死之。毓昌飲於伸漢所，夜歸而渴，李祥以藥置湯中進。毓昌寢，苦腹痛而起，包祥從後持其頭，叱曰：「若何爲？」李祥曰：「僕等不能事君矣。」馬連升解己所繫帶縊之。伸漢以毓昌自縊聞。淮安知府王轂遣驗視之，報曰：「尸口有血。」轂怒，杖驗者，遂以自縊狀上。

其族叔李太清與沈某至山陽迎喪，檢視其籍，有殘稿半紙，曰：「山陽知縣冒賑，以利啗鯱昌，鯱昌不敢受，恐負天子。」蓋上總督書稿，諸僕所未及毀去者。喪歸，鯱昌妻有噩夢，啓棺視，面如生。以銀鍼刺之，鍼黑。李太清走京師訴都察院，命逮王轂、王伸漢及諸僕，至刑部會訊。山東按察使朱錫爵驗鯱昌尸，惟胸前骨如故，餘盡黑。蓋受毒未至死，乃以縊死也。仁宗震怒，斬包祥，置顧祥、馬連升極刑，剖李祥心祭鯱昌墓。轂、伸漢各論如律，總督以下貶謫有差。贈鯱昌知府銜，封其墓。御製愍忠詩，命勒於墓上。鯱昌無子，詔爲立後，嗣子希佐賜舉人，太清亦賜武舉。

龔景瀚，字海峯，福建閩縣人。先世累葉爲名宦。曾祖其裕，康熙初，以諸生從軍，授江西瑞州府通判。滇、閩變起，率鄉勇爲大軍嚮導，擢吉安知府。時府城爲逆將所據，大軍駐螺子山，其裕供餉無乏。城復，撫瘡痍，多惠政。後官河南懷慶知府，濬順利渠，引濟水入城便民，終於兩淮鹽運使。歿祀瑞州、吉安、懷慶名宦祠。祖嶸，初仕浙江餘杭知縣，治縣民殺僕疑獄，爲時所稱。擢直隸趙州直隸州知州，濬河興水利。再擢江蘇松江知府，渡海賑崇明災黎，全活甚衆。官至江西廣饒九南道，單騎定萬年縣匪亂，歿祀饒州名宦祠。父一發，乾隆十五年舉人，官河南知縣，歷宜陽、密縣、林縣、虞城四縣，治獄明敏，能以德化。在虞城值水災，勤於賑卹。朝使疏治積水，釃爲惠民、永便諸渠，一發與災民共勞苦，治稱最。以病去，復起補直隸高陽。擢雲南鎭南知州，歿祀虞城名宦祠。

景瀚承家學，幼卽知名。大學士朱珪督閩學，激賞之。乾隆三十六年成進士，歸班銓選。四十九年，授甘肅靖遠知縣，未到官。總督福康安知其能，檄署中衞縣，判牘如流，見者不知爲初仕也。七星渠久淤，常苦旱，景瀚築石壩，遏水入渠，始通流。又濬常樂、鎭靜諸渠，重修紅柳溝環洞及減水各牐，溉田共三十萬畝，民享其利。五十二年，調平涼，地磽瘠，缺米粟，景瀚請隣邑無遏糴。又當西域孔道，車馬取給商賈，鹽引敕派於民，官吏强買煤炭，皆爲民病，一切罷之。由是商賈輻輳，食貨流通。修柳湖書院，與諸生講學，文風漸振。

五十五年，署固原州，漢、回雜處，時搆衅。景瀚密偵諸堡，誅積匪，境內以安。五十九年，遷陝西邠州知州。嘉慶元年，總督宜緜巡邊，調景瀚入軍幕，遂從剿教匪，以功擢慶陽知府。宜緜總轄三省，從入蜀，幕府文書皆屬景瀚。尋調蘭州，仍在軍充翼長。

景瀚從軍久，見勞師糜餉，流賊仍熾，因上議備陳調兵、增兵、募勇三害，剿賊四難，謂：「先安民然後能殺賊，民志固則賊勢衰，使之無所裹脅。多一民卽少一賊，民居奠則賊食絕，使之無所擄掠。民有一日之糧，卽賊少一日之食。用堅壁淸野之法，令百姓自相保聚，賊未至則力農貿易，各安其生；賊既至則閉柵登陴，相與爲守。民有恃無恐，自不至於逃亡。其要先愼簡良吏，次相度形勢，次選擇頭人，次淸查保甲，次訓練壯丁，次積貯糧穀，次籌畫經費。如是行之有十利。」反復數千言，切中事理。嗣是被兵各省舉仿其法，民獲自保，賊無所逞，成效大著。論者謂三省教匪之平，以此爲要領。

五年，始到蘭州任，七年，送部引見，卒於京師。其後續編皇清文穎，仁宗特出其堅壁淸野議付館臣載入。祀蘭州名宦祠。自其裕至景瀚，四世皆祀名宦，海內稱之。景瀚子豐穀，官湖北天門知縣，亦有治績，不墜家聲焉。

葢方泌，字季源，山東蒲臺人。嘉慶初，以拔貢就職州判，發陝西，署漢陰廳通判、石泉知縣。三年，署商州州同。治州東百里曰龍駒寨，寨之東爲河南，南出武關爲湖北。路四通，多林莽山徑，易憑匿。時川、楚教匪屢由武關入陝西。方泌始至，民吏掃地赤立，賊酋張漢潮擁衆至，乃置藥麪中，誘賊劫食，多死，遂西走，大軍乘之，漢潮由是不振。方泌集衆謀曰：「賊雖去，必復來。若等逃亦死，守不得耕種亦死。我文官無兵，若能爲吾兵，當全活爾。」衆曰：「惟命。」乃築堡聚糧，户三丁抽一，得三千人，無丁者以財佐糧糗兵械，親教之戰，辰集午散，無廢農事。

四年，賊屯山陽、鎭安，將東走河南，迎擊敗之；又擊賊於鐵峪鋪，賊據山上，而伏其半於溝，乃分兵翦伏，奪據東山上，數乘懈擊之，賊宵遁。後賊由雒南東逸，方泌馳至分水嶺，間道走鐵洞溝出賊前伏待之，賊錯愕迎戰，遂敗，斬首數百，鄉兵名由是大振。自武關至竹林關，鄉兵皆請隸龍駒寨。

五年，知州困於賊，方泌馳百九十里至北灣，賊驚曰：「龍駒寨兵至矣！」時賊屯州西及雒南、山陽各萬餘人，欲東出。方泌勒鄉兵二萬，列三大營以待。會官軍至，夾攻，賊大敗，幾盡殲。是役枕戈而寢者五十日。游擊某誣以事，解職，大吏直之，得留任。賊遂相戒無過商州。

八年，授盩厔知縣，猶時時入山搜賊，又獲寧陜倡亂者四十餘人。境內甫定，捐俸賑饑，旌死節婦，河灘、馬廠、鹽法，皆區畫久遠。擢寧陜廳同知。仁宗召見，問商州事甚悉。擢四川順慶知府。渠縣民變，大吏屬以兵。方泌曰：「此賽會人衆，至各相驚疑，訛言橫興，非叛也。」捕十二人而變息。調成都，母憂歸。服闋，授福建延平。尋調臺灣，兩署臺灣道。屢讞大獄，皆聚衆洶洶，稍激則變。方泌一以理喩，蔽罪如法。道光十八年，卒。

史紹登，字倬雲，江蘇溧陽人，大學士貽直之孫。以謄錄敍布政司經歷，發雲南。乾隆六十年，署文水知縣。時滇鹽歸官辦，民苦抑配，紹登弛其禁，釋逋課者數百人。閱三載，配鹽之五十七州縣悉改商辦，以文山爲法。

貴州苗亂，距文山尙數郡，紹登策其必至，集胥役健者親教技擊以備之。嘉慶元年，苗竄鄰境之丘北，潛與文山儂、倮通。紹登謂不救丘北，文山儂、倮必不靖，親率三百人往，人授刀一、鐵鏢三十。既至，當者輒仆，丘北廓清。而總督勒保剿苗失利，被圍於貴州黃草坪，巡撫江蘭檄紹登往援。至則賊圍數重，內外不相聞，七戰皆捷，乃達黃草坪。會貴州援兵亦至。比紹登上謁，總督曰：「若文官，亦遠來問我耶？」紹登陳解圍狀，不信。紹登請視戰所賊尸，鏢傷者，文山民壯所擊；若刃傷，請伏冒功罪。總督初欲劾之，勘實乃已。巡撫聞紹登忤總督，大懼，令所用軍費不得入報銷，以是虧帑二萬。

尋兼署蒙自縣事，兩城相距三百里，交阯賊儂福結粵匪犯文山，紹登馳一晝夜入城，率民壯出剿，擒其渠，峒卡悉復。擢雲州知州，仍留文山任。

四年，初彭齡來爲巡撫，性好察，開化總兵因蒙自變時怯懦爲民所輕，銜紹登，譖之，遂以虧空劾。士民刊章臚紹登政績，設匭醵金至三萬。彭齡聞之悔，以完虧奏留任，餘金無可返，建開陽書院焉。

七年，署維西廳通判。廳民恆乍綳爲亂，巢險不可攻。紹登廉得巢後巖壁陡絕，阻大溪，乃以篾爲緪，募善泅者繫緪巖樹，對岸急引，如筰橋，攀援以登，壯士三百人從之。賊大驚亂，擒馘淨盡。九年，卒。

李賡芸，字郙齋，江蘇嘉定人。少受學於同縣錢大昕，通六書，蒼、雅，三禮。乾隆五十五年進士，授浙江孝豐知縣。調德清，再調平湖。下車謁陸隴其祠，以隴其嘗宰嘉定，而己以嘉定人宰平湖，奉隴其爲法，盡心撫字，訓士除姦，邑中稱神明。嘉慶三年，九卿中有密薦之者，詔詢巡撫阮元，元奏：「賡芸守潔才優，久協輿論，爲浙中第一良吏。」引見，以同知陞用。五年，金華、處州兩郡水災，金華苦無錢，處州苦無米。賡芸奉檄，於恩賑外領銀二萬，便宜爲之。以銀之半易錢，運金華加賑，人百錢而錢價平。又以銀之半運米至處州，減價糶，轆轤轉運，而米亦賤。升處州府同知，調嘉興海防同知，署台州府。尋擢嘉興知府，正己率屬，無敢以苞苴進者。治漕，持官、民、軍三者之平，上官每用其言。十年，水災，減糶有實惠，賑民以粥，全活者衆。以繼母憂去官。

服闋，補福建汀州，調漳州。俗悍，多械鬭，號難治。賡芸召鄉約、里正問之曰：「何不告官而私鬭爲？」皆曰：「告官，或一二年獄不竟，竟亦是非不可知，先爲身累。」賡芸曰：「今吾在，獄至立剖。有不當，更言之，無所徇護。爲我告鄉民，後更有鬭者，必擒其渠，焚其居，毋恃賄脫。」衆皆唯唯退。已而有鬭者，賡芸立調兵捕治，悉如所言，民大懼。賡芸日坐堂皇，重門洞開，愬者直入，命役與俱。召所當治者，限時日。不至，則杖役。至則立平之釋去。卽案前書獄詞，無一錢費。民皆歡呼曰：「李公活我！」漳屬九龍嶺多盜，下所屬嚴捕，擒其魁十數，商旅坦行。故事，獲盜當甄敍，悉以歸屬吏。尋擢汀漳龍道。二十年，擢福建按察使，署布政使，逾年實授。

賡芸守漳州時，龍溪縣有械鬭，令懦不治。署和平令朱履中內狡而外樸，賡芸誤信之，請以移龍溪。久之，事不辦，始稔其詐。洎署布政使，改履中教職。履中虧鹽課，恐獲罪。具揭於總督汪志伊、巡撫王紹蘭，謂虧帑由道府婪索。督撫密以聞，解賡芸職質訊。賡芸之去漳，監造戰船工未竣，留僕督率之，僕假履中洋銀三百圓，詭以墊用告。賡芸如數給之，僕匿不以償。福州知府涂以輈鞫之，阿總督意，增其數爲一千六百，逼令自承，辭色俱厲，賡芸終不肯誣服。慮爲獄吏所辱，遂自經。

事聞，命侍郎熙昌、副都御史王引之往按其獄，得白。上以賡芸操守清廉，衆所共知。其死由汪志伊固執苛求，而成於涂以輈勒供凌逼，褫志伊職，永不敍用。以輈、履中俱譴戍黑龍江，紹蘭亦以附和革職。

賡芸家不名一錢，殁無以殮。鹽法道孫爾準與之善，爲經紀其喪。初，志伊亦重賡芸，曾薦擧之。及擢布政，乘新輿上謁，志伊諷以戒奢，賡芸曰：「不肖爲大員，不欲效布被脫粟之欺罔。」志伊素矯廉，銜其語。又以遇事抗執，嫌益深。及獄起，履中忽自承妄訐，諉原揭爲其僕竊印，志伊怒，必窮詰之。論者謂漳廠修船，例由龍溪縣墊款，藩司發款，至道乃償之，非贓私也。賡芸狷急，負清名，慮涉嫌不承，而志伊峻待紳士，不理於衆。與賡芸善者，或以飛語中之。

方治獄使者至閩，士民上書爲賡芸訟宽，感泣祭奠，踵接於門，爲建遺愛祠。熙昌等據情奏請賜額表揚，仁宗以「大員緣事逮問，當靜俟國法，若此心皦然，横遭宽枉，亦應據實控告，朝廷必爲昭雪；乃效匹夫溝瀆之諒，殊爲褊急，不應特予旌揚。士民追思惠政，捐貲立祠，斯則斯民直道之公，聽之」。

伊秉綬，字墨卿，福建寧化人。乾隆五十四年進士，授刑部主事，遷員外郎。嘉慶三年，出爲廣東惠州知府，問民疾苦，裁汰陋規，行法不避豪右，故練刑名，大吏屢以重獄委之，多所矜恤。陸豐巨猾肆劫勒贖，秉綬設方略，縛其渠七人戮之。六年，歸善陳亞本將爲亂，提督孫全謀不發兵，秉綬乃遣役七十餘人夜擣其巢，擒亞本，餘黨竄入羊矢坑。未幾，博羅陳爛屐起事，請兵，提督復沮之。秉綬爭曰：「發兵愈遲，民之傷殘愈甚。」提督不得已，予三百人。秉綬復曰：「偵虛實，則三四人足矣。如用兵，以寡敵衆，徒僨事耳。」提督不聽，令游擊鄭文照率三百人往，孑身跳歸，亂遂成。秉綬適以他事罣議去官，士民籲留軍營。時提督既擁兵不前，其標兵卓亞五、朱得貴均通賊縱掠，爲僞渠帥。秉綬憤懣，請兵益力，逢總督吉慶之怒，復以失察教匪論戍。會新總督倭什布至惠州，士民數千人訴秉綬寃，上聞，特免其罪，捐復原官，發南河，授揚州知府。

時秉綬方奉檄勘高郵、寶應水災，刺一小舟，棲戶柾渚，必親閱手記。及涖任，飭躬率屬，賑貸之事，錙銖必覈，吏無所容其奸。倡富商巨室捐設粥廠，費以萬計。誅北湖劇盜鐵庫子輩，杖詭道誑愚之聶道和，它奸猾擾民者，悉嚴治之。民雖饑困，安堵無惶惑。歷署河庫道、鹽運使，胥稱職。尋以父憂去，家居八年。嘉慶二十年，入都，道經揚州，卒。

秉綬承其父朝棟學，以宋儒爲宗。在惠州，建豐湖書院，以小學、近思錄課諸生；在揚州，宏奬文學。歿後士民懷思不衰，以之配食宋歐陽修、蘇軾及淸王士禎，稱四賢祠。

狄尚絅，字文伯，江蘇溧陽人，寄籍順天。乾隆四十六年進士。五十七年，授安徽黟縣知縣，父憂去。嘉慶四年，起復，發廣東，署化州知州。瀕海獷悍，尚絅解除煩苛，治以簡易。補花縣，以鄉兵助剿博羅亂匪有功，旋攝香山。十年，銓授江西南康知府。有武舉調族姪婦，羞忿自盡，以無告發，事寢有年矣。尚絅甫下車，武舉以他事涉訟，反覆詰問，忽露前情。窮究得實，置諸法，羣驚爲神。不期年，理滯獄百餘，盡得情實。饒州有兩姓爭田，世相仇殺，尙絅爲判斷調和，爭端永息。南安會匪李詳誥傳徒聚衆，事發，大吏檄尙絅按之。戴奉飛實罪首，詳誥爲從，當減死。承審同官以詳誥巨富，欲引嫌。尙絅曰：「無媿於中，何嫌可避？」大吏亦慮與原奏不符，尙絅曰：「不護前非，乃見至公。聖明在上，何慮焉？」卒從其議，株連者亦多省釋。嘗言：「獄不難於無枉縱，惟干證之牽累，吏胥之需求，受害者不可窮詰。生平思此，時用疚心。」又曰：「人知命、盜巨案之當愼，不知婚姻、財產細務，尤不可忽。蓋必原情度勢，使可相安於異日，不釀成別故，斯爲善耳。」

南康治濱湖，風濤險惡，宋郡守孫喬年築石隄百餘丈，內浚二澳，可泊千艘。朱子知南康，增築之，名紫陽隄。迤東水齧，浸及城址，明知府田琯增築石隄百餘丈以衛之，久俱圮。尙絅增修兩隄，一準舊制，堅固經久。蓼花池周五十里，受廬山九十九灣之水，北入湖，水門淺隘，尙絅疏濬之，積潦消洩，歲增收穀萬石。在任先後二十四年，所設施多規久遠。歷署饒州、吉安、廣信三府，攝糧道。僘衣蔬食，不問生產。引疾去官，不能歸，卒於南康。

張敦仁，字古愚，山西陽城人。乾隆四十年進士，授江西高安知縣，調廬陵。精於吏事，有循聲。遷銅鼓營同知，署九江、撫州、南安、饒州諸府事。嘉慶初，改官江蘇，歷松江、蘇州、江寧知府。六年，調授江西吉安。沿贛江多盜，遴健吏專司巡緝，責盜族擒首惡，毋匿逋逃，萑苻以靖，民德之。再署南昌，尋實授。所屬武寧民婦與二人私，殺其夫，前守以夫死途中，非由婦姦報。敦仁覆鞫詞無異，而其幼子但哭不言，疑之。請留前守同讞，遂得謀殺移尸狀，獄乃定。龍泉天地會匪滋事，巡撫檄敦仁往按，未至，鎮道已發兵擒二百餘人，民惶懼。敦仁廉知匪黨與溫氏子有隙，非叛逆，法當末減，坐爲首二人。又會匪素肆掠，富室爲保家計，多佯附，實未身與。事發株連，囹圄爲滿。訊察其寃，盡得釋。道光二年，擢雲南鹽法道，尋以病乞致仕。敦仁博學，精考訂，公暇卽事著述，所刻書多稱善本。寄廣江寧，卒，年八十有二。著書遭亂多佚。

鄭敦允，字芝泉，湖南長沙人。嘉慶十九年進士，選庶吉士，散館授刑部主事，遷員外郎。道光八年，出爲湖北襄陽知府。襄陽俗樸，訟事多出敎唆。敦允長於聽斷，積牘爲空。訪所屬衙蠹莠民最爲民患苦者十餘人，論如律。地號盜藪，請帑籌充緝捕費，多設方略，獲盜百餘。巨盜梅权者，勇悍多徒黨，捕者人少莫能近，衆至則逸。偵知所在，夜往擒之，其徒追者數百人。令曰：「欲奪犯者，殺而以屍與之。」衆不敢逼。訴者麕集，曰：「久不敢言，言輒火其居。」敦允曰：「苦吾民矣！」遂置之法。棗陽地瘠民貧，客商以重利稱貸，田產折入客籍者多。敦允許貸戶自陳，子浮於母則除之，積困頓蘇。

漢水齧樊城，壞民居，議甃石隄四百餘丈，二年而成。明年，漢水大漲，樊城賴以全。

襄陽岸高水下，遇旱，艱於引溉。頒筒車式，使民仿製，民便之。調署武昌，會大水，樊城石工掣損，敦允固請回任守修。襄人走迎三百里，日夜牽挽而至，議增築子埝護隄根。災民就食者數萬，爲草舍居老疾稚弱，令壯者赴工自食。敦允昕夕巡視，工未竟，致疾，未幾卒，祀名宦。

李文耕，字心田，雲南昆陽人。家貧，事親孝，服膺宋儒之學。嘉慶七年進士，以知縣發山東，假歸養母。母喪，服闋，補鄒平。到官四閱月，不得行其志，引疾去。以官累，不得歸。十九年，教匪起，壽張令以文耕嫻武事，招助城守，訓練、防禦皆有法，賊不敢窺境。大吏聞其幹略，起復補原官。

在鄒平五年，治尙敎化。民婦陳訴其子忤逆，文耕引咎自責，其子叩頭流血，母感動請釋，卒改行。聽訟無株累，久之，訟者日稀。善捕盜，養捕役，使足自贍，無豢賊。數親巡，窮詰窩頓。嘗曰：「治盜必眞心衞民，身雖不能及者，精神及之，聲名及之。」終任，盜風屛息。課諸生，親爲指授，勉以爲己之學，民呼李敎官，又呼爲李青天。調冠縣，遷膠州，濬雲、墨二河。道光二年，擢濟寧直隸州，未之任。巡撫琦善特薦之，宣宗夙知其名，卽擢泰安知府。

調沂州，立屬吏程課，謂：「官不勤則事廢，民受其害。教化本於身，能對百姓，然後可以教百姓。」屬吏皆化之。沂郡產槲樹，勸民興蠶，建義倉備荒，捕盜如爲令時。尋擢兗沂曹道。司河事，修防必躬親。屬廳請濬淤沙，需銀五萬，往視之，曰：「無庸！春漲，卽刷去矣。」果如其言。

五年，遷浙江鹽運使，未幾，調山東。時鹺業疲累，充商者多無藉遊民。文耕知其弊，請分別徵緩，以紓商力。責富商領運，不得因引滯賤價私賣，課漸裕。七年，擢湖北按察使，復調山東。嚴治胥役，詐贓犯輒置重典。斷獄寬平，責屬吏淸滯獄，數月，積牘一空。謂：「山東民氣粗而性直，易犯法，亦易爲善，故教化不可不先。」居三歲，調貴州。州縣瘠苦，希更調，不事事。適權布政使，請以殿最爲調劑，俾久任專責成。鑿桐梓葫蘆口，以息水患。黔產紬，無綿布，設局敎之紡織。貧民艱生計，重利而薄倫常，撰文勸導，曰家喻戶曉篇。十三年，休致歸。

文耕平生以崇正學、挽澆風爲己任，在山東久，民感之尤深，歿祀名宦。

劉體重，山西趙城人。乾隆五十四年舉人。嘉慶初，以知縣發湖南，歷署石門、新化、衡陽、寧武、衡山、湘陰。晉秩同知，改江西。道光中，補袁州同知，擢廣信知府。調吉安，又調撫州，所至有聲。在撫州治績最著，巡歷屬縣，問民疾苦，集父老子弟勉以孝弟力田。屬吏不職，參劾無徇。胥吏攬訟，痛懲之。厚書院廪餼，課士以經，動繩以禮法。遇大水，盡心賑卹，災不爲害。建義倉，積穀五萬石。十四年，擢河南彰衞懷道，筦河事，修防有法。終任，黃流安瀾。沁水隄由民築，多單薄，擇其要區加築子埝，籌歲修費垂永久。漳河無隄防，勤疏濬，水患並息。創建河朔書院，仿朱子白鹿洞規條，以課三郡之士。十九年，擢江西按察使，遷湖北布政使。二十二年，乞病歸，卒於家。

體重廉平不苛，尤長治獄。所居，吏畏民懷，訟獄日簡。河北士民尤感之，殁祀名宦祠。

子煦，由拔貢授直隸知縣，歷權繁劇。咸豐初，遷開州知州。河決，賑災，全活數萬。治團練有功，署大名知府。十一年春，直隸、山東匪迭起，守城四十日，乘間出奇擊賊，城獲安。既而東匪西竄，勢甚張，畿輔震動。煦督師破淸豐賊壘，乘勝進攻濮州老巢。遇大雨，賊決河自衞，煦激勵兵團，堅持不懈，賊窮蹙乞降，遂復濮州。開、濮之間，積水多沮洳，土人謂之水套，匪輒憑匿。至冬，復豎旗起事。煦率鄉團八千人，追賊於冰天泥淖之中，三戰皆捷，水套底定。同治元年，擢大順廣道，命偕副都統攄克敦布辦理直、東交界防剿事宜，以勞卒於官。優詔賜卹，大名及原籍並建專祠。

張琦，初名翊，字翰風，江蘇陽湖人。嘉慶十八年舉人，以謄錄議敍知縣。道光三年，發山東，署鄒平縣。抵任，歲且盡。閱四百七十村，麥無種者。卽申牒報災，親謁上官陳狀。破成例請緩徵，因鄒平得緩者十六州縣。民失物，誤訟鄰邑長山，歸獄於琦。琦曰：「汝失物地，大樹北抑大樹南？」曰：「樹北。」琦曰：「若是，則我界也。」民愕然，曰：「誠鄒平耶？卽不欲以數匹布煩父母官。」持牒去。後權章丘，鄒平民時赴訴，琦曰：「此於法不當受。」慰遣之。章丘民好訟，院、司、道、府五府吏皆籍章丘，走書請託，掎摭短長。琦任歲餘，無一私書至。結案二千有奇，無翻控者。

五年，補館陶，會久旱風霾，麥苗皆死，饑民聚掠。琦禱雨旣應，嚴捕倡掠者。廉得富家閉糶居奇狀，按治之，民大悅。乃請普賑兩月。館陶地褊小，賑數多鄰邑數倍，大吏呵之。尋有詔責問歲饑狀甚切，乃按臨災區，民迎訴賑弊，惟館陶得實。始劾罷他邑令，厚慰琦。士有訟者，閱其辭不直，則曰：「課汝文不至，訟乃至耶？」先試以文，不中程，責後乃決事，士訟遂稀。館陶地斥鹵，不宜穀，又衞水數敗田。琦精求古溝防及區田法試行之，未竟，病卒。

在館陶八年，民愛戴之，理訟不待兩造集，卽決遣之。以其辭質後至者，莫敢狡飾。有疑獄，亦不過再訊。胥吏擾民，必嚴論如法。然籌其生計必周，故無怨者。五十後始爲吏，治績尤著。琦少工文學，與兄編修惠言齊名，輿地、醫學、詩詞皆深造。

時江西同知石家紹亦儒者，爲治有古風，殆相亞云。

家紹，字瑤辰，山西翼城人。以拔貢爲壺關縣教諭。道光二年成進士，授江西龍門知縣。發奸摘伏，以神明稱。調上饒，再調南昌。首邑繁劇，而盡心民事，理訟嘗至夜不輟。連年水患，饑民聞省會散賑，麕聚郭外。家紹與新建令同主賑，始散米，令饑民自爨。來者益衆，賑所瀕河，幾莫能容。乃改散錢，令各返鄉里，候截留漕米濟之。時水災益棘，家紹請開倉平糶，復分廠煮粥以賑。主者循例備三千人食，而就食者五萬，洶洶不可止。家紹至，諭之曰：「食少人衆，咄嗟不能辦。汝等姑退，詰朝來，不使一饑民無粥噉也。」衆皆迎拜曰：「石爹爹不欺人，願聽處置。」爹爹者，江西民呼父也。歷署大庾、新城、新建三縣，擢銅鼓營同知，署饒州、贛州二府，所至皆得民心。

家紹口吶吶若不得辭，自大吏、僚友、縉紳、士民、卒隸無不稱爲循吏，顧自視歉然。嘗曰：「吏而良，民父母也；不良，則民賊也。父母，吾不能；民賊也，則吾不敢，吾其爲民傭乎！」十九年，卒。五縣皆祀名宦，南昌民尤德之，建祠於百花洲。

劉衡，字廉舫，江西南豐人。嘉慶五年副榜貢生，充官學教習。十八年，以知縣發廣東。奉檄巡河，日夜坐臥舟中，與兵役同勞苦，俾不得通盜，河盜斂戢。署四會縣，地瘠盜熾。衡團練壯丁，連村自保。詗捕會匪，焚其籍，以安反側。祗治渠魁，衆乃定。調署博羅，城中故設徵糧店數家，鄉又設十站，民以爲累，衡至卽除之。俗多自戕，里豪蠹役雜持之，害滋甚。衡釋誣濫，嚴懲主使，錮習一清。補新興，父憂去。服闋，道光三年，授四川墊江，俗輕生亦如博羅，衡先事勸諭，民化之。獲嘓匪初犯者，曰：「饑寒迫爾。」給貲使自謀生，再犯不宥，匪輒感泣改行。

調署梁山，處萬山中，去水道遠，歲苦旱。衡相地修塘堰，以時蓄洩，爲永久之計。捐田建屋，養孤貧，歲得穀數百石，上官下其法通省仿行。尋調巴縣，爲重慶府附郭，號難治。白役七千餘人，倚食衙前。衡至，役皆無所得食，散爲民，存百餘人，備使令而已。歲歉，衡謂濟荒之法，聚不如散，命各歸各保，以便賑恤，是年雖饑不害。

衡嘗謂律意忠厚，本之爲治，求達愛民之心。然愛民必先去其病民者，故恆寓寬於嚴。官民之阻隔，皆緣丁胥表裏爲奸。所至設長几於堂左右，分六曹爲六槅。吏呈案，則各就左几槅庋之，擊磬以聞。衡自取，立與核辦，置之右几。吏以次承領，壅蔽悉除。有訴訟，坐堂皇受牘，親書牒令原告交里正，轉攝所訟之人，到卽訊結。非重獄，不遣隸勾攝；卽遣，必注隸之姓名齒貌於籤。又令互相保結，設連坐法，蠹役無所施技。性素嚴，臨訟輒霽顏，俾得通其情，抶不過十，惟於豪猾則痛懲不稍貸。嘗訪延士紳，周知地方利害，次第舉革。待丞、尉、營弁必和衷，時賙其乏，緩急可相倚。城鄉立義學，公餘親課之。爲治大要，以恤貧保富、正人心、端士習爲主。總督戴三錫巡川東，其旁邑民訴寃者皆乞付劉青天決之，語上聞。

七年，擢緜州直隸州知州，宣宗召對，嘉其公勤。八年，擢保寧知府，九年，調成都。每語人曰：「牧令親民，隨事可盡吾心。太守漸遠民，安靜率屬而已，不如州縣之得一意民事也。」然所在屬吏化之，無厲民者。後擢河南開歸陳許道，未幾，病。巡撫爲陳情及治蜀狀，請優待之，以風有位。特詔給假調理。久之，病不愈，遂乞歸。數年始卒。博羅、墊江、梁山、巴縣皆請祀名宦祠。

同治初，四川學政楊秉璋疏陳衡循績，並上遺書。穆宗諭曰：「劉衡歷任廣東、四川守令，所至循聲卓著。去官四十餘年，至今民間稱道弗衰。所著庸吏、庸言、蜀僚問答、讀律心得等書，尤爲洞悉閭閻休戚，於興利除弊之道，籌畫詳備，洵無媿循良之吏。將歷任政績宣付史館，編入循吏傳，以資觀感。」衡所著書，皆閱歷有得之言，當世論治者，與汪輝祖學治臆說諸書同奉爲圭臬。其後有徐棟著牧令諸書，亦並稱焉。

棟，字致初，直隸安肅人。道光二年進士，授工部主事，累遷郎中。究心吏治，以爲天下事莫不起於州縣，州縣理，則天下無不理。稱州縣之職，不外於吏事久，讀書多。然吏事在既事之後，讀書在未事之先，乃匯諸家之說爲牧令書三十卷。又以保甲爲庶政之綱，天下非一人所能理，於是有鄉、有保、有甲。自明王守仁立十家牌之法，後世踵行，爲弭盜設，此未知其本也。亦集諸說，成保甲書四卷。二十一年，出爲陝西興安知府，調漢中，又調西安，所至行保甲，皆有成效。興安臨漢江，棟補修惠春、石泉兩隄，加於舊五尺，民頗苦其役。十數年後，大水冒舊隄二尺，乃感念之，肖像以祀。舊禁運糧下游，棟以興安卑濕，積穀易霉變。既不能久儲，又不能出境，圖利者改種菸葉、藍靛，歉年每至乏食。乃弛運糧之禁，民便之。舉卓異，二十九年，以病歸。咸、同之間，在籍治團練，修省城，有詔錄用，以老病辭，尋卒。祀興安名宦祠。

姚柬之，字伯山，安徽桐城人。七世祖文燮，見本傳。柬之少負異才，從族祖鼐學，道光二年成進士，授河南臨漳知縣，屢決疑獄。縣民張鳴武控賊殺妻，稱賊攀二窗櫺入室。柬之勘窗櫺窄，且夫未遠出。詰之，果夫因逐賊，誤斫殺妻。又常姚氏被殺，罪人不得。柬之察其時爲縣試招覆之前夜，所取第一名楊某不赴試，疑之。召至，神色惶惑，詢其居，與常鄰。乃夜至城隍廟，命婦人以血汚面，與楊語，遂得圖姦不從强殺狀。每巡行鄉曲，勸民息訟，有訴曲直者卽平之。漳水溢，齎糧赴災區，且勘且賑，全活者衆。兼攝內黃，民服其治，鬧漕之風頓革。境與直隸大名毘連，多賊巢，掘地爲窟，積匪聚賭，排槍手爲拒捕計。柬之約大名會捕，賭窟除而盜風息。母憂去。

十二年，服闋，補廣東揭陽。瀕海民悍，械鬬擄掠，抗賦戕官，習以爲常。柬之訓練壯勇，集紳耆於西郊，諭以保護善良，與民更化。最頑梗之區曰下灘，盜賊、土豪相勾結，柬之會營往捕，拒者或死或擒。一盜積犯十八案，召被害者環觀，僇之，境內稱快。有凶盜居錢坑，其地四面皆山，不可攻。潮州故事，凡捕匪不得，則爇其廬，空其積聚。柬之戒勿焚燒，召耆老，諭交犯，不敢出。乃乘輿張蓋入村，從僅數人，見耆老一一慰勞，皆感泣，願更始。民在四山高望者，咸呼「好官」，次日遂交犯。自下灘示威，錢坑示德，恩信大著。收穫時，巡鄉爲之保護，樹催科旗；值械鬬，則樹止鬬旗。一日，塗遇持火槍者，結隊行，望見官至，悉沒水中，命以漁網取之。訊爲助鬬者，按以法，自此械鬬寖止。興復書院，厚待諸生，回鄉以新政告鄉人，有變則密以聞，官民無隔閡。逋賦者相率輸將，强梗漸化，縣大治。

遷連州綏瑤廳同知，民、瑤搆訟，判決時必使相安，遂無事。普寧縣匪徒戕官肆劫，奉檄從鎮道往捕治。匪以涂祥爲巢穴，磨盤山爲聲援，地皆險。乃設方略，正軍攻涂祥，調揭陽壯勇自磨盤嶺突進破賊巢，獲六百餘人。事定，言官誤論劾。朝使查勘，其誣得白。

十七年，署肇慶府，端溪大漲，城不沒數版，柬之日夜立城下守禦。預放兵糧，以平米價，民不知災。十九年，擢貴州大定知府，俗好訟，柬之速訊速結，不能售其欺，期年而訟稀。白蟒洞地僻產煤、鐵，有汪擺片者，據其地聚衆結會，爲一方害，捕滅解散，地連川、滇，得弭鉅患焉。大定民、苗雜居，宜治以安靜。大吏下令，柬之必酌地方之宜，不使累民。見多不合，遂引疾歸。數年始卒。

吳均，字雲帆，浙江錢塘人。嘉慶二十四年舉人，道光十五年，大挑知縣，發廣東，授乳源，調潮陽。歷署揭陽、惠來、嘉應、海陽。在海陽捕雙刀會匪黃悟空，置之法。舉卓異，署鹽運司運同，擢佛岡廳同知，署潮州知府。咸豐二年，惠州土匪肆劫，均奉檄往，獲匪千餘，分輕重懲治，遂肅清。三年，實授。時東南各行省軍事亟，福建、湖南大吏聞均名，先後奏調往襄剿匪，廣東方倚爲保障，堅留之。四年，江南大營散兵回粵，結匪爲亂。賊首陳娘康擁衆圍潮陽，分黨陷惠來，攻普寧。援軍失利，均親督戰，敗賊。甫解潮陽圍，海陽彩陽鄉匪首吳中庶乘間糾黨陳阿拾煽衆，旬日至萬餘人。大掠海陽，偪攻郡城，澄海匪首王興順亦與合。均檄潮陽令汪政分兵援郡城，戰城下，殲賊數千，圍解。自移軍澄海，冒雨破賊巢，分路搜捕，清餘孽。旋克惠來，斬陳娘康等於陣。未幾，以積勞卒於官。

均性清介，治潮最久，誅盜尤嚴。每巡鄉，輒以二旗開導，大書曰：「但願百姓回心，免試一番辣手。」化莠爲良，保全彌衆。從役有取民間絲粟者，立斬馬前，民益畏服。在潮陽以濱海地鹹鹵，開渠以通溪水，築隄六千餘丈，淡水漑田，瘠土悉沃。在海陽濬三利溪，加築北堤，爲郡城保障。及守潮州，修復州東廣濟大橋。附郭西湖山高出城上，登瞰全城如指掌，舊有高墉爲犄角，久圮。均築展新城，跨壕而過，圍山於城內。至是匪亂圍攻，竟不能破，民咸頌之。歿後，追贈太僕寺卿。光緒間，潮州建專祠。

王肇謙，字琴航，直隸深澤人。道光十四年舉人，授福建海澄知縣。馬口鄉民搆釁互掠，親諭利害，積嫌頓解。捕巨盜許蟳置諸法，羣盜歛迹。富紳爭產累訟，男婦數十人環跪堂下，援引古義喻之，更反自責。衆赧然，謂今日始知禮義，訟以是止。邑民李順發負楊茄杜金，爲楊所留，乃以劫財訴諸教堂。教主移牒請嚴究，衆洶洶。肇謙白上官：「茄杜無罪，不必治；教士驕心，不可長。」總督劉韻珂嘉其抗直。閩縣上箄村故盜藪，檄肇謙往捕。至則召其父老開陳大義，曰：「我來活若一鄉，若列銃拒官，大府欲屠之，尙不知耶？」衆大恐，肇謙曰：「某某皆大盜，速縛來！三日繕齊保甲册，吾保若無事。」遂立以盜獻。厦門洋人因賃屋與民齟齬，奉檄往治，據理剖決，兩無所徇，洋人帖服。

咸豐二年，署上杭，時粵匪據江寧，福建賊林俊遙應之，陷漳州、永春、大田諸郡縣。肇謙建碉儲粟，製器械，簡丁壯，爲堅壁淸野計，賴以無虞。三年，淫雨爲災，且賑且治軍，率團勇越境剿松源縣賊四千。擢永春直隸州知州，募鄉兵二萬，破林俊於城南山，擒土匪邱師、辜八等。

署漳州知府，漳浦古竹社蔡全等爲亂，肇謙設方略，約內應，生擒全，詔嘉之，晉秩知府。漳俗獷悍難治，肇謙謂民不奉法，由吏不稱職。課所屬清案牘，勤催科，懲械鬬，嚴緝捕，表義行，振文教，以能否爲殿最，漳人以爲保障。署延建邵道，調署興泉永道，未行，粵匪竄入境，肇謙誓以死守，督軍隨按察使趙印川十三戰皆捷，以勞卒。詔贈光祿寺卿，祀上杭名宦祠。

曹瑾，字懷樸，河南河內人。嘉慶十二年舉人。初官直隸知縣，歷署平山、饒陽、寧津，皆得民心。賑饑懲盜，多惠政。補威縣，調豐潤，以事落職。尋復官，發福建，署將樂。又以失察邪教被劾，引見，仍以原官用。

道光十三年，署閩縣，旗兵與民械鬬，持平曉諭利害，皆帖服。值旱，迎胡神於鼓山禱雨，官吏奔走跪拜街衢間，瑾斥其不載祀典，獨屹立不拜。大吏奇之，以爲可任艱鉅。時臺灣歲歉多盜，遂補鳳山。問疾苦，詰盜賊，剔除弊蠹，順民之欲。淡水溪在縣東南，由九曲塘穿池以引溪水，築埤導圳。凡掘圳四萬餘丈，灌田三萬畝，定啓閉蓄洩之法，設圳長經理之。

二十年，擢淡水廳同知，海盜剽劫商賈，漳、泉二郡人居其間，常相仇殺，又當海防告警，瑾至，行保甲，練鄉勇，清內匪而備外侮。英吉利兵艦犯鷄籠口，瑾禁漁船勿出，絕其嚮導，懸賞購敵酋，民爭赴之。敵船觸石，擒百二十四人。屢至，屢却之。明年，又犯淡水南口，設伏誘擊，俘漢奸五、敵兵四十九人。事聞，被優賚。未幾，和議成，英人有責言。總督怡良知瑾剛直，謂曰：「事將若何？」瑾曰：「但論國家事若何，某官無足重，罪所應任者，甘心當之。但百姓出死力殺賊，不宜有負。」怡良歎曰：「眞丈夫也！」卒以是奪級。後以捕盜功晉秩，以海疆知府用。瑾遂乞病歸，數年始卒。

桂超萬，字丹盟，安徽貴池人。道光十二年進士，以知縣發江蘇。署陽湖四十日，巡撫林則徐賢之，補荊溪。未任，父憂去。十六年，服闋，授直隸欒城。捕盜不分畛域，每於隣邑交界處破賊巢，盜風息。濬洨河、金水河及城河，通溝洫，平道路，水潦無患。限紳戶免役不得過三十畝，免累民。勸樹畜，修井糞田，種藷芋以備荒。復書院，設義塾，化導鄉民，習異教者多改行。調萬全，署豐潤。值英吉利犯天津，沿海戒嚴。超萬訓練鄉勇，募打鴨善槍法者以備戰。後粵匪犯畿輔，天津練勇效超萬法，頗收鴨槍狙擊之效。詔舉賢吏，總督訥爾經額薦超萬持躬廉謹，盡心民事，遷北運河務關同知。

二十三年，擢授江蘇揚州知府。揚俗浮靡，超萬勵勤儉，嚴禁令，凡衙蠹、營兵、地棍、訟師諸害民者，悉繩以法。訟於府者，一訊卽結。逾兩年，調蘇州。時漕弊積重，大戶短欠，且得規包納運丁，需索日增，官民交困。超萬爲減幫費、均賦戶之議。乃訪懲豪猾，示均收章程，依限完納，卽赦既往。請大吏奏定通行，積困稍甦。屯佃求減租，聚衆毆業主，糧艘水手因行海運失業，勾結滋事，勢皆洶洶。超萬處以鎭靜，先事戒備，得弭亂萌。署糧儲道。二十九年，擢福建汀龍漳道。乞病歸。咸豐中，粵匪擾安徽，超萬在籍治鄉團。同治初，福建巡撫徐宋幹薦之，署福建糧儲道，尋擢按察使。年八十，卒於官。

張作楠，字丹邨，浙江金華人。嘉慶十三年進士，銓授處州府教授。擢江蘇桃源知縣，調陽湖。治事廉平，人稱儒吏。道光元年，擢太倉直隸州知州。三年，大水，作楠冒雨履勘災鄉，問民疾苦，停徵請賑，借帑平糶。疏濬境內河道，以工代賑。水得速洩，涸出田畝，不誤春耕，人刊婁東荒政編紀其事。尋奉檄赴松江讞獄，鄉民訛傳去官，慮仍收漕，紛紛奔訴。會瀕海奸徒乘間蠢動，作楠聞變，馳回，中途檄主簿蕭翺赴茜涇捕首惡，脅從罔治，事遂定。作楠勤於治事，案無滯牘。暇則篝燈課讀，妻、女紡織，常至夜分。人笑其爲校官久，未改故態。

五年，擢徐州知府，受代，以平糶虧帑二萬金，彌補未完。作楠自危，巡撫陶澍曰：「救災民如哺兒，失乳卽死。吾方咎汝請糶時，顧慮折耗不免稍稽。遣大投艱者，胡亦泥此？且紳民已代致萬金，不汝責也！」徐州亦被災，籌賑甚力，民賴以甦。

在任兩載，乞養歸。鄉居二十餘年，足迹不入城市。三子皆令務農、工，或問：「何不仍業儒？」曰：「世俗讀書爲科名，及入仕，則心術壞，吾不欲其墮落也。」作楠精算學，貫通中西。在官以工匠自隨，製儀器，刊算書。所著書，匯刻曰翠微山房叢書，行於世，學者奉爲圭臬焉。卒，祀鄉賢祠。

雲茂琦，廣東文昌人。道光六年進士，授江蘇沛縣知縣。詢民疾苦，懇懇如家人。勸以務本分、忍忿爭，訟頓稀。縣地卑，多積潦，開濬溝洫，歲獲屢豐。籌緝捕經費，獲盜多，給重賞，盜賊屛迹。課諸生，先德行，後文藝，語以身心性命之學。隣邑聞風而來，書院齋舍至不能容。總督蔣攸銛稱其有儒者氣象。調六合，連年大水，災民得賑，無流亡。邑多淫祀，毀其像，改書院。衞田多典質，爲清理復業，運戶得所津貼，漕累以紓。考最，入覲，改官兵部郎中，又改吏部。未幾，告養歸。家居十數年，置田贍族，鄉邑興革，無不盡力。主講課士有法。卒，祀名宦祠。

清史稿卷四百七十九

列傳二百六十六

循吏四

徐台英 牛樹梅 何曰愈 吳應連 劉秉琳 陳崇砥 夏子齡 蕭世本
李炳濤 俞澍 朱根仁 鄒鍾俊 王懋勳 蒯德模 林達泉 方大湜 陳豪
楊榮緒 林啓 王仁福 朱光第 冷鼎亭 孫葆田 柯劭憼
涂官俊 陳文黻 李素 張楷 王仁堪

徐台英，字佩章，廣東南海人。道光二十一年進士，授湖南華容知縣。俗好訟，台英謂訟獄糾纏，由於上下不通。與民約，傳到卽審結，胥役需索者痛懲之。一日，閱呈詞，不類訟師胥吏筆，鞫之，果諸生也。拘至，試以詩、文，文工而詩劣。諭曰：「詩本性情，汝性情卑鄙，宜其劣。念初犯，姑宥，其改行！」其人感泣去。規復沱江書院，月自課之。曰：「陸清獻作令，日與諸生講學。吾不曉講學，若敎人作文，因而誘之讀書立品，是吾志也。」縣田有圻田、垸田、山田之分。瀕湖地，旱少潦多，垸、圻例有蠲緩，田無底册，影射多。書役墊徵，官給空票。花戶糧數，任其自注。役指爲欠者，拘而索之，官不知所徵之數。保戶包納漕米，相沿以爲便，挾制浮收，無過問者。積欠數萬，官民交病。台英知其弊，乃淸田册，注花戶糧數、姓名、住址，立碑垸上，使册不能改。應緩、應徵者可親勘，而影射之弊絕。中糧隨業轉之例，卽時過割，而飛灑之弊絕。收漕分設四局，俾升合小戶，就近輸納，免保戶之加收，而包納之弊絕。垸田舊有隄修費，出田主。有挪垸田作圻田，冀免隄費者；有賣田留稅，派費賠累者；有賣稅留田，派費不至者：隄費不充。一垸隄潰，他垸同希豁免。凡借帑修隄者，久無償，相率亡匿。台英丈田均費，低窪者許減派，不許匿畝。其人戶俱絕，歸宗祠管業承費。巨族有抗者罪之。行之期年，隄工皆固，逋賦盡輸。

調耒陽。耒陽徵糧，由櫃書里差收解，取入倍於官。刁健之戶輕，良善之戶重，民積忿。有楊大鵬者，以除害爲名，欲揭竿爲亂。事平，台英遂盡革里差。時上官欲命舉甲長以代里差，仍主包收包解。台英以甲長之害，與里差同。因集鄉紳問之曰：「巡撫命汝等舉甲長，何如？」曰：「無人願充。」台英曰：「甲長所慮在不知花戶住址，汝等所慮在甲長包收。吾今併戶於村，分村立册。以各村糧數合一鄉，以四鄉糧數合一縣。各村納糧，就近投櫃，糧入串出，胥吏不得預。甲長祇任催科，無昔日包收之害。此可行否？」衆皆拜曰：「諾。」台英曰：「隱匿何由核？」衆曰：「取清册磨對，有漏，補入可耳。」曰：「虛糧何由墊？」曰：「虛糧無幾，有則按畝勻攤可耳。」數月而清册成，糧法大定。大鵬之亂，誘脅者多。台英禁告訐，一縣獲安。以憂去官。同治元年，詔起用，發浙江，署台州知府，未任，卒。

牛樹梅，字雪樵，甘肅通渭人。道光二十一年進士，授四川彰明知縣，以不擾爲治。決獄明慎，民隱無不達，咸愛戴之。隣縣江油匪徒何遠富糾衆劫中壩場，地與彰明之太平場相近。樹梅率民團禦之，匪言我不踐彰明一草一木也。迨官軍擊散匪衆，遠富匿下莊白鶴洞，恃險負隅。遙呼曰：「須牛青天來，吾卽出。」樹梅至，果自縛出。擢茂州直隸州知州，尋署寧遠知府。地大震，全城陷沒，死傷甚衆。樹梅壓於土，獲生。蜀人謂天留牛青天以勸善。樹梅自咎德薄，不能庇民，益修省。所以賑卹災黎甚厚，民愈戴之。父憂去官。

咸豐三年，尙書徐澤醇薦其樸誠廉幹，詔參陝甘總督舒興阿軍事。八年，湖廣總督官文薦循良第一，發湖北，病未往。同治元年，四川總督駱秉章復薦之，擢授四川按察使，百姓喜相告曰：「牛青天再至矣！」三年，內召，以老病不出，主成都錦江書院。

時甘肅回匪尙熾，樹梅眷念鄉里，遺書當事，論剿回宜用土勇。略云：「軍興以來，劇寇皆南勇所掃盪。今金積堡旣平，河州水土猶惡。若參用本省黑頭勇，其利有六：飽粗糲，耐冰霜，一也；有父母兄弟妻子之仇，有田園廬墓之戀，二也；給南勇半餉，卽樂爲用，三也；無歸之民，收之，不致散爲賊，四也；久戰狄、河一帶，不費操練，五也；地勢熟習，設伏用奇，無意外虞，六也。」後總督左宗棠採其說，主用甘軍，卒收其效。光緖初，歸里，卒，年八十四。

何曰愈，字雲畡，廣東香山人。父文明，河南淯川知縣，有惠政。曰愈少隨父宦，讀書勵志，有幹材。道光初，授四川會理州吏目。土司某桀驁，所部夷人殺漢民，知州檄曰愈往驗，以賄乞免，卻之。乃率衆來劫，不爲動，卒成驗而還。獄上，大吏廉得直，曰愈由是知名。捐升知縣，以習邊事，辦西藏糧臺，三載，還補岳池縣。不畏强禦，豪右斂戢。練鄉團，繕城郭，庀器械。逾數年，滇匪犯岳池，後令賴所遺械以拒賊，時比張孟談之治晉陽云。調署平山，以母憂去。

咸豐六年，服闋，寧遠府野夷出巢焚掠，大吏檄曰愈參建昌鎭軍事。川西倮夷凡數十支，自雷波、峩邊，滇南二十四塞，頻年肆擾。值西昌縣告變，曰愈馳至，衆大譁，曰：「夷傷吾人。」曰愈曰：「若等平日欺夷如鹿豕，使無所控告，故釀禍。今且少息，吾爲若治之。」乃集兵練出不意搗夷巢，夷皆匍匐聽約束。漢民屋毁粟罄，夷請以山木供屋材，並貸穀爲食。

曰愈諭民曰：「此見夷人具有天良，若等毋再生釁。」漢、夷遂相安。曰愈既益悉夷、番之情僞，山川之險隘，擬綏邊十二策，格不得上。

未幾，滇匪韓登鸞糾衆入會理州境，聲言與回民尋仇。回民疑漢民召匪，因焚民居。曰愈率一旅往，聞流言奸細伏城內，乃下令毋閉城。三日後，按戶搜查，容奸細者從軍法。越三日，城內外賊黨悉遁。曰愈曰：「吾不閉門、不遽搜者，正開其逃路耳。」衆皆服。遣人持榜文諭登鸞，遵示釋怨退去。復持諭回民，回民曰：「昔日被水災，田廬盡沒。何公一騎渡水賑我，又爲我濬河，至今無水患。戴德未忘，今敢不遵諭！違者誅之。」自是回民亦不擾州境。事定，鎭府上其功，會有攘之者，遂不敍。比粤匪犯蜀，曰愈數陳機宜，當事不能用。退居灌縣，後歸，卒於家。子璟，官至閩浙總督。

吳應連，江西南城人。道光元年舉人，以知縣揀發四川。歷署天全、涪州、永川、安岳、蒲江、新津、綿竹、仁壽諸州縣。補石泉，調彭縣。宦蜀先後二十年，所至修塘堰，濬河渠，平治水陸道塗，捕盜賊、土豪，撫災民，皆有實政。咸豐初，蜀匪漸熾，應連在彭縣，編團儲械，以備不虞。四年，卒於官。未幾，悍匪迭來犯，賴鄉勇保全危城，民思遺績，留殯於城內三忠祠旁，歲時祀之。涪州、安岳、永川、石泉、仁壽先後請祀名宦祠。

劉秉琳，字崑圃，湖北黃安人。咸豐二年進士，授順天寶坻知縣。持躬清苦，恤孤寡，懲豪猾，悉去雜派及榷酤贏餘者。索倫兵伐民墓樹，縱馬躪田禾，反誣村民縶其馬，秉琳力爭得直。蝗起，督民自捕，集貲購之，被蝗者得錢以代賑，且免踐田苗。遷宛平京縣。十年，英法聯軍犯京師，秉琳奉檄赴營議犒，納刀韡中，慮以非禮相加，義不受辱。抗論無少屈，犒具皆如議。尋引疾歸。

穆宗登極，有密薦者，復至直隸，署任丘。民以驛車爲累，籌貲招雇，永除其害。擢深州直隸州知州。七年，捻匪張總愚竄畿輔，且至。人勸其眷屬可避，秉琳曰：「吾家人皆食祿者，義不可去。」授兵登陴，鄉民及隣境聞之，咸挈入保，至十餘萬人。嬰城四十餘日，賊圍之，不破。秉琳上書統帥，言賊入滹沱，河套勢益蹙，宜兜圍急擊，緩將偷渡東竄。卒如其言。寇平，優敍。州地多斥鹵，民以鹽爲恆產，課與常賦埒，水旱不得報災，非漉鹽無以應正供。秉琳議官銷法，以杜私販，民悅服。

九年，擢正定知府。滹沱溢，發所儲兵米以賑。築曹馬口、迴水、斜角三隄，水不齧城，民用安集。郡與山西接壤，固關守弁，苛稅煤鐵，商販委物於路，聚衆上訴。秉琳往解散，除其重徵。鎮將獲盜三，已誣服，秉琳鞫之，乃兵挾負博嫌，栽贓刑逼，以成其獄，釋三人者而重懲其兵。

光緒元年，擢天津河間道，兼轄南運河工。請復歲修銀額，河兵口食足，乃無偸減工料之弊。築中亭河北隄，涸出腴田千餘頃。時方旱，流民集天津，設粥廠，躬親其事，所活甚衆。嘗太息曰：「哺飢衣寒，救荒末策也。本計當於河渠書、農桑譜中求之。」四年，乞病歸，數年卒。同治初年，軍事漸定，始課吏治。大學士曾國藩爲直隸總督，下車卽舉賢員，如李文敏、任道鎔、李秉衡，後並至巡撫。

秉琳及陳崇砥、夏子齡、蕭世本諸人，治行皆卓著，當時風氣爲之一振云。

崇砥，字亦香，福建侯官人。道光二十五年舉人，咸豐三年，大挑知縣，發直隸，授獻縣。盜賊充斥，嚴緝捕，渠魁多就擒。治鄉團十六區，合千五百人，分班輪值，邑以有備。捻匪張錫珠擾畿輔，崇砥開城納逃亡，誓衆効死。縣境臧家橋爲通衢，河間守欲毀橋阻賊，崇砥謂：「方宜安集難民，遙爲聲援，豈可夷險示弱？且委東鄉於賊，非計也。」竟不毀橋，賊旋引去。大學士祁寯藻疏薦之，擢保定府同知，筦水利。崇砥以府河港汊紛歧，苦易淤，設水誌，增夫役、器具，以時汰淤。商船打壩阻水，爲設壩船，給板樁，過淺搆橋咸稱便。

同治八年，署大名知府，兵亂時，民多築寨堡自衞，後事定，寖至藏奸抗官。崇砥親履勘，收繳軍械，易正紳司之，澆風漸息。畿南久苦旱，賑難普及，崇砥議有田十畝以上者不賑；極貧，大口錢千，小口半之，壯者不給。先編保甲，造細册，不曰賑而曰貸。事畢，奏請錮貸，民安之。南樂縣民抗徭聚衆，令告變。崇砥輕騎往，平其輕重，衆歡然輸納。副將駐兵獻縣，兵不戢，鄉團疑其匪也，戕副將。既而知誤，畏罪，衆聚不散。檄崇砥往治，令縛首禍者，脅從皆免之。

調署順德府，尋擢河間知府。河間素多訟，崇砥剋期審結，數決疑獄，期年而清。滹沱下游爲災，崇砥請築古洋河隄，自獻縣至肅寧六十里。於蔡家橋作隄防支流，開溝六千丈，以資宣洩。自馮家村至高旦口，造橋建牐，防子牙河暴漲。於是古洋通流，近地皆大稔。光緒元年，卒於官，祀名宦。

夏子齡，字百初，江蘇江陰人。道光十六年，會試第一，成進士。初官禮部主事，任事果決，尚氣節。庫丁賄當事，請準捐考，力持駁議，時稱之。改授河南汲縣知縣，勤聽訟，嚴治盜，遇事持大體。咸豐初，詔求人才，巡撫潘鐸特薦之，會母憂去官。

服闋，授直隸深澤，調饒陽。比歲旱蝗，盜劫肆擾，選健役百人，教以技擊，更番直。有事，雖午夜立率以出，捕劇盜幾盡。分境內團練爲八區，輪期會操，久之皆可用。十年，英法聯軍入京師，畿南土匪蠭起，冀州王洛悅，河間劉四、賈溣等，各嘯集千人，連擾郡邑。子齡率團勇迎擊境上，斬獲數百。劉四受創遁，王洛悅聞風驚潰。劉四等尋於他縣被擒伏法，王洛悅亦就撫。事平，優敍。

縣舊爲滹沱所經，北徙已久。十一年，上游決溢，水驟至，近郊爲澤國。訪尋故道，濬老澗溝，上接安平境，下入獻縣之廉頗窪，以資宣洩。次年，水復至，暢流不爲患。城西官道沖刷成河，建長橋五十丈，民便之。遷宛平京縣。

擢易州直隸州知州。西陵在州境，故事，護陵俸餉及祭品、牛羊、芻豆，州領帑給之。陵員與州吏因緣爲侵蝕，數煩朝使察治。子齡與守陵大臣議訂章程，弊去泰甚，始相安焉。歲旱，奸民聚衆擾大戶，立杖斃煽衆者。勸捐賑卹，災不爲害。

同治六年，河北馬賊起，擾及鄰境，募勇治團如饒陽時，匪懾其名不敢犯。次年，捻匪竄擾畿輔，守要隘，清內匪，防軍久駐，有淫掠者，立斬以徇，闔境肅然。論功，晉秩知府。美利堅教會私購民居爲耶蘇堂，執條約與爭。以其無游歷執照，購屋未先告，州境附近陵寢，有關風水，皆與約背，竟退價撤契，且杜其後至。尋請離任，以知府候補。未幾，卒。易州、饒陽並祀名宦祠。子詒鈺，官永年知縣，亦以廉平稱，有治績。

世本，字廉甫，四川富順人。同治二年進士，選庶吉士，散館授刑部主事，改直隸知縣。先在籍治團練有聲，曾國藩蒞直隸，辟爲幕僚。九年，天津民、教相閧，斃法國領事，幾肇大釁。遂以世本署天津縣，尋實授。天津民悍好鬭，鍋夥匪動爲地方害，世本嚴懲之。地爲通商大埠，訟獄殷繁，世本手批口鞫，斷決如神。逾年，父憂去。服闋，仍補天津。歲旱，災黎就食萬數，給粥、施醫無失所。調清苑，擢遵化直隸州知州，復以母憂去。服闋，以知府候補，筦天津守望局。捕誅大盜王洛八、謝昆，海道肅清。倡修運河隄，以免水患。疏濬龍河故道，開范家隄及石碑河、宣惠河、金沙嶺下水道四十餘里。皆藉賑興工，民利賴之。署天津、正定兩府。十三年，卒。附祀曾國藩祠。

李炳濤，字秋槎，河南河內人。咸豐中，就職州判，謁曾國藩於軍中，尋佐皖軍營務。能調和將士，積功晉同知，留安徽。同治四年，國藩北征捻匪，炳濤上書言四事：「一，專責防堵，以嚴分竄；一，聯絡民團，以孤賊勢；一，設局開荒，以資解散；一，多備火器，以奪賊長。」國藩頗採其言。檄查亳州圩，炳濤微服出入，盡得諸匪徒姓名及蠹役胡采林通匪虐民狀，誘采林誅之，竿其首，一州驚歎。自是訟獄者咸取決於炳濤。按圩查閱，立條敎，別良莠，戮悍賊二百，予自新者三千。期年而俗變，無盜竊者。五年，捻匪竄州境，曉諸圩以大義，雖與寇有親故者，無敢出應，捻匪引去。

六年，署蒙城縣。蒙、亳接壤，瘠苦尤甚。炳濤耡强梗，撫良懦，振興書院，絃誦聲作。捻匪餘黨解散及各軍凱撤還鄉者數千人，彈壓安輯，民用晏然。巡撫英翰疏陳炳濤治行爲安徽第一，被詔嘉奬。十年，調署亳州。

尋擢廬州知府。廬州故劇郡，中興以來，元勳宿將相望，豪猾藉倚聲勢爲不法，官吏莫敢誰何，炳濤嚴治之，稍戢。無爲州江隄，官督民修，炳濤禁胥吏索規費，工必覈實。府東施河口爲衝途，冬涸，商船以數牛牽挽始行。時值旱災，以工代賑，濬河深通，運賑者皆至，商民便之。西洋人欲於城內立教堂，成有日矣。炳濤諭地主曰：「爾不聞寧國之變耶？他日民、教有爭端，爾家首禍。」其人懼，事得寢。光緒二年，大江南北訛言有妖術剪人髮者，民情洶洶，奸民藉以倡團立卡，多苦行旅。炳濤徧示城邑無妄動，誅一眞匪，其疑似者悉不問，人心旋定。三年，母憂去官。皖南興辦保甲墾荒，大吏奏調炳濤主其事。五年，卒於寧國。

炳濤機警，善斷獄。在蒙城，營馬爲賊所刦。乃傳諭，詰旦城但啓一門。見有馬奔出，有鞍而無轡，命羈之。俄一人手持一封，將出城，回顧者再，縛之。發其封，則轡與刦物皆在，其人伏罪。在亳州，田父報子夜投井死，驗無傷，井旁有汲水器。炳濤念夜非取水時，旣願死，何暇持器。詢其婦，無戚容。偵其平日與鄰婦往來，拘鄰婦鞫之，果得狀。蓋鄰婦弟與婦通，欲害其夫。適其夫以事忤父，鄰婦邀醉以酒而投之井。置汲器者，欲人信其取水投井也，於是皆伏法。

時皖北被兵久，撫輯遺黎，多賴良吏，炳濤爲最。又有俞澍、朱根仁、鄒鍾俊、王懋勳，並爲時所稱。

澍，直隸天津人。以縣丞發安徽，襄壽春鎮軍事。咸豐六年，署蒙城知縣。時縣城初復，人烟寥落，招集流亡，以大義激紳民，築城籌守禦，趨工者踴躍，不費公家一錢。捻渠苗沛霖，反側叵測，窺縣城十餘次，不能破城。有內應賊者，捕斬三人而賊退。七年，攻賊於酆墟，擒其酋徒成德等。八年，攻克龍元賊壘。捻酋孫葵心來犯，出奇計擊走之。附近捻墟，懾於聲威，往往反正受約束。九年，實授。先後敍功，晉同知直隸州。在官數年，潔己愛民。及歿，民皆痛哭，送其柩二千里歸葬。詔贈道銜，建專祠。

根仁，字禮齋，江蘇常熟人。以州判從軍，晉秩知縣，留安徽。同治三年，署定遠。兵燹初定，徵調尙繁。前令試辦開徵，根仁以民不堪命，請緩之。籌備供億，民無所擾。捕巨猾雍秀春未獲，得黨羽名册，根仁曰：「我何忍興大獄以博能名？喪亂未平，民氣未固，激之生變，可勝誅乎？」遂火其册，聞者爲之改行。跕雞岡周姓聚族居，有從逆者已死，里人利其田廬，致周族人於獄，根仁一訊釋之。後再署定遠，捻匪擾境，根仁修城濬隍，聚糧固守。暇輒輕騎巡鄉，勸民修復陂堰，十家治一井，田二頃闢一塘，旱不爲災。歷署阜陽、懷寧，捕阜陽積匪程黑，置之法。補全椒，興水利，有實政。光緒四年，卒。

鍾俊，字雋之，江蘇吳縣人。同治中，以州判官安徽，積勞晉秩知縣，補太平。平反寃獄，慈祥而人不欺。墾荒勸農，蒿萊盡闢，不追呼而賦辦。邑行淮鹽，與浙引接界，屢以緝私釀大獄，乃請以官牒領鹽，試辦分銷，民始安。修復水利，興書院，儲書七萬卷。輯儒先格言，曰人生必讀書。訓士敦本行，旌節孝，修祠祀，舉行賓興鄉飲酒禮。在任五年，以興養立教爲務。調太和，歷署懷寧、六安、阜陽、蕪湖、渦陽，所至有聲。光緒中，乞休，卒於家。清貧如故。子嘉來，官至外務部尚書，守其家法焉。

懋勳，字弼丞，湖北松滋人。咸豐中，以議敍縣丞，發安徽，從軍有功，晉知縣。歷署潁上、合肥、亳州、泗州。補六安直隸州知州，因事去職。尋因籌賑捐，奬以知府候補。懋勳先後官安徽近五十年，任亳州、泗州皆三次。初至亳，捻匪苗沛霖初平，清查戶口，收繳軍械，平毀寨堡數百，民始復業。懲械鬬，清積案，釐學產，復書院，士民戴之。以父憂去，會巡撫過境，州人萬衆乞留懋勳，巡撫許以俟服闋重任，後如其言，夾道歡迎。光緒初，洊飢，煑粥以賑。河南、山西、陝西飢民流轉入境，留養資遣，全活無算。泗州瀕洪澤湖，爲匪藪，捕誅劇盜數十，閭閻得安。治獄無株連，禁差保擾民。勸農事，勵風化，親歷鄉曲，民隱悉達。最後至泗，距前已二十餘年，盜賊聞風遠竄，奸胥皆避歸田野。宣統元年，卒。

蒯德模，字子範，安徽合肥人。咸豐末，以諸生治團練，積功洊保知縣，留江蘇。同治三年，署長洲。時蘇州新復，盜日數發，德模偵之輒獲。有匿鎭將營者，親往擒以歸，置之法。車渡民聚衆抗租，或欲懾以兵。德模曰：「是激之變也。」扁舟往，治首惡，散脅從，事立平。治有天主堂，雍正間鄂爾泰撫蘇，改祠孔子，泰西人伊宗伊以故址請。德模曰：「某官可罷，此祠非若有也。」卒不行。奸人誘買良家女，倚勢豪爲庇，德模挈女親屬往出之，豪亦屈服，其不畏强禦類此。常周行鄉陌，田夫走卒相酬答，周知民隱。馭下嚴而恤其私，胥役奉法，不敢爲蠹。附郭訟獄故繁，日坐堂皇判決，間用俳語鈎距發摘，豪猾屏息。然執法平，不爲覈刻。上官遇疑獄，輒移鞫治，多所平反。治長洲四年，判八百餘牘，盡愜民意，或播歌謠焉。

江北大水，災民麕集，德模請於大吏，分各縣留養，三萬餘人無失所。民有爲飢寒偷竊者，設化莠室，給衣食，使習藝，藝成遣歸。爲滸墅關營籌芻秣費，永免比閭供役。修望亭塘，爲橋二十八，以利行旅。兵祲之後，百廢待舉，壇廟、倉庾、書院、善堂、祠宇及先賢祠墓，率先修復；不足，則斥俸助之。徵漕，舊有淋尖、踢斛、花邊、樣米、捉猪諸色目，又有截串、差追諸弊，一皆革除，不追呼而賦辦。惟大小戶均一，便於民而不便於紳，御史朱鎮以浮收劾奏，事下按治，總督曾國藩、巡撫郭柏蔭奏雪之。詔以「是非倒置」切責原奏官。旋署太倉直隸州知州、蘇州知府。

九年，調署鎭江，時天津民擊斃法蘭西領事豐大業，沿江戒嚴。德模至，則葺外城，浚甘露港，召還居民之聞警遠徙者，人心始定。

調署江寧，未幾，擢四川夔州知府。府城濱江，屢圮於水，修築輒不就。德模自出方略，築保坎十三道，甃以方丈大石，層累而上。捐萬金以倡其役，不二年遂成。附郭有臭鹽磧，盛漲則沒水，水落，貧民相聚煎鹽。嗣爲雲陽竈戶所持，請封禁，然冬令私煎如故，聚衆抗捕無如何。德模請弛禁，官買其鹽，運銷宜昌。不奪奉節貧民之業，不侵雲陽銷引之岸，遂著爲令。勸民種桑，奉節一縣二十二萬株，他邑稱是。在夔四年，卒於官。長洲、太倉、夔州皆祠祀之。

林達泉，字海巖，廣東大埔人。咸豐十一年舉人，江蘇巡撫丁日昌辟佐幕府。留心經濟，每論古今輿圖、武備及海外各國形勢，歷歷如指掌，日昌雅重之。同治三年，粵匪餘孽竄廣東，達泉歸里練鄉勇，籌防禦，大埔得無患。敍績，以知縣選用。七年，隨剿山東捻匪有功，晉直隸州知州，發江蘇。八年，署崇明知縣。亂後彫敝，達泉革陋規，淸積獄，修城垣，浚河渠，建橋梁，置義塚，增書院膏火，設同仁育嬰堂。利民之政，知無不爲。及去任，父老遮道攀留。其後兵部侍郎彭玉麐巡閱過境，見老者飢踣於道，與之食，曰：「若林公久任於此，吾邑豈有飢人哉？」

十一年，署江陰。城河通江潮，又縣境東橫河閼，農田十餘萬畝，灌溉之利，亂後皆淤塞，大浚之。建義倉，勸捐積穀。所定章程，歷久遵守。光緒元年，授海州。達泉先奉檄勘海、沭鹽河，請以工代賑，下車次第舉辦。浚甲子河及玉帶河，復橋路，增隄防，民咸稱便。州地瘠民貧，素爲盜藪。達泉時出巡，擒巨憝，置之法。土宜棉，設局教民紡績，廣植桐柏雜樹於郭外錦屏山，所規畫多及久遠。

時方經營臺灣，船政大臣沈葆楨疏薦達泉器識宏遠，潔己愛民，請調署新設之臺北府。格於部議，特詔從之。達泉至，陳治臺諸策。議建置，減徵收，整飭防軍，招民墾荒，皆因地制宜，事事草創，積勞致疾。四年，丁父憂，以毀卒。

方大湜，字菊人，湖南巴陵人。咸豐五年，以諸生從巡撫胡林翼軍中，洊保知縣，授廣濟縣。清保甲，治團練，盜賊屏息。築盤塘石隄，下游數縣皆免水患。十年，土匪何致祥等謀結皖賊，襲攻官軍，大湜偕員外郎閻敬銘馳往擒之。十一年，皖賊竄湖北，黃州、德安諸屬縣先後陷，廣濟亦被擾。大湜被吏議，革職留任。調署襄陽，飛蝗徧野，大湜躡屩持竿，躬率農民撲捕，三日而盡。濬城南襄水故道，渠成，涸復田數萬畝。同治初，巡撫嚴樹森疏陳大湜政績優異，復原職。

八年，擢宜昌知府。九年，大水，難民避高阜，絕食兩日。大湜捐貲煮粥糜，又爲餺飥數萬賑之。諭米商招民負米，日致數十石，計口散給，災戶無失所。攝荆宜施道。十年，調武昌。樊口有港蜿蜒九十餘里，外通江，內則重湖環列，周五百里。江水盛漲，由港倒灌，近湖居者苦之。僉請築壩樊口，以禦江水。大湜謂閉樊口則湖水無所洩，環湖數縣受其害，上下江隄亦危，力持不可。光緒五年，再署荆宜施道，尋擢安襄鄖荆道，歷直隸按察使、山西布政使。八年，開缺，另候簡用，遂乞病。爲言者所劾，鐫級歸。

大湜生平政績，多在爲守令時。所至興學校，課蠶桑，事必親理，胥吏無所容奸，民親而信之。時周歷民間，一吏一擔夫自隨，即田隴間判訟。守武昌時，勘隄過屬縣，暮宿民家，已去而縣官猶不知。嚴義利之辨，嘗曰：「以利誘者，初皆在可取不可取之間。偶一爲之，自謂無損，久則顧忌漸忘。自愛者當視爲酖毒，飢渴至死，不可入口。」又曰：「居官廉，如婦人貞節，不過婦道一端。若恃貞節，而不孝、不敬、不勤、不愼，豈得謂賢乎？」公暇輒讀書，所著平平言及蠶桑、捕蝗、修隄、區田諸書，皆自道所得。歸田後，謂所親曰：「官至兩司，不如守令之與民親，措置自如也。」遂不出，卒於家。

陳豪，字藍洲，浙江仁和人。同治九年優貢，以知縣發湖北，光緒三年，署房縣。勤於聽訟，每履鄉，恆提榼張幕，憩息荒祠，與隸卒同甘苦。會匪柯三江謀亂，立擒置之法。置匭縣門，諭脅從自首，杖而釋之。徵米斗斛必平，不留難，不挑剔，民大悅，刁紳慼而戢訟。

禁種罌粟，募崇陽人教之植茶，咸賴其利。歷署應城、蘄水。

授漢川，頻年襄河溢，修築香花垸、彭公垸、天興垸諸隄，疏濬茶壺溝、縣河口，以工代賑。新溝者，毘漢陽，冬涸舟澀。江口奸民輒恃衆索詐，捕治，諭禁之。因病乞休沐，將去任，有淹訟久未決，慮貽後累，舁胡床至廳事判定，兩造感泣聽命。值年飢，發賑，大吏知豪得民心，强起，力疾往，民夾道歡呼。賑未半，復以疾去。

尋署隨州，素多盜，豪如治房縣時，置匭令自首。選賢紳，行保甲，盜風頓戢。俗多自戕圖詐，豪遇訟，實究虛坐，不稍徇，澆風革焉。立輔文社，選才雋者親教之，多所成就。治隨二年，瀕行，聞代者好殺，竭數晝夜之力，凡獄情可原者，悉與判決免死。後因養母，乞免，歸。浙中大吏輒諮要政，多所匡益。家居十餘年，卒。豪在隨州，重修季梁祠。及卒，隨人思其德，於西偏爲建遺愛祠祀之。

楊榮緒，字黼香，廣東番禺人。咸豐三年進士，選庶吉士，授編修，擢御史。英法聯軍犯京師，駕幸熱河，榮緒與同官抗疏請回鑾，又劾參贊國瑞徇法營私，風裁頗著。

同治二年，出爲浙江湖州知府。粵匪據湖州四年，時甫克復，荒墟白骨，闃無人煙。榮緒置善後局，規畫庶政，安集流亡，閭閻漸復。屬縣糧册無存，榮緒招來墾闢，試辦開徵，歲有起色。湖蠶利甲天下，經亂，桑盡伐，課民復種，貧者給以桑苗，絲業復興。

郡稱澤國，滙天目諸山之水入太湖，烏程、長興境內舊有漊港，各三十六，以爲宣洩，亂後多淤塞。五年，榮緒奉檄開濬，至八年蠶畢，烏程漊港尤易淤，賴設閘以禦湖水之倒灌。九年，重修諸閘，因經費不充，頻年經營，猶未盡也。十年，內閣侍讀學士鍾佩賢疏陳其事，朝命大加濬治，時榮緒舉卓異入覲，宗源瀚代攝郡，源瀚亦能事，規畫舉工。及榮緒回任，集絲捐，得鉅款，以資興作。屏去傔從，輕舟巡驗，常駐湖濱，踰年工始竣。以漊港旋開旋淤，議定分年疏濬之法及鏟蘆、撈淺、閘版啓閉章程，數十年遵守不輟。又開碧浪湖，疏北塘河及城河。葺學校，建考舍，修書院，建倉庫，造橋梁，復育嬰堂，百廢具舉。

鞫獄詳審，吏胥立侍相更代，終日無倦容。親受訟牒，指其虛謬，曰：「勿爲胥吏所用也。」手書牒尾，輒數百言，剖析曲直，人咸服之。訟以日稀，刑具朽敝。隸役坐府門，賣瓜果自活。客坐無供張，儉素如布衣時，遠近頌爲賢守。在任十年，嗣爲人所譖，遂求去。捐升道員，離任。尋卒。郡人思之，請祀名宦祠。

林啓，字迪臣，福建侯官人。光緒二年進士，選庶吉士，授編修。督陝西學政，馭士嚴正。任滿，遷御史，直言敢諫，稽察祿米倉，不受陋規，爲時所稱。十九年，出爲浙江衢州知府，多惠政。二十二年，調杭州，除衙蠹，通民隱，禁無名苛稅。餘杭亘猾楊乃武，因姦通民婦葛畢氏，興大獄。刑部訊治，倖免重罪。歸則益橫，攬訟事，挾制官吏，莫敢誰何。啓捕治之，乃武控京師，不爲動，卒論如法。尤以興學爲急務，時各行省學堂猶未普立，杭郡甫建求是書院，啓復養正書塾，並課新學。舊有東城講舍，益振興之。兼經義、治事，陰主程、朱之說，而變其面目。誘諸生研尋義理，以成有用，一時優秀之士皆歸之。又以浙中蠶業甲天下，設蠶學館於西湖，講求新法，成效頗著。遇國外交涉事，持正無遷就，遠人亦心服。治杭四年，剛直不阿，喜接布衣，士民翕然頌之。卒官，葬於孤山林處士墓側，杭人歲設祭焉，號曰林社，久而勿輟。啓之治杭，得友高鳳岐爲之助，後官廣西梧州知府，亦有聲。歿而杭人附祀於林社云。

王仁福，字竹林，江蘇吳縣人。少誠愨，勇於任事。祖宦河南，歿後，仁福扶柩歸葬。道經徐州，遇捻匪，徒步率廝役出入烽火，肩行四十里，竟免。尋入貲爲東河同知。粵匪犯開封，城壕沙淤如平地，仁福奉檄督工濬治，刻期蕆事而賊至，城守賴之。同治五年，署祥河廳同知。黃河自北徙，中原多故，工帑大減。頻年軍事亟，發帑復不以時。歲修不敷，隄埽殘缺，料無宿儲。祥河汛地當衝，險工迭出，人皆視爲畏途。仁福盡力修守，不避艱危。六年秋，汛水驟漲，掣埽去如削木柹。仁福奔走風雨泥淖中，搶護歷七晝夜。款料俱竭，隄岌岌將破。居民蟻附隄上，仁福對之流涕，曰：「我爲河官，擠汝等於死，我之罪也，當身先之！」躍立埽巔。風浪捲埽，走入大溜沉沒。河聲如吼，隄前水陡落。風止浪定，大溜改趨，殘隄得保。衆咸驚爲精誠所格，令善泅者覓其尸，不得，乃以衣冠斂。事聞，詔依陣亡例賜卹，附祀河神祠。

朱光第，字杏簪，浙江歸安人。少孤貧，幕游江南，奉汪輝祖佐治藥言爲圭臬。咸豐末，捻匪方熾，佐蕭縣令籌防禦，屢破賊。都統伊興額上其功，累晉秩知州，分發河南，佐讞局，治獄平。光緒中，補鄧州。在任三年，大祲之後，壹意休養。善治盜，民戴之。王樹汶者，鄧人，爲鎮平盜魁胡體安執爨。鎮平令捕體安急，乃賄役以樹汶僞冒，致之獄。既讞，臨刑呼寃。重鞫，則檄光第逮其父季福爲驗。開歸陳許道任愷先守南陽，嘗讞是獄，馳書阻毋逮季福，且誘怵之。光第曰：「吾安能惜此官以陷無辜？」竟以季福上，則樹汶果其子。巡撫李鶴年袒愷，持初讞益堅。河南官科道者，交章論其事。命東河總督梅啓照覆訊，樹汶猶不得直，衆論大譁。刑部提鞫，乃得實。釋樹汶，自鶴年、啓照以次譴黜有差，而光第已先爲鶴年摭他事劾去官，貧不能歸，卒於河南。後鄧州士民請祀名宦，以子祖謀官禮部侍郎，格於例，不行。

冷鼎亭，字鎭雄，山東招遠人。同治四年進士，卽用知縣，發江西，署瑞昌。地瘠而健訟，鄉愚輒因之破家。捕訟師及猾吏數人，繩以法。因事詣鄉，使胥役盡隨輿後，返則令居前而已殿之，未嘗以杯勺累民。調署德化，懲防軍之陵民者，境內肅然。修瀕江隄塘，費省工速。德化、瑞昌、黃梅三邑民爭蘆洲，累歲相鬭殺。鼎亭諭解之，建臺於鬭所，官吏誓不私，民皆悅服。白鶴鄉人叔與姪爭田，卽樹下諭解，遂悔悟如初。旱，蝗起，徒步烈日中，掩捕經月，露宿禱神，得雨，蝗皆死。歷署新昌、彭澤，皆有實政。

上官以爲賢，調補新建。附省首邑，官斯者多昕夕伺上官，不遑治民事。鼎亭先與上官約，屛酬應，親聽斷，民歌頌之。尋調鄱陽，值大水，發賑親勘給印票，盡除侵蝕舊習。次年，復災，跣足立沮洳中，溼疾徧體，十閱月。常小舟行駭浪中，屢瀕於危，深夜返署理訟牘。侍郞彭玉麐巡江過境，寄書巡撫曰：「某所至三江五湖數千里，未見堅剛耐苦如冷知縣者也。」

歷官十年，食無兼味，妻子衣履皆自製。以廉率下，胥吏幾無以爲生。俸入輒捐爲地方興利，訓士以氣節爲先。鄱陽俗好鬭，鼎亭曰：「化民有本，未教而殺之，非義也。」以孝經證聖祖聖諭廣訓爲淺說，婦孺聞之皆感動。治教案必持平，屢遇民、教齟齬事，桀黠者欲借以鼓衆毀教堂，慮遺禍好官而止，蓋有以感之。光緒十年，擢南昌府同知，巡撫潘霨疏薦入覲，遂乞歸，卒於家。

孫葆田，字佩南，山東榮成人。同治十三年進士，授刑部主事，改知縣，銓授安徽宿松。勤政愛民，日坐堂皇，妻紡績，室中蕭然如寒士。調合肥，大學士李鴻章弟子之傔人橫於鄉，以逼債毆人死。葆田檢驗屍傷，觀者數萬人，恐縣令爲豪强迫脅驗不實。葆田命仵作曰：「敢欺罔者論如律。」得致命狀，人皆歡噪，謂包龍圖復出，讞遂定。有御史劾葆田誤入人死罪，詔巡撫陳彝按之，卒直原讞。葆田遂自免歸，名聞天下。逾數年，安徽將清丈民田，巡撫福潤疏調葆田主其事，辭不赴。貽書當事，言淸丈病民，陳：「淸賦之要，熟地報荒者，當寬其既往，限年墾復。平歲報災者，當警其將來，分年帶徵。弊自可除，無事紛擾。」時以爲名言。

葆田故從武昌張裕釗受古文法，治經，實事求是，不薄宋儒。歷主山東、河南書院，學者奉爲大師。巡撫張曜疏陳其學行，賜五品卿銜。中外大臣迭薦之，詔徵，不出。宣統元年，卒，年七十。

柯劭憼，字敬儒，山東膠州人。光緒十五年進士，卽用知縣。亦官安徽，署貴池，補太湖。貴池自粵匪亂後，地丁册爲吏所匿，託言已燬。徵賦由吏包納，十不及四五，而浮收日甚，民苦之。劭愍知其弊，令花戶自封投櫃，吏百計撓之，不爲動。民輸將恐後，增收銀二萬餘兩，民所節省數且倍。巡撫鄧華熙初聽浮言將奏劾，總督劉坤一曰：「柯令，皖中循吏，奈何登於彈章？」華熙悟，遂疏薦送觀，晉秩直隸州。劭愍爲治清簡，斷獄明決，所至民愛戴。亦績學，善爲古今體詩。時與葆田並稱儒吏。

涂官俊，字劭卿，江西東鄉人。光緒二年進士，截取知縣，發陝西，署富平、涇陽、長安諸縣。補宜君，山邑地瘠民樸，官此者多不事事。官俊勸農桑，興水利，成稻田數百畝。躬巡阡陌，與民絮語如家人。調涇陽，歷官皆有聲。凡兩任涇陽，政績尤著。初至，值回亂後，清積訟千餘，庶政以次規復，期年而改觀。龍洞渠，故白渠也，官俊倡言開濬，衆議以工鉅爲難，獨毅然爲之。由梯子關而下，水量增三分之一，復於淸治河畔修復廢渠二，水所不至者，勸民鑿井以濟之。先後增井五百有餘，無旱憂。

涇民多逐末，不重蓋藏，義倉無實儲。官俊謂積穀備荒，莫善於年出年收。躬詣各鄉勸諭捐穀，嚴定收放之法，民感其誠，輸納恐後，倉皆充實。十九年，旱荒，全活凡數萬人。編保甲，捕盜賊，地方靖謐。官俊故績學，立賓興堂，置性理、經濟有用之書，日與諸生講習。增義塾，定課程，親考校之。凡有利於民者，爲之無不力。二十年，卒。疾篤時，猶强起治事，捐俸千金以恤孤貧。民爲祠，歲時祀之。

陳文黻，湖南長沙人。以諸生入貲爲通判。同治間，從軍，積功晉同知，留陝西。光緒七年，署鄠縣知縣，以敎化爲先，政平訟理。九年，授留壩廳同知。廳獄舊有棗莢，經費歲徵之民，文黻革之。境內無質庫，貧民稱貸，盤剝者要重息。文黻設裕民公所，貸民錢，息以十一，取其贏以備公用，民便之。廳境山多於田，無物產以資生。乃周歷山谷，辨其土宜，作種橡說及山蠶四要，偏諭鄉民。頒給樹秧蠶種，募工導之。絲成，製機敎織，設局收買，重其值以招之。又購紫陽茶種，課之樹藝，於是地無棄利。俗素樸陋，歲科試附鳳縣額，每試或不得一人。建書院、義塾，置書籍，延高才者爲之師。數年之後，橫舍彬彬，遂請奏設廳學，建官置額。

谿河多壅閼，橫溢爲患。陳開河策，未果行，値水猝發，已逾報災例限，便宜開倉賑之。跋涉沮洳，勞疾不輟。煮粥賑近郊，多所全活。久之，流民坌集，復申開河議，以工代賑，不得請。則因其衆治道路，濬溝渠，出私錢給值，負累至數千緡，民感其德。廳介萬山中，林谷深阻，奸民狙伏行劫，或掠婦孺賣境外。文黻密圖其處示捕役，時復微服迹之，多就擒治。實行保甲，於民戶職業、田產、丁口、年歲、婚嫁，載册不厭煩瑣。及賑飢，稽之册，如家至戶覿，訴訟亦莫敢欺，事益簡焉。民有殺子婦匿其屍者，母家以無左驗，不得直。文黻偶行山徑，羣鴉噪於前，索而得之，一訊具服，人以爲神。十八年，調署潼關廳，未任，卒。

李素，字少白，雲南保山人。同治六年舉人。光緒初，授陝西商州直隸州知州。值州境歉收，飢民聚掠。時山西大祲，商州爲轉運要衝。素招民運賑糧，使飢者得食。集貲數萬緡，購籽糧散給。設粥廠十餘所，災後倉儲一空，捐穀萬石。六年，大水，加意撫卹，災不爲害。州城濱丹河，遇盛漲則負郭田廬漂沒，城中亦半爲澤國。素創築石隄二百餘丈，城門月隄十餘丈，遂無水患。開州東隸花河山路三十餘里、州西麻𡑞嶺山路二十餘里，行旅便之。擴充商山書院，延碩儒課士，設義塾三十餘區，絃誦聞於比戶。陋規病民者悉除之。每歲寒冬，出私錢給孤寡。緝捕籌經常之費。綠營餉薄，歲資助之。凡賑飢、積穀、築隄、修城、興學，莫不以鉅貲倡。一署同州知府。先後在官十八年，兩舉卓異。以病免歸，卒。士民感之，多私祠祀焉。

張楷，字仲模，湖北蘄水人。同治十年進士，選庶吉士，授編修，累遷至侍講。光緒初，疏論伊犂事，又請撤銷總兵周全有卹典，爲時所稱。八年，出爲浙江金華知府。永康山中七堡、八堡，地險僻，盜藪也。楷設方略，捕誅匪首蔣元地，移縣丞駐山麓，獷俗一變。父憂去，服闋，補山西汾州。汾陽、平遙兩縣瀕河，鄉民冬令攔河築堰，引水灌田，水不得暢流。

夏秋漲溢，各築護隄。以鄰爲壑，輒械鬬蔓訟。楷禁築攔河堰，濬引渠以洩水，患紓而訟息。以南方戽水法導民，使開稻田，植桑課蠶。有山曰黑烟，與交山葫蘆峪相連，匪徒窟穴其間，偵其姓名，掩捕盡獲之。治汾州七年，考績爲山西最。調太原，未任，母憂去。服闋，補河南府。鞏、洛之間素多盜，捕治巨魁，椎埋斂迹。治獄多平反。調開封。二十五年，畿輔拳匪亂起，大河南北，羣情洶洶，大吏持重不敢決。楷力陳邪教不可信，外衅不可開。揭示：「義和團既號義民，謂能避槍礮。令詣城外空營候試，以槍擊果不入，編伍充兵。」奸民不得逞。聯軍入都，潰兵南下，楷創議守河。自汜水迄蘭儀，嚴稽渡口，凡持械之士，悉阻之不令入城，屬境安堵。論者謂微楷之堅定，中原禍未艾也。事定，開缺，以道員候補。三十年，卒。

王仁堪，字可莊，福建閩縣人，尚書慶雲之孫。光緒三年一甲一名進士，授修撰。督山西學政，歷典貴州、江南、廣東鄉試，入直上書房。時俄羅斯索伊犂，使臣崇厚擅定條約，仁堪與修撰曹鴻勛等合疏劾之。太和門災，復與鴻勛應詔陳言，極論時政。其請罷頤和園工程，謂：「工費指明不動正款，夫出之筦庫，何非小民膏血？計臣可執未動正款之說以告朝廷，朝廷何能執未動正款之說以謝天下？」言尤切直。

十七年，出爲江蘇鎮江知府。甫下車，丹陽教案起，由於教堂發見孩尸。仁堪親驗孩尸七十餘具，陳於總督劉坤一曰：「名爲天主教堂，不應有死孩骨。卽兼育嬰局，不應無活嬰兒。傳教約本無准外國人育嬰之條，教士於約外兼辦育嬰，不遵奏行章程，使地方官得司稽察，禍由自召。請曲貸愚民之罪，以安衆心；別給撫卹之費，以贍彼族。」坤一迂之，卒定犯罪軍流有差。時外使屢責保護教堂，仁堪請奏定專律，謂：「條約無若何懲辦明文，每出一事，任意要挾。宜明定焚毀教堂，作何賠償；殺傷教士，作何論抵；以及口角鬬毆等事，有定律可遵。人心旣平，訛言自息。」英人梅生爲匪首李鴻購軍火，事覺，領事坐梅生罪僅監禁，仁堪上書總理各國事務衙門論之。又洋人忻愛珩偏謁守令，募捐義學，無游歷護照。仁堪請關道送領事查辦，復議無照私入內地，應按中國律法科罪。雖皆未果行，時論韙之。

郡地多岡壠，旱易成災，仁堪以設渠塘爲急務，不欲擾民，捐廉爲倡。馳書乞諸親舊，商富感而輸助，得錢三萬緡，開塘二千三百有奇，溝渠閘壩以百計。

十八年秋，丹陽大祲，恩賑之外，勸紳商捐貲，全活甚衆。又假官錢於民，使勿賣牛，名曰牛賑。濬太平港、沙腰河、練湖、越瀆、蕭河、香草、簡瀆之屬，凡二十餘所，支溝別渠二百三十有奇。又鑿塘四千六百，以蓄高原之水。皆以工代賑，東西百餘里間，水利畢舉。次年春，賑畢，餘四萬金，生息備積穀。牛賑餘錢，仿社倉法創社錢，按區分儲，爲修溝洫、廣義塾之用。郡西鄉僻陋不知學，立榛思文社以教之。出私錢於府治前建南滬學舍。在任兩年，於教養諸端，盡力爲之。

調蘇州，已積勞致疾，日坐讞局清積案，風采動一時。甫三閱月，猝病卒，時論惜之。鎭江士民列政績，籲請大吏上聞，謂其「視民事如家事，一以扶植善類、培養元氣爲任，卓然有古循吏風」。詔允宣付史館立傳，以表循良。自光緒初定制，官吏歿後三十年，始得請祀名宦。於是疆臣率徇衆意，輒請宣付立傳表章，曠典日致猥濫，仁堪爲不愧云。

清史稿卷四百八十

列傳二百六十七

儒林一

孫奇逢 耿介　黃宗羲 弟宗炎　宗會　子百家　王夫之 兄介之
李顒 李因篤　李柏　王心敬　沈國模 史孝咸　韓當　邵曾可
曾可孫廷采　王朝式　謝文洊 甘京　黃熙　曾曰都　危龍光
湯其仁　宋之盛　鄧元昌　高愈 顧培　彭定求　湯之錡 施璜
張夏 吳曰愼　陸世儀 陳瑚　盛敬　江士韶　張履祥 錢寅
何汝霖　凌克貞　屠安世　鄭宏　祝洤　沈昀 姚宏任　葉敦艮
劉汋　應撝謙　朱鶴齡 陳啓源　范鎬鼎 党成　李生光

白奐彩 党湛 王化泰 孫景烈 胡承諾 曹本榮 張貞生

劉原淥 姜國霖 劉以貴 韓夢周 梁鴻翥 法坤宏 閻循觀 任瑗

顏元 王源 程廷祚 惲鶴生 李塨 刁包 王餘佑 李來章 冉覲祖

竇克勤 李光坡 從子鍾倫 莊亨陽 官獻瑤 王懋竑 朱澤澐 喬僅

李夢箕 子圖南 張鵬翼 童能靈 胡方 馮成修 勞潼 勞史 桑調元

汪鑒 顧棟高 陳祖范 吳鼎 梁錫璵 孟超然 汪紱 余元遴

姚學塽 潘諮 唐鑑 吳嘉賓 劉傳瑩 劉熙載 朱次琦 成孺

邵懿辰 高均儒 伊樂堯

昔周公制禮，太宰九兩繫邦國，三曰師，四曰儒；復於司徒本俗聯以師儒。師以德行教民，儒以六藝教民。分合同異，周初已然矣。數百年後，周禮在魯，儒術爲盛。孔子以王法作述，道與藝合，兼備師儒。顏、曾所傳，以道兼藝；游、夏之徒，以藝兼道。定、哀之間，儒術極醇，無少差繆者此也。荀卿著論，儒術已乖。然六經傳說，各有師授。秦棄儒籍，入漢復興。雖黃老、刑名猶復淆雜，迨孝武盡黜百家，公、卿、大夫、士、吏，彬彬多文學矣。東漢以後，學徒數萬，章句漸疏。高名善士，半入黨流。迄乎魏、晉，儒風蓋已衰矣。司馬、班、范，皆以儒林立傳，敍述經師家法，授受秩然。雖於周禮師教未盡克兼，然名儒大臣，匡時植教，祖述經說，文飾章疏，皆與儒林傳相出入。是以朝秉綱常，士敦名節，拯衰銷逆，多歷年所，則周、魯儒學之效也。兩晉玄學盛興，儒道衰弱，南北割據，傳授漸殊。北魏、蕭梁，義疏甚密。北學守舊而疑新，南學喜新而得僞。至隋、唐五經正義成，而儒者鮮以專家古學相授受焉。宋初名臣，皆敦道誼。濂、洛以後，遂啓紫陽。闡發心性，分析道理，孔、孟學行不明著於天下哉！宋史以道學、儒林分爲二傳，不知此卽周禮師、儒之異，後人創分，而闇合周道也。元、明之間，守先啓後，在於金華。洎乎河東、姚江，門戶分歧，遞與遞滅，然終不出朱、陸而已。終明之世，學案百出，而經訓家法，寂然無聞。揆之周禮，有師無儒，空疏甚矣。然其間臺閣風厲，持正扶危，學士名流，知能激發。雖多私議，或傷國體，然其正道，實拯世心。是故兩漢名教，得儒經之功；宋、明講學，得師道之益：皆於周、孔之道，得其分合，未可偏譏而互誚也。

清興，崇宋學之性道，而以漢儒經義實之。御纂諸經，兼收歷代之說；四庫館開，風氣益精博矣。國初講學，如孫奇逢、李顒等，沿前明王、薛之派，陸隴其、王懋竑等，始專守朱子，辨僞得眞。高愈、應撝謙等，堅苦自持，不愧實踐。閻若璩、胡渭等，卓然不惑，求是辨誣。

惠棟、戴震等，精發古義，詁釋聖言。後如孔廣森之於公羊春秋，張惠言之於孟、虞易說，淩廷堪、胡培翬之於儀禮，孫詒讓之於周禮，陳奐之於毛詩，皆專家孤學也。且諸儒好古敏求，各造其域，不立門戶，不相黨伐，束身踐行，闇然自修。周、魯師儒之道，可謂兼古昔所不能兼者矣。

綜而論之，聖人之道，譬若宮牆，文字訓詁，其門徑也。門徑苟誤，跬步皆歧，安能升堂入室？學人求道太高，卑視章句，譬猶天際之翔，出於豐屋之上，高則高矣，戶奧之間，未實窺也。或者但求名物，不論聖道，又若終年寢饋於門廡之間，無復知有堂室矣。是故但立宗旨，卽居大名，此一蔽也。經義確然，雖不踰閑，德便出入，此又一蔽也。今爲儒林傳，未敢區分門徑，惟期記述學行；若有事可見，已列於正傳者，茲不復載焉。

孫奇逢，字啓泰，又字鍾元，容城人。少倜儻，好奇節，而內行篤修。負經世之學，欲以功業自著。年十七，舉明萬曆二十八年順天鄉試。連丁父母憂，廬墓六年，旌表孝行。與定興鹿善繼講學，一室默對，以聖賢相期。

天啓時，逆閹魏忠賢竊朝柄，左光斗、魏大中、周順昌以黨禍被逮。奇逢、善繼故與三人友善。是時善繼以主事贊大學士孫承宗軍事。奇逢上書承宗，責以大義，請急疏救。承宗欲假入覲面陳，謀未就而光斗等已死廠獄。逆閹誣坐光斗等贓鉅萬，嚴追家屬。奇逢與善繼之父鹿正、新城張果中集士民醵金代輸。光斗等卒賴以歸骨，世所傳范陽三烈士也。臺垣及巡撫交章論薦，不起。孫承宗欲疏請以職方起贊軍事，其後尚書范景文聘爲贊畫，俱辭不就。時畿內賊盜縱橫，奇逢攜家入易州五峰山，門生親故從而相保者數百家。奇逢爲部署守禦，絃歌不輟。順治二年，祭酒薛所蘊以奇逢學行可比元許衡、吳澄，薦長成均，奇逢以病辭。七年，南徙輝縣之蘇門。九年，工部郎馬光裕奉以夏峰田廬，遂率子弟躬耕，四方來學者亦授田使耕，所居成聚。居夏峰二十有五年，屢徵不起。

奇逢之學，原本象山、陽明，以慎獨爲宗，以體認天理爲要，以日用倫常爲實際。其治身務自刻厲。人無賢愚，苟問學，必開以性之所近，使自力於庸行。其與人無町畦，雖武夫悍卒、野夫牧豎，必以誠意接之。用此名在天下而人無忌嫉。著讀易大旨五卷。奇逢學易於雄縣李崶，至年老，乃撮其體要以示門人。發明義理，切近人事。以象、傳通一卦之旨，由一卦通六十四卦之義。其生平之學，主於實用，故所言皆關法戒。又著理學傳心纂要八卷，錄周子、二程子、張子、邵子、朱子、陸九淵、薛瑄、王守仁、羅洪先、顧憲成十一人，以爲直接道統之傳。

康熙十四年，卒，年九十二。河南北學者祀之百泉書院。道光八年，從祀文廟。奇逢弟子甚衆，而新安魏一鼇、清苑高鐈、范陽耿極等從遊最早。及門問答，一鼇爲多。睢州湯斌、登封耿介皆仕至監司後往受業，斌自有傳。

介，字介石，登封人。順治九年進士，翰林院檢討。出爲福建巡海道，築石城以防盜。康熙元年，轉江西湖東道，因改官制，除直隸大名道。丁母憂，服除不出。篤志躬行，興復嵩陽書院。二十五年，尚書湯斌疏薦介踐履篤實，冰蘗自矢，召爲少詹事。會斌被劾，介引疾乞休。詹事尹泰等劾介詐疾，並劾斌不當薦介。尋予假歸，卒。所著有中州道學編、性學要旨、孝經易知、理學正宗，大旨以朱子爲宗。

中州講學者，有儀封張伯行、柘城竇克勤、上蔡張沐等，皆與斌、介同時。伯行自有傳，沐見循吏傳，克勤附李來章傳。

黃宗羲，字太沖，餘姚人，明御史黃尊素長子。尊素爲楊、左同志，以劾魏閹死詔獄，事具明史。思宗卽位，宗羲入都訟冤。至則逆閹已磔，卽具疏請誅曹欽程、李實。會廷鞫許顯純、崔應元，宗羲對簿，出所袖錐錐顯純，流血被體；又毆應元，拔其鬚歸祭尊素神主前；又追殺牢卒葉咨、顏文仲，蓋尊素絕命於二卒手也。時欽程已入逆案，實疏辨原疏非己出，陰致金三千求宗羲弗質，宗羲立奏之，謂：「實今日猶能賄賂公行，其所辨豈足信？」

於對簿時復以錐錐之。獄竟，偕諸家子弟設祭獄門，哭聲達禁中。思宗聞之，歎曰：「忠臣孤子，甚惻朕懷。」歸，益肆力於學。憤科舉之學錮人，思所以變之。既，盡發家藏書讀之，不足，則鈔之同里世學樓鈕氏、澹生堂祁氏，南中則千頃堂黃氏、絳雲樓錢氏，且建續鈔堂於南雷，以承東發之緒。山陰劉宗周倡道蕺山，以忠端遺命從之游。而越中承海門周氏之緒，援儒入釋，姚江之緒幾壞。宗羲獨約同學六十餘人力排其說。故蕺山弟子如祁、章諸子皆以名德重，而禦侮之功莫如宗羲。弟宗炎、宗會，並負異才，自教之，有「東浙三黃」之目。

戊寅，南都作防亂揭攻阮大鋮。東林子弟推無錫顧杲居首，天啓被難諸家推宗羲居首。大鋮恨之刺骨，驟起，遂按揭中一百四十人姓氏，欲盡殺之。時宗羲方上書闕下而禍作，遂與杲並逮。母氏姚歎曰：「章妻、滂母乃萃吾一身耶？」駕帖未行，南都已破，宗羲踉蹌歸。會孫嘉績、熊汝霖奉魯王監國，畫江而守。宗羲糾里中子弟數百人從之，號世忠營。授職方郎，尋改御史，作監國魯元年大統曆頒之浙東。馬士英奔方國安營，衆言其當誅，熊汝霖恐其挾國安爲患也，好言慰之。宗羲曰：「諸臣力不能殺耳！春秋之孔子，豈能加於陳恆，但不謂其不當誅也。」汝霖謝焉。又遺書王之仁曰：「諸公不沉舟決戰，蓋意在自守也。蕞爾三府，以供十萬之衆，必不久支，何守之能爲？」聞者皆韙其言而不能用。

至是孫嘉績以營卒付宗羲，與王正中合軍得三千人。正中者，之仁從子也，以忠義自奮。宗羲深結之，使之仁不得撓軍事。遂渡海屯潭山，由海道入太湖，招吳中豪傑，直抵乍浦，約崇德義士孫奭等內應。會淸師纂嚴不得前，而江上已潰。宗羲入四明山結寨自固，餘兵尚五百人，駐兵杖錫寺。微服出訪監國，戒部下善與山民結。部下不盡遵節制，山民畏禍，潛爇其寨，部將茅翰、汪涵死之。宗羲無所歸，捕檄累下，攜子弟入剡中。聞魯王在海上，仍赴之，授左副都御史。日與吳鍾巒坐舟中，正襟講學，暇則注授時、泰西、回回三曆而已。

宗羲之從亡也，母氏尚居故里。淸廷以勝國遺臣不順命者，錄其家口以聞。宗羲聞之，亟陳情監國，得請，遂變姓名間行歸家。是年監國由健跳至滃洲，復召之，副馮京第乞師日本。抵長崎，不得請，爲賦式微之章以感將士。自是東西遷徙無寧居。弟宗炎坐與馮京第交通，刑有日矣，宗羲以計脫之。甲午，張名振間使至，被執，又名捕宗羲。丙申，慈水寨主沈爾緒禍作，亦以宗羲爲首。其得不死，皆有天幸，而宗羲不懾也。其後海上傾覆，宗羲無復望，乃奉母返里門，畢力著述，而四方請業之士漸至矣。

戊午，詔徵博學鴻儒。掌院學士葉方藹寓以詩，敦促就道，再辭以免。未幾，方藹奉詔同掌院學士徐元文監修明史，將徵之備顧問，督撫以禮來聘，又辭之。朝論必不可致，請敕下浙撫鈔其所著書關史事者送入京，其子百家得預參史局事。徐乾學侍直，上訪及遺獻，復以宗羲對，且言：「曾經臣弟元文疏薦，惜老不能來。」上曰：「可召至京，朕不授以事。卽欲歸，當遣官送之。」乾學對以篤老無來意，上歎息不置，以爲人材之難。宗羲雖不赴徵車，而史局大議必咨之。曆志出吳任臣之手，總裁千里遺書，乞審正而後定。嘗論宋史別立道學傳，爲元儒之陋，明史不當仍其例。朱彝尊適有此議，得宗羲書示衆，遂去之。卒，年八十六。

宗羲之學，出於蕺山，聞誠意愼獨之說，縝密平實。嘗謂明人講學，襲語錄之糟粕，不以六經爲根柢，束書而從事於游談。故問學者必先窮經，經術所以經世。不爲迂儒，必兼讀史。讀史不多，無以證理之變化；多而不求於心，則爲俗學。故上下古今，穿穴羣言，自天官、地志、九流百家之教，無不精研。所著易學象數論六卷，授書隨筆一卷，律呂新義二卷，孟子師說二卷。文集則有南雷文案、詩案。今共存南雷文定十一卷，文約四卷。又著明儒學案六十二卷，敍述明代講學諸儒流派分合得失頗詳，明文海四百八十二卷，閱明人文集二千餘家，自言與十朝國史相首尾。又深衣考一卷，今水經一卷，四明山志九卷，歷代甲子考一卷，二程學案二卷，輯明史案二百四十四卷，又明夷待訪錄一卷，皆經世大政。顧炎武見而歎曰：「三代之治可復也！」天文則有大統法辨四卷，時憲書法解新推交食法一卷，圜解一卷，割圜八線解一卷，授時法假如一卷，西洋法假如一卷，回回法假如一卷。其後梅文鼎本周髀言天文，世驚爲不傳之秘，而不知宗羲實開之。晚年又輯宋元學案，合之明儒學案，以志七百年儒苑門戶。宣統元年，從祀文廟。

宗炎，字晦木。與兄宗羲、弟宗會俱從宗周遊。其學術大略與宗羲等。著有周易象辭三十一卷，尋門餘論二卷，圖書辨惑一卷，力闢陳摶之學。謂周易未經秦火，不應獨禁其圖，至爲道家藏匿二千年始出。又著六書會通，以正小學。謂揚雄但知識奇字，不知識常字，不知常字乃奇字所自出也。又有二晦、山棲諸集，以故居被火俱亡。康熙二十五年，卒，年七十一。

宗會，字澤望。明拔貢生。讀書一再過不忘。有縮齋文集十卷。

百家，字主一。國子監生。傳宗羲學，又從梅文鼎問推步法。著句股矩測解原二卷。康熙中，明史館開，宗羲以老病不能行，徐乾學延百家入史館，成史志數種。

王夫之，字而農，衡陽人。與兄介之同舉明崇禎壬午鄉試。張獻忠陷衡州，夫之匿南岳，賊執其父以爲質。夫之自引刀徧刺肢體，舁往易父。賊見其重創，免之，與父俱歸。明王駐桂林，大學士瞿式耜薦之，授行人。時國勢阽危，諸臣仍日相水火。夫之說嚴起恆救金堡等，又三劾王化澄，化澄欲殺之。聞母病，間道歸。明亡，益自韜晦。歸衡陽之石船山，築土室曰觀生居，晨夕杜門，學者稱船山先生。

所著書三百二十卷，其著錄於四庫者，曰周易稗疏、考異，尚書稗疏，詩稗疏、考異，春秋稗疏。存目者，曰尚書引義、春秋家說。夫之論學，以漢儒爲門戶，以宋五子爲堂奧。其所作大學衍、中庸衍，皆力闢致良知之說，以羽翼朱子。於張子正蒙一書，尤有神契，謂張子之學，上承孔、孟，而以布衣貞隱，無鉅公資其羽翼；其道之行，曾不逮邵康節，是以不百年而異說興。夫之乃究觀天人之故，推本陰陽法象之原，就正蒙精繹而暢衍之，與自著思問錄二篇，皆本隱之顯，原始要終，炳然如揭日月。至其扶樹道教，辨上蔡、象山、姚江之誤，或疑其言稍過，然議論精嚴，粹然皆軌於正也。康熙十八年，吳三桂僭號於衡州，有以勸進表相屬者，夫之曰：「亡國遺臣，所欠一死耳，今安用此不祥之人哉！」遂逃入深山，作祓禊賦以示意。三桂平，大吏聞而嘉之，囑郡守餽粟帛，請見，夫之以疾辭。未幾，卒，葬大樂山之高節里，自題墓碣曰「明遺臣王某之墓」。

當是時，海內碩儒，推容城、盩厔、餘姚、崑山。夫之刻苦似二曲，貞晦過夏峰，多聞博學，志節皎然，不愧黃、顧兩君子。然諸人肥遯自甘，聲望益炳，雖薦辟皆以死拒，而公卿交口，天子動容，其著述易行於世。惟夫之竄身瑤峒，聲影不出林莽，遂得完髮以歿身。後四十年，其子敔抱遺書上之督學宜興潘宗洛，因緣得入四庫，上史館，立傳儒林，而其書仍不傳。同治二年，曾國荃刻於江南，海內學者始得見其全書焉。

兄介之，字石子。國變，隱不出。先夫之卒。

李顒，字中孚，盩厔人。又字二曲，二曲者，水曲曰盩，山曲曰厔也。布衣安貧，以理學倡導關中，關中士子多宗之。父可從，爲明材官。崇禎十五年，張獻忠寇鄖西，巡撫汪喬年總督軍務，可從隨征討賊。臨行，抉一齒與顒母曰：「如不捷，吾當委骨沙場。子善敎吾兒矣。」遂行。兵敗，死之。顒母葬其齒，曰「齒塚」。時顒年十六，母彭氏，日言忠孝節義以督之，顒亦事母孝。飢寒淸苦，無所憑藉，而自拔流俗，以昌明關學爲己任。有餽遺者，雖十反不受。或曰：「交道接禮，孟子不卻。」顒曰：「我輩百不能學孟子，卽此一事不守孟子家法，正自無害。」

先是顒聞父喪，欲之襄城求遺骸，以母老不可一日離，乃止。既丁母憂，廬墓三年，乃徒步之襄城，覓遺骸，不得，服斬衰晝夜哭。知縣張允中爲其父立祠，且造塚於戰場，名之曰「義林」。常州知府駱鍾麟嘗師事顒，謂祠未能旦夕竣，請南下謁道南書院，且講學以慰學者之望，顒赴之，凡講於無錫，於江陰，於靖江、宜興，所至學者雲集。既而幡悔曰：「不孝！汝此行何事，而喋喋於此？」卽戒行赴襄城。常州人士思慕之，爲肖像於延陵書院。顒既至襄城，適祠成，乃哭祭招魂，取塚土西歸附諸墓，持服如初喪。

康熙十八年，薦舉博學鴻儒，稱疾篤，舁牀至省，水漿不入口，乃得予假。自是閉關，晏息土室，惟崑山顧炎武至則款之。四十二年，聖祖西巡，召顒見，時顒已衰老，遣子慎言詣行在陳情，以所著四書反身錄、二曲集奏進。上特賜御書「操志高潔」以奬之。顒謂：「孔、曾、思、孟，立言垂訓，以成四書，蓋欲學者體諸身，見諸行。充之爲天德，達之爲王道，有體有用，有補於世。否則假途干進，於世無補，夫豈聖賢立言之初心，國家期望之本意耶？」居恆教人，一以反身實踐爲事，門人錄之，爲七卷。是時容城孫奇逢之學盛於北，餘姚黃宗羲之學盛於南，與顒鼎足稱三大儒。晚年寓富平，關中儒者咸稱「三李」。三李者，顒及富平李因篤、郿李柏也。

李因篤，字天生，富平人。明庠生。博學强記，貫串注疏。舉博學鴻儒，試授檢討。未逾月，以母老乞養，詔許之。母歿，仍不出。因篤深於經學，著詩說，顧炎武稱之曰：「毛、鄭有嗣音矣！」又著春秋說，汪琬亦折服焉。

李柏，字雪木，郿縣人。九歲失怙，事母至孝。稍長，讀小學，曰：「道在是矣！」遂盡焚帖括，而日誦古書。避荒居洋縣，入山屏迹讀書者數十年。嘗一日兩粥，或半月食無鹽。時時忍飢默坐，間臨水把釣，夷然不屑也。昕夕謳吟，拾山中樹葉書之。門人都其集曰槲棐集。年六十六，卒。

王心敬，字爾緝，鄠縣人。乾隆元年，舉孝廉方正。心敬論學，以明、新、止至善爲歸。謹嚴不逮其師，注經好爲異論，而易說爲篤實。其言曰：「學易可以無大過矣，是孔子論易，切於人身，卽可知四聖之本旨。」著有豐川集、關學編、豐川易說。

沈國模，字求如，餘姚人。明諸生。餘姚自王守仁講致良知之學，弟子徧天下。同邑傳其學者，推徐愛、錢德洪、胡瀚、聞人詮，再傳而得國模。少以明道爲己任。嘗預劉宗周證人講會，歸而闢姚江書院，與同里管宗聖、史孝咸輩，講明良知之說。其所學或以爲近禪，而言行敦潔，較然不欺其志，故推純儒。山陰祁彪佳以御史按江東，一日，杖殺大憝數人，適國模至，欣然述之。國模瞠目字祁曰：「世培，爾亦曾聞曾子曰『如得其情，則哀矜而勿喜』乎？」後彪佳嘗語人曰：「吾每慮囚，必念求如言。恐倉卒喜怒過差，負此良友也。」明亡，聞宗周死節，爲位哭之痛，已而講學益勤。順治十三年，卒，年八十有二。

孝咸，字子虛。繼國模主姚江書院。嘗曰：「良知非致不眞。」又曰：「空談易，對境難。於『居處恭，執事敬，與人忠』三語，精察而力行之，其庶幾乎！」家貧，日食一粥，泊如也。順治十六年，卒，年七十有八。

韓當，字仁父。國模弟子。自沈、史歿後，書院輟講垂十年，而當繼之。其學兼綜諸儒，以名教經世，嚴於儒、佛之辨。家貧，未嘗向人稱貸。每言立身須自節用始。人有過，於講學時以危言動之，而不明言其過。聞者內愧沾汗，退而相語曰：「比從韓先生來，不覺自失。」疾亟，謂弟子曰：「吾於文成宗旨，覺有新得。然檢點於心，終無受用，小子識之！」味其言，則知其學守仁之外，亦近朱子矣。

邵曾可，字子唯。與韓當同時。性孝友愷悌。少愛書畫，一日讀孟子「伯夷聖之清者也」句，忽有悟，悉棄去，壹志於學。姚江書院初立時，人頗迂笑之。曾可厲色曰：「不如是，便虛度此生。」遂往學。其初以主敬爲宗，自師孝咸之後，專守良知。嘗曰：「於今乃知知之不可以已。日月有明，容光必照。不爾，日用跬步，鮮不貿貿者矣。」孝咸病，晨走十餘里叩牀下問疾，不食而返。如是月餘，亦病。同儕共推爲篤行之士焉。卒，年五十有一。曾可子貞顯，貞顯子廷采，世其學。

廷采，字允斯，又字念魯。諸生。從韓當受業，又問學於黃宗羲。初讀傳習錄無所得，既讀劉宗周人譜，曰：「吾知王氏學所始事矣。」蠡縣李塨貽廷采書，論明儒異同，兼問所學。廷采曰：「致良知者主誠意，陽明而後，願學蕺山。」又私念師友淵源，思託著述以自見。以爲陽明扶世翼教，作王子傳；蕺山功主愼獨，作劉子傳；王學盛行，務使合乎準則，作王門弟子傳；金鉉、祁彪佳等能守師說，作劉門弟子傳。康熙五十年，卒，年六十四。

王朝式，字金如，山陰人。亦國模弟子。嘗入證人社，宗周主誠意，朝式守致知。曰：「學不從良知入，必有誠非所誠之蔽。」亦篤論也。順治初，卒，年三十有八。

謝文洊，字秋水，南豐人。明諸生。年二十餘，入廣昌之香山，閱佛書，學禪。既，讀龍溪王氏書，遂與友講陽明之學。年四十，會講於新城之神童峰。有王聖瑞者，力攻陽明。文洊與爭辯累日，爲所動，取羅欽順困知記讀之，始一意程、朱。闢程山學舍於城西，名其堂曰尊雒。著大學中庸切己錄，發明張子主敬之旨。以爲爲學之本，「畏天命」一言盡之，學者當以此爲心法。注目傾耳，一念之私，醒悔刻責，無犯帝天之怒。其程山十則亦以躬行實踐爲主。時寧都「易堂九子」，節行文章爲海內所重，「髻山七子」，亦以節概名，而文洊獨反己闇修，務求自得。髻山宋之盛過訪文洊，遂邀易堂魏禧、彭任會程山，講學旬餘。於是皆推程山，謂其篤躬行，識道本。甘京與文洊爲友，後遂師之。康熙二十年，卒，年六十有七。

京，字健齋，南豐人。負氣慷慨，期有濟於世。慕陳同甫之爲人，講求有用之學。與同邑封濬、曾曰都、危龍光、湯其仁、黃熙師事文洊，粹然有儒者氣象，時號「程山六君子」。著軸園稿十卷。

熙，字維緝。順治十五年進士。文洊長熙僅六歲，熙服弟子之事，常與及門之最幼者旅進退。朔望四拜，侍食起饋，唯諾步趨，進退維謹，不以爲勞。彭士望比之朱子之事延平。母喪未葬，鄰不戒於火，延燎將及。熙撫棺大慟，願以身同燼。俄而風返，人以爲純孝所感。

曰都，字姜公。諸生。其學務實體諸己，因自號體齋。以學行爲鄉里所矜式。

龍光，字二爲。善事繼母，繼母遇之非理，委曲承順，久而愛之若親子焉。

其仁，字長人。著四書切問、省克堂集。

與文洊同時者，有宋之盛、鄧元昌。

之盛，字未有，星子人。明崇禎己卯舉人。結廬髻山，足不入城市，以講學爲己任。其學以明道爲宗，識仁爲要，於二氏微言奧旨，皆能抉摘異同。與文洊交最篤。晚讀胡敬齋居易錄，持敬之功益密。與甘京論祭立尸喪復之禮不可廢，魏禧亟稱之。

元昌，字慕濂，贛縣人。諸生。年十七，得宋五子書，遂棄舉子業，致力於學。雩都宋昌圖以通家子謁之，元昌喜之曰：「吾小友也！」館之於家，昕夕論學爲日程，言動必記之，互相考覈。一日，昌圖讀朱子大學或問首章，元昌過窗外駐聽之，謂昌圖曰：「子勉之！毋蹈吾所悔，永爲朱子罪人，偸息天地也。」其互相切劘如此。

高愈，字紫超，無錫人，明高攀龍之兄孫也。十歲，讀攀龍遺書，卽有向學之志。既壯，補諸生。日誦遺經及先儒語錄，謹言行，嚴取舍之辨，不尙議論。嘗曰：「士求自立，須自不忘溝壑始。」事親孝，居喪，不飲酒食肉，不內寢。晚年窮困，饘粥七日矣，方挈其子登城眺望，充然樂也。儀封張伯行巡撫江蘇，延愈主東林書院講會，愈以疾辭。平居體安氣和，有忿爭者，至愈前輒愧悔。鄉人素好以道學相詆諆，獨於愈，僉曰：「君子也。」顧棟高嘗從愈游，說經娓娓忘倦。年七十八，卒。嘗撰朱子小學注，又所著有讀易偶存、春秋經傳日鈔、春秋類、春秋疑義、周禮疏義、儀禮喪服或問。東林顧、高子弟顧樞、高世泰等，鼎革後尙傳其學。

初，世泰爲攀龍從子，少侍講席，晚年以東林先緒爲己任，葺道南祠、麗澤堂於梁谿，一時同志恪遵遺規。祁州刁包等相與論學。學者有南梁、北祁之稱。大學士熊賜履講學出世泰門下，儀封張伯行、平湖陸隴其亦嘗至東林講學。賜履、隴其自有傳。

顧培，字畇滋，無錫人。少從宜興湯之錡學，皤然悔曰：「道在人倫庶物而已。」之錡歿，有弟子金敞。培築共學山居以延敞，晨夕講會。遵攀龍靜坐法，以整齊嚴肅爲入德之方。

默識未發之中，篤守性善之旨。晚歲，四方來學日衆。張伯行頗疑靜坐之說，培往復千言，暢高氏之旨。

彭定求，字勤止，又字南畇，長洲人。父瓏授以梁谿高氏之學，又嘗師事湯斌。康熙十五年一甲一名進士，授翰林院修撰。歷官國子監司業、翰林院侍講，充日講起居注官。前後在翰林才四年，卽歸里不復出。作高望吟七章，以慕七賢。七賢者，白沙、陽明、東廓、念菴、梁谿、念臺、漳浦也。又著陽明釋毀錄、儒門法語、南畇文集。嘗與門人林雲翥書云：「有願進於足下者有二：一曰無遽求高遠而略庸近。子臣弟友，君子之道。至聖以有餘不足爲斤斤，孟子以堯、舜之道孝弟而已。然則舍倫常日用事親從兄之事不爲，而鉤深索隱，以爲聖人之道有出於人心同然之外者，必且流於異端堅僻之行矣。一曰無妄生門戶異同之見，騰口說而遺踐履。朱子之會於鵝湖也，傾倒於陸子義利之說，此陽明拔本塞源之論，致良知之指，一脈相承。其因時救弊，乃不得已之苦衷，非角人我之見。僕詠遺經，蕩滌瑕滓，因有儒門法語。足下有志聖賢，當以念臺劉子人譜、證人會二書入門，且無嘵嘵於紫陽、姚江之辨也。」定求卒年七十有八。其孫啓豐官兵部尙書，自有傳。

啓豐子紹升，頗傳家學，述儒行，有二林居集。然彭氏學兼朱、陸，識兼頓漸，啓豐、紹升頗入於禪。休寧戴震移書紹升辨之。紹升又與吳縣汪縉共講儒學。縉著三錄、二錄，尊孔子而游乎二氏。此後江南理學微矣。

湯之錡，字世調，宜興人。安貧力學，於書無所不讀，尤篤信周子主靜之說。或議其近於禪，之錡曰：「程子見學者靜坐，卽歎其善學。易言『齋戒，以神明其德』。靜坐，卽古人之齋戒，非禪也。」居親喪，一循古禮，就地寢苫。事諸父如父，昆弟無間言。旣而得高攀龍復七規，喟然曰：「此其入學之門乎？」仿其說爲春秋兩會，聞風者不憚數千里來就學焉。明亡，之錡年二十四，卽棄舉子業。嘗論出處之道曰：「『潛龍勿用』，潛要確，若不確，則遁世不見知而悔矣。古來多少高明，只爲此一悔所誤。」常州知府駱鍾麟請關西李顒講學毘陵，特遣使聘之，之錡堅辭不赴；後延主東林、延陵諸講席，又不就。之錡爲學，專務切近，絕無緣飾。或詢陽明致良知之說及朱、陸異同者，之錡曰：「顧吾力行何如耳，多辨論何益？」一日，抱微疾，整襟危坐而逝，年六十二。及門金敞、顧培輩，建書院於惠山之麓，奉其主祀之，著偶然云集。

施璜，字虹玉，休寧人。少應試，見鄉先生講學紫陽，瞿然曰：「學者當如是矣！」遂棄舉業，發憤躬行。日以存何念、接何人、行何事、讀何書、吐何語五者自勘。教學者九容以養其外，九思以養其內，九德以要其成，學者稱誠齋先生。已而游梁谿，事高世泰。將歸，與世泰期某年月日當赴講。及期，世泰設榻以待，或曰：「千里之期，能必信乎？」世泰曰：「施生篤行君子也。如不信，吾不復交天下士矣。」言未旣，璜果挈弟子至。著有思誠錄、小學、近思錄發明。

張夏，字秋韶，亦無錫人。隱居菰川之上，孝友力學。初從馬世奇受經，後入東林書院，從高世泰學。積十餘年，遂入世泰之室。世泰卒，其子弟相與立夏爲師，事之如世泰。湯斌撫江蘇，至東林，與夏講學，韙其言。延至蘇州學宮，爲諸生講孝經、小學。退而注孝經解義、小學瀹注。

吳曰愼，字徽仲，歙縣人。諸生。盡心於宋五子書。論學主乎敬，故自號曰靜菴。初游梁谿，講學東林書院。已而歸歙，會講紫陽、還古兩書院，興起者衆。

陸世儀，字道威，太倉州人。少從劉宗周講學。歸而鑿池十畝，築亭其中，不通賓客，自號桴亭。與同里陳瑚、盛敬、江士韶相約，爲遷善改過之學。或橫經論難，或卽事窮理，反覆以求一是。甚有商榷未定，徹夜忘寢，質明而後斷，或未斷而復辨者。著思辨錄，分小學、大學、立志、居敬、格致、誠正、修齊、治平、天道、人道、諸儒異學、經、子、史籍十四門。世儀之學，主於敦守禮法，不虛談誠敬之旨，施行實政，不空爲心性之功。於近代講學諸家，最爲篤實。其言曰：「天下無講學之人，此世道之衰；天下皆講學之人，亦世道之衰。嘉、隆之間，書院徧天下，呼朋引類，動輒千人，附影逐聲，廢時失事，甚有借以行其私者，此所謂處士橫議也。」又曰：「今所當學者不止六藝，如天文、地理、河渠、兵法之類，皆切於世用，不可不講。」所言深切著明，足砭虛憍之弊。其於明儒薛、胡、陳、王，皆平心論之。又嘗謂學者曰：「世有大儒，決不別立宗旨。」故全祖望謂國初儒者，孫奇逢、黃宗羲、李顒最有名，而世儀少知者。同治十一年，從祀文廟。

瑚，字言夏，號確菴。明崇禎十六年舉人。世儀格致篇首提「敬天」二字，瑚由此用力，頗得要領。因定爲日紀考德法，而揭敬勝、怠勝於每日之首，格致、誠正、修齊、治平於每月之終，益信「人皆可以爲堯舜」非虛語也。復取小學分爲六：曰入孝，曰出悌，曰謹行，曰信言，曰親愛，曰學文；大學分爲六：曰格致，曰誠意，曰正心，曰修身，曰齊家，曰治平。謂小學先行後知，大學先知後行，小學之終，卽大學之始。瑚之爲學，博大精深，以經世自任。值婁江湮塞，江南大饑，瑚上當事救荒書，皆精切可施行，而時不能用。明亡，絕意仕進，避地崑山之蔚村。田沮洳，瑚導鄉人築岸禦水，用兵家束伍法，不日而成。父病，刺血籲天，願以身代。父卒，遺產悉讓之弟。康熙十四年，卒，年六十有二。門人稱曰安道先生。巡撫湯斌卽其故居爲之立安道書院。

敬，字宗傳，號寒溪。諸生。長世儀一歲。矢志存誠主敬之學，篤於孝友。居喪三年，不飲酒食肉。有弟遇之無禮，敬終始怡怡。

士韶，字虞九，號藥園。諸生。其學以世儀爲歸。同時理學諸儒多著述，士韶以爲聖賢之旨，盡於昔儒之論說，惟在躬行而已。晚年取所作焚之，故不傳於後云。

張履祥，字考夫，桐鄉人。明諸生。世居楊園村，學者稱爲楊園先生。七歲喪父。家貧，母沈教之曰：「孔、孟亦兩家無父兒也，只因有志，便做到聖賢。」長，受業山陰劉宗周之門。時東南文社各立門戶，履祥退然如不勝，惟與同里顏統、錢寅，海鹽吳蕃昌輩以文行相砥刻。統、寅、蕃昌相繼歿，爲之經紀其家。自是與海鹽何汝霖、烏程淩克貞、歸安沈磊切劘講習，益務躬行。嘗以爲聖人之於天道，「庸德之行，庸言之謹」，盡之矣。來學之士，一以友道處之。謂門人當務經濟之學，著補農書。歲耕田十餘畝，草履箬笠，提筐佐饁。嘗曰：「人須有恆業。無恆業之人，始於喪其本心，終於喪其身。許魯齋有言：『學者以治生爲急。』愚謂治生以稼穡爲先。能稼穡則可以無求於人，無求於人，則能立廉恥；知稼穡之艱難，則不妄求於人，不妄求於人，則能興禮讓。廉恥立，禮讓興，而人心可正，世道可隆矣。」初講宗周慎獨之學，晚乃專意程、朱。踐履篤實，學術純正。大要以爲仁爲本，以修己爲務，而以中庸爲歸。

康熙十三年，卒，年六十四。著有願學記、讀易筆記、讀史偶記、言行見聞錄、經正錄、初學備忘、近古錄、訓子語、補農書、喪葬雜錄、訓門人語及文集四十五卷。同治十年，從祀文廟。

履祥初兄事顏統。周鍾之厲桐鄉也，至其門者踵接。統曰：「鍾爲人浮僞，不宜爲所惑。」履祥嘗曰：「自得士鳳，而始聞過。余不失足於周鍾、張溥之門者，皆其力也。」

寅，字子虎。與履祥爲硯席交。崇禎癸未冬，海寧祝淵以抗疏論救劉宗周被逮，履祥與寅送之吳門。次年，遂偕詣宗周門受業焉。自是寅造履益謹，寇盜充斥不廢學。卒，年三十四。

汝霖，字商隱，海鹽人。嘗與友人曰：「周、程、張、朱一脈，吾輩不可令斷絕。」居喪三年，未嘗飲酒食肉。隱居澉浦紫雲村，學者稱紫雲先生。履祥子維恭，嘗受業於汝霖、克貞之門。又有吳璜、安道、邱雲，皆履祥友，並命維恭師事焉。曰：「數人皆深造自得，君子人也。」

璜，秀水人。剛直好義，勢利不動心。安道，嘉興人。雲，桐鄉人。安道嘗言：「君子之異於小人，中國之異於夷狄，人類之異於禽獸，有禮無禮而已。士何可不學禮？」又曰：「東林諸公，大抵是重名節。然止數君子，餘皆有名而無節也。」

克貞，字渝安，烏程人。履祥交最篤。嘗謂：「父子兄弟安得人人大中、明道、伊川，夫婦安得人人伯鸞、德曜，在處之得其道耳。」與履祥游蕺山之門者，有屠安世、鄭宏。

安世，秀水人。聞宗周講學，喜曰：「苟不聞道，虛生何爲！」遂執贄納拜焉。宗周既歿，從父兄偕隱於海鹽之鄉。病作，不粒食者十有七年。得宗周書，力疾鈔錄。反躬責己，無時或怠。嘗曰：「朝聞夕死，何敢不勉！」卒，年四十六。

宏，海鹽人。與弟景元俱從劉宗周受業，篤於友愛。景元短世。乙酉後絕意進取，躬灌園蔬養母，屢空，晏如也。敝衣草履，不以屑意。嘗徒跣行雨中，人不能識也。卒，年五十六。

淦，字人齋，海寧人。乾隆丙辰舉人。私淑履祥，爲梓其遺書。所纂有淑艾錄。吳蕃昌、沈磊在孝友傳。

沈昀，字朗思，本名蘭先，字甸華，仁和人。劉宗周講學蕺山，昀渡江往聽。與應撝謙友。其學以誠敬爲宗，以適用爲主，而力排二氏。家貧絕炊，掘階前馬蘭草食之。鄰有遺之米者，昀宛轉推辭，忽仆於地，其人驚駭潛去。良久方甦，因笑曰：「其意可感，然適以困我。」撝謙歎曰：「我於交接之際，自謂不苟。以視沈先生，猶覺愧之。」宗周身後傳其學者頗滋諍訟。昀曰：「尼父言『躬行君子』，若騰其口說以求勝，非所望於吾也。」以喪禮久廢，緝士喪禮說，以授同郡陸寅。疾革，門人問曰：「夫子今日何如？」曰：「心中無一物，惟誠敬而已。」卒，年六十三。窮無以爲殮，撝謙涕泣不知所出。曰：「我不敢輕授賻襚，以汙先生。」其門人姚宏任趨進曰：「如宏任者，可以殮先生乎？」撝謙曰：「子篤行，殆可也。」姚遂殮之，葬於湖上。

宏任，字敬恆，錢塘人。少孤，母，賢婦也。宏任隱市廛，其母偶見貿絲銀色下劣，慍甚，曰：「汝亦爲此乎？」宏任長跪謝，願得改行，乃受業於撝謙。日誦大學一過，一言一行，服膺師說，遇事必歸於忠厚。撝謙不輕受人物，惟宏任之餽不辭。曰：「吾知其非不義也。」宏任每時其乏而致之，終身不倦。撝謙卒，執喪如古師弟子之禮。姚江黃宗炎許之曰：「是篤行傳中人也。」晚年以非罪陷縲絏。憲使閱囚入獄，宏任方朗誦大學，憲使異之，入其室，皆程、朱書，與之語，大驚，卽日釋之。然宏任卒以貧死。

葉敦艮，字靜遠，西安人。劉宗周弟子。嘗貽書陸世儀，討論學術。世儀喜曰：「證人尙有緒言，吾得慰未見之憾矣。」

劉汋，字伯繩，宗周子。宗周家居講學，諸弟子聞教未達，輒私於汋。汋應機開譬，具有條理。宗周殉國難，明唐、魯二王皆遣使祭，廕汋官，汋辭。旣葬，居蕺山一小樓二十年，杜門絕人事，考訂遺經，以竟父業。有司或請見，雖通家故舊，亦峻拒之。所與接者，惟史孝咸、惲日初數人。或勸之舉講會，不應。臨卒，戒其子曰：「若等安貧讀書，守人譜以終身足矣。」人譜，宗周所著書。所臥之榻，假之祁氏。疾亟，强起易之，曰：「吾豈可終於祁氏之榻？」

應撝謙，字潛齋，錢塘人。明諸生。性至孝。殫心理學，以躬行實踐爲主，不喜陸、王家言。足跡不出百里，隘屋短垣，貧甚，恬如也。杭州知府嵇宗孟數式廬，欲有所贈，囁嚅未出；及讀撝謙所作无悶先生傳，乃不敢言。康熙十七年，詔徵博學鴻儒，大臣項景襄、張天馥交章薦之。撝謙輿牀以告有司曰：「撝謙非敢卻薦，實病不能行耳！」客有勸者曰：「昔太山孫明復嘗因石介等請，以成丞相之賢，何果於卻薦哉？」撝謙曰：「我不能以我之不可，學明復之可。」乃免徵。二十二年，卒，年六十九。

撝謙於易、書、詩、禮、樂、春秋、孝經、四書各有著說。又撰教養全書四十一卷，分選舉、學校、治官、田賦、水利、國計、漕運、治河、師役、鹽法十考，略倣文獻通考，而於明代事實尤詳。其不載律算者，以徐光啓已有成書；不載輿地者，以顧炎武、顧祖禹方事纂輯也。又有性理大中二十八卷。門人錢塘凌嘉邵、沈士則傳其學。

朱鶴齡，字長孺，吳江人。明諸生。穎敏嗜學，嘗箋注杜甫、李商隱詩，盛行於世。鼎革後，屏居著述。晨夕一編，行不識途路，坐不知寒暑。人或謂之愚，遂自號愚菴。嘗自謂「疾惡如仇，嗜古若渴。不妄受人一錢，不虛誑人一語」云。著愚庵詩文集。初爲文章之學，及與顧炎武友，炎武以本原相勗，乃湛思覃力於經注疏及儒先理學。以易理至宋儒已明，然左傳、國語所載占法，皆言象也，本義精矣，而多未備，撰易廣義略四卷。以蔡氏釋書未精，斟酌於漢學、宋學之閒，撰尚書埤傳十七卷。以朱子掊擊詩小序太過，與同縣陳啓源參考諸家說，兼用啓源說，疏通序義，撰詩經通義二十卷。以胡氏傳春秋多偏見鑿說，乃合唐、宋以來諸儒之解，撰春秋集說二十二卷。又以杜氏注左傳未盡合，俗儒又以林氏注案之，詳證參考，撰讀左日鈔十四卷。又有禹貢長箋十二卷，作於胡渭禹貢錐指之前，雖不及渭書，而備論古今利害，旁引曲證，亦多創獲。年七十餘，卒。

啓源，字長發。著有毛詩稽古編。其詮釋經旨，一準毛傳，而鄭箋佐之。訓詁聲音以爾雅爲主，草木蟲魚以陸疏爲則，於漢學可謂專門。又有尚書辨略二卷，讀書偶筆二卷，存耕堂藁四卷。

范鎬鼎，字彪西，洪洞人。性孝友，闡明絳州辛全之學。康熙六年進士，以母老不仕。河、汾間人士多從之受經。十八年，以博學鴻儒薦，未起。立希賢書院，置田贍學者。輯理學備考三十卷，廣理學備考四十八卷。國朝理學備考二十六卷，采辛全、孫奇逢、熊賜履、張夏、黃宗羲諸家緒論，附以己說，議論醇正。又著五經堂文集五卷，語錄一卷。又以其父芸茂有垂棘編，作續垂棘編十九卷，三晉詩選四十卷。

同時爲辛全之學者，有絳州党成、李生光。

成，字憲公。其學以明理去私爲本。生平不求人知，鎬鼎嘗揚之於人，意甚不懌，時目爲狷者。其辨朱、陸異同：「論者多以陸爲尊德性，朱爲道問學。此言殊未然。蓋朱子之道問學，實以尊德性也，陸氏則自錮其德性矣，何尊之可云？陸子嘗曰：『不求本根，馳心外物，理豈在於外物乎？』此告子義外之學也。朱子曰：『本心物理，原無內外。以外物爲外者，是告子義外之學也。』卽此數語，可以見二家之異同矣。若粗論其同，二家皆欲扶世教，崇天理，去私欲，其秉心似無大異者。而實究其學，則博文約禮者，孔、顏之家法，屢見於論語，朱子得其正矣。陸氏乃言『六經皆我注脚』，又言『不識一字，管取堂堂作大丈夫』。豈不偏哉！」其辨論如此。

生光，字闇章。未冠爲諸生。辛全倡學河、汾，遂往受業。篤於內行，事親至孝，全深重之。明亡，絕意仕進，自號汾曲逸民。構一草堂，日夕讀書其中，以二南大義，程、朱微言，訓門弟子。著有儒教辨正、崇正黜邪彙編，凡萬餘言。

白奐彩，字含貞，華州人。私淑於長安馮從吾，玩易洗心，詩、禮、春秋，多所自得。蓄書之富，陝以西罕儷。校讐精詳，淹貫靡遺。而沖遜自將，若一無所知。與同州党湛、蒲城王化泰諸人相切礪。率同志結社，不入城市，不謁官府，終日晏坐一室，手不釋卷。同知郝斌式廬，聆奐彩論議，退而歎曰：「關中文獻也！」

湛，字子澄。嘗言：「人生須作天地間第一等事，爲天地間第一等人。」故自號兩一。究宋、明以來諸儒論學語，揭其會心者於壁，默坐土室，澄心反觀，久之，恍然有契。自是動靜云爲，卓有柄持。聞李顒倡道盩厔，冒雪履冰，不憚數百里訪質所學。相與盤桓數日，每至夜半，未嘗見惰容。其志篤養邃如此。

化泰，字省庵。性方嚴峭直，面斥人過，辭色不少貸。人有一長，卽欣然推遜，自以爲不及。關學初以馬嗣煜嗣馮從吾，而奐彩、湛、化泰皆有名於時。武功馮雲程、康賜呂、張承烈，同州李士濱、張珥，朝邑王建常、關獨可，咸寧羅魁，韓城程良受，蒲城甯維垣，邠州王吉相，淳化宋振麟，皆篤志勵學，得知行合一之旨。至乾隆間，武功孫景烈亦能接關中學者之傳。

景烈，字酉峯。乾隆三年進士，授檢討，以言事放歸。敎生徒以克己復禮。居平雖盛暑必肅衣冠。韓城王杰爲入室弟子。嘗語人曰：「先生冬不爐，夏不扇，如邵康節；學行如薛文清。」又曰：「先生歸籍三十年，雖不廢講學，獨絕聲氣之交。爲關中學者宗，有自來矣。」

胡承諾，字君信，天門人。明崇禎舉人。國變後，隱居不仕，臥天門巾、柘間。順治十二年，部銓縣職。康熙五年，檄徵入都。六年，至京師，以詩呈侍郎嚴正矩云：「垂老只思還舊業，暮年所急匪輕肥。」旣而告歸，得請。構石莊於西村，自號石莊老人。窮年誦讀，於書無所不窺，而深自韜晦。

晚著繹志。繹志者，繹己所志也。凡聖賢、帝王、名臣、賢士與凡民之志業，莫不兼綜條貫，原本道德，切近人情，酌古而宜今，爲有體有用之學。凡二十餘萬言，皆根柢於諸經，博稽於諸史，旁羅百家，而折衷於周、程、張、朱之說。承諾自擬其書於徐幹中論、顏之推家訓，然其精粹奧衍，非二書所及也。二十六年六月，卒，年七十五。所著有讀書說六卷，文體類淮南、抱朴，麟雜細碎，隨事觀理而體察之，殆繹志取材之餘，與是書相表裏。

曹本榮，字欣木，黃岡人。順治六年進士，改翰林院庶吉士。布袍蔬食，以清節自勵。八年，授秘書院編修。應詔，上聖學疏千言，其略云：「皇上得二帝三王之統，則當以二帝三王之學爲學。誠宜開張聖聽，修德勤學，舉四書、五經及通鑑中有裨身心要務治平大道者，內則深宮燕閒，朝夕討論，外則經筵進講，敷對周詳。君德旣修，祈天永命，必基於此。」有詔嘉納。十年，擢右春坊右贊善兼國子監司業，刊白鹿洞學規以教士。十一年，轉中允。十二年，世祖甄拔詞臣品端學裕者充日講官，本榮與焉。十三年，升秘書院侍講、左春坊左庶子兼侍讀，日侍講幄，辨論經義。敕本榮同傅以漸撰易經通注九卷，鎔鑄衆說，詞理簡明，爲說經之圭臬。本榮又著五大儒語、周張精義、王羅擇編諸書。十四年八月，充順天鄉試正考官，九月，充經筵講官，十一月，以失察同考官作弊，部議革職，上以其侍從講幄日久，宥之。十八年，遷翰林院侍讀學士，改國史院侍讀學士。康熙四年，以病請回籍，卒於揚州。

本榮之學，從陽明致知之說，故論次五大儒，以程、朱、薛與陸、王並行。既告歸，宦橐蕭然，晏如也。疾革，門生計東在側，猶敎以窮理盡性之學。卒之日，容城孫奇逢痛惜之。子宜溥，由廕生薦舉博學鴻儒，試，授檢討。

張貞生，字簣山，廬陵人。順治十五年進士，官翰林院侍講學士。時議遣大臣巡察，貞生上書諫。召對，所言又過戇。下考功議，革職爲民，蒙恩鐫一級去官。初聞陽明良知之說，其後乃一宗考亭。居京師，寓吉安館中，蓬蒿滿徑，突無炊煙。瀕行不能具裝，故人餽贐，一無所受，其狷介如此。尋奉特旨起補原官。至京，卒。著庸書二十卷，玉山遺響集。

劉原淥，字崑石，安丘人。明末盜賊蠭起，原淥與仲兄某率鄉人壘土爲堡以禦賊。賊至，守堡者多死。仲兄出鬭，身中九矢，力戰。原淥從之，發數十矢，矢盡，仲兄麾之去。原淥大呼曰：「離兄一步非死所。」乃斬二渠帥，獲馬六匹，賊遁去。亂定，以力耕致富。既而推膏腴與兄，以其餘爲長兄立後，兼贍亡姊家。謝人事，求長生之術。得咯血疾，遂棄去。後讀宋儒書，乃篤信朱子之學，集朱子書作續近思錄。嘗曰：「學者居敬窮理，二者皆法先王而已。『小心翼翼，昭事上帝』，居敬之功也。『不識不知，順帝之則』，窮理之功也。」每五更起，謁祠後，與弟子講論，常至夜分。仲兄疾，籲天祈以身代。兄死，三日內水漿不入口。又爲鄉人置義倉，儉歲煮粥以食饑人。嘗曰：「人與我一天而已，何畛域之有焉？」卒，年八十二。著讀書日記、四書近思續錄四卷。

後數十年，昌樂有閻循觀、周士宏，濰縣有姜國霖、劉以貴、韓夢周，德州有孫于簠、梁鴻翥，膠州有法坤宏，同縣有張貞，猶能守原淥之學。

國霖，字雲一，濰縣人。父客燕中感病，國霖往省，跣走千里，至則父已歿。無錢市棺，以衣裹尸，負之行，乞食歸里。泣告族黨曰：「父死不能斂，又不能葬，欲以身殉，又有老母在。長者何以教我？」人憐其孝，爲捐金以葬。母易怒，一日怒甚，國霖作小兒嬉戲狀，長跪膝前，執母手，摑其面。母大笑，怒遂已，時年五十矣。師事昌樂周士宏，嘗與國霖至莒，樂其山川，死卽葬於莒。國霖築室墓側，安貧守素，不求於人。値歉歲，莒人恐其餓死，聞於官而賙之粟，亦弗却也。昌樂閻循觀問國霖喜讀何書，曰：「論語，終身味之不盡。」

以貴，字滄嵐。康熙二十七年進士。任蒼梧令。地瑤、僮雜處，營茶山書院，以詩、書爲教。歸里後，杜門著書，有藜乘集。

夢周，字公復。乾隆二十二年進士。其學以存養、省察、致知三者爲入德之資。每跬步必以禮，以恥求聞達爲尙。後爲來安知縣，有政聲。長洲彭紹升稱其治來如元魯山。有理堂文集，表方名，獎忠節，皆有關於世道。

鴻翥，字志南，德州人。每治一經，案上不列他書。有疑義，思之累日夜，必得而後已。益都李文藻一見奇之，爲之延譽，遂知名於世。以優行貢成均。卒，年五十九。有周易觀運等書。

坤宏，字鏡野，膠州人。得傳習錄，大喜，以爲如己意所出。其學以陽明爲宗，以不自欺爲本。乾隆六年舉人，官大理評事。卒，年八十有奇。

循觀，字懷庭，昌樂人。專志洛、閩之學，省身克己，刻苦自立。治經不立一家言，而要歸于自得。乾隆三十四年進士，吏部考功司主事。著困勉齋私記、西澗文集及尙書春秋說。

任瑗，字恕菴，淮安山陽人。年十八，棄舉子業，講學。靜坐三年，歎曰：「聖人之道，歸於中庸，極於『精義入神以致用也，利用安身以崇德也』，豈是之謂哉？」乾隆元年，大吏舉瑗應博學鴻詞，廷試罷歸。韓夢周語人曰：「任君體用具備，有明以來無此鉅儒。」及韓將北歸，瑗語之曰：「山左人多質直，君當接引後進，以續正學。」因作反經說以示之。年八十二，卒。著有纂注朱子文類一百卷，論語困知錄二卷，反經說一卷，陽明傳習錄辨二卷，知言劄記二卷，朱子年譜一卷。

顏元，字易直，博野人。明末，父戍遼東，歿於關外。元貧無立錐，百計覓骨歸葬，世稱孝子。居喪，守朱氏家禮惟謹。古禮，「初喪，朝一溢米，夕一溢米，食之無算」。家禮删去「無算」句，元遵之。過朝夕不敢食，當朝夕，遇哀至，又不能食，病幾殆。又喪服傳：「既練，舍外寢，始食菜果。飯素食，哭無時。」家禮改爲「練後，止朝夕哭，惟朔望未除者會哭，凡哀至皆制不哭」。元亦遵之。既覺其過抑情，校以古喪禮非是。因歎先王制禮，盡人之性，後儒無德無位，不可作也。於是著存學、存性、存治、存人四編以立教。名其居曰習齋。

肥鄉漳南書院，邑人郝文燦請元往教。有文事、武備、經史、藝能等科，從游者數十人。會天大雨，漳水溢，牆垣堂舍悉沒，人跡殆絕。元歎曰：「天不欲行吾道也！」乃辭歸。後八年而卒，年七十。門人李塨、王源編元年譜二卷，鍾錂輯言行錄二卷，闢異錄二卷。

王源，字崑繩，大興人。兄潔，少從梁以樟游。以樟談宋儒學，源方髫齔，聞之不首肯，唯喜習知前代典要及關塞險隘攻守方略。年四十，游京師。或病其不爲時文，源笑曰：「是尙需學而能乎？」因就試，中康熙三十二年舉人。或勸更應禮部試，謝曰：「吾寄焉爲謀生計，使無詬厲已耳！」崑山徐乾學開書局於洞庭山，招致天下名士，源與焉。於儕輩中獨與劉獻廷善，日討論天地陰陽之變，伯王大略，兵法、文章、典制，古今興亡之故，方域要害，近代人才邪正，其意見皆相同。獻廷歿，言之輒流涕。未幾，遇李塨，大悅之，曰：「自獻廷歿，豈意復見君乎！」塨微言聖學，源聞之沛然。因持大學辨業去，是之。塨乃爲極言顏元明親之道，源曰：「吾知所歸矣。」遂介塨往博野執贄元門，時年五十有六矣。後客死淮上。所著平書十卷，文集二十卷。

程廷祚，字啓生，上元人。初識武進惲鶴生，始聞顏、李之學。康熙庚子歲，塨南游金陵，廷祚屢過問學。讀顏氏存學編，題其後云：「古之害道，出於儒之外；今之害道，出於儒之中。顏氏起於燕、趙，當四海倡和翕然同氣之日，乃能折衷至當，而有以斥其非，蓋五百年間一人而已。」故嘗謂：「爲顏氏其勢難於孟子，其功倍於孟子。」於是力屏異說，以顏氏爲主，而參以顧炎武、黃宗羲。故其讀書極博，而皆歸於實用。乾隆元年，舉博學鴻詞，至京師，有要人慕其名，囑密友達其意，曰：「主我，翰林可得也。」廷祚拒之，卒報罷。十六年，上特詔舉經明行修之士，廷祚又以江蘇巡撫薦，復罷歸。卒，年七十有七。著易通六卷，大易擇言三十卷，尚書通議三十卷，青溪詩說三十卷，春秋識小錄三卷，禮說二卷，魯說二卷。

惲鶴生，字皋聞，武進人。因交李塨得睹顏氏遺書，自稱私淑弟子。于經長毛詩，著詩說，以毛、鄭爲宗。

李塨，字剛主，蠡縣人。弱冠與王源同師顏元。躬耕善稼穡，雖儉歲必有收，而食必粢糲，妻妾子婦執苦身之役。舉康熙二十九年舉人。晚歲授通州學正，浹月，以母老告歸。塨博學工文辭，與慈溪姜宸英齊名。又嘗爲其友治劇邑，逾年，政教大行，用此名動公卿間。明珠、索額圖當國，皆嘗延致其子，不就。安溪李光地撫直隸，薦其學行於朝，固辭而不謝。

諸王交聘，輒避而之他。既而從毛奇齡學。著周易傳注七卷，筮考一卷，郊社考辨一卷，論語傳注二卷，大學傳注一卷，中庸傳注一卷，傳注問一卷，李氏學樂錄二卷，大學辨業四卷，聖經學規二卷，論學二卷，小學稽業五卷，恕谷後集十三卷。

塨學務以實用爲主，解釋經義多與宋儒不合。又其自命太高，於程、朱之講學，陸、王之證悟，皆謂之空談。蓋明季心學盛行，儒禪淆雜，其曲謹者又闊於事情，沿及順、康朝，猶存餘說，蓋顏元及塨力以務實相爭。存其說可補諸儒枵腹之弊，然不可獨以立訓，盡廢諸家。其論易，以觀象爲主，兼用互體，謂「聖敎罕言性天，乾坤四德，必歸人事，屯蒙以下，亦皆以人事立言。陳摶龍圖，劉牧鉤隱，以及探無極、推先天，皆使易道入於無用」。排擊未免過激。然明人以心學竄入易學，率持禪偈以詁經，言數者反置象占於不問。誣飾聖訓，弊不可窮。塨引而歸之人事，深得垂教之旨。又以大學格物爲周禮三物，謂孔子時古大學教法所謂六德、六行、六藝者，規矩尙存。故格物之學，人人所習，不必再言。惟以明德、親民標其目，以誠意指其入手而已。格物一傳，可不必補。其說本之顏元。毛奇齡惡其異己，作逸講箋以攻之。而當時學者多韙塨說焉。

刁包，字蒙吉，晚號用六居士，祁州人。明天啓舉人。再上春官，不第。遂棄舉子業，有志聖賢之學。初聞孫奇逢講良知，心嚮之。既讀高攀龍書，大喜，曰：「不讀此書，幾虛過一生。」爲主奉之，或有過差，卽跪主前自訟。流賊犯祁州，包毀家倡衆誓固守，城得不破。時有二璫主兵事，探卒報賊勢張甚，二璫怒其惑衆，將斬之。包厲聲曰：「必殺彼，請先殺包。」乃止。二璫相謂曰：「使若居官者，其不爲楊、左乎？」賊既去，流民載道，設屋聚養之，病者給醫藥，全活尤多。有山左難婦七十餘人，擇老成家人護以歸。臨行，八拜以重託，家人皆感泣，竭力衞送。歷六府，盡歸其家。

甲申，國變，設莊烈愍皇帝主於所居之順積樓，服斬衰，朝夕哭臨如禮。僞命敦趣，包以死拒，幾及於難。遂隱居不出，於城隅闢地爲齋曰潛室，亭曰肥遯。日閉戶讀書其中，無間寒暑，學者宗焉，執經之履滿戶外。居父喪，哀毀，鬚髮盡白。三年不飲酒食肉，不內寢。及母卒，號慟嘔血，病數月，卒。

所著有易酌、四書翊注、潛室劄記、用六集，皆本義理，明白正大。又選斯文正統九十六卷，專以品行爲主，若言是人非，雖絕技無取。包初與新城王餘佑爲石交。

餘佑，字介祺。父延善，邑諸生，尚氣誼。當明末，散萬金產結客。有子三，長餘恪，季餘嚴，餘佑其仲也。明亡，延善率三子與雄縣馬魯建義旗，傳檄討賊。時容城孫奇逢亦起兵，共恢復雄、新、容三縣，斬其僞官。順治初，延善爲仇家所陷，執赴京。餘恪揮兩弟出，爲復仇計，獨身赴難，父子死燕市。餘嚴夜率壯士入仇家，殲其老弱三十口。名捕甚急，上官有知其枉者，力解乃免。餘佑隱易州之五公山，自號五公山人。嘗受業於孫奇逢，學兵法，後更從奇逢講性命之學。隱居教授，不求聞達。教人以忠孝，務實學。卒，年七十。

李來章，字禮山，襄城人。生有神識。嘗觀石工集庭中斷石，輾轉弗合，語之曰：「去宿土，當自合。」是卽吾學人心、道心之謂。」聞者異之。工詩古文辭。康熙十四年舉人。嘗學於魏象樞，魏戒之曰：「欲除妄念，莫如立志。」來章因作書紳語略，其持論以不背先儒有益世用爲主。再學於孫奇逢、李顒。時奇逢講學百泉，來章與冉覲祖諸人講學嵩陽，兩河相望，一時稱極盛焉。再主南陽書院，作南陽學規、達天錄以教學者，士習日上。尋以母老謝歸。重葺紫雲書院，讀書其中，學者多自遠而至。母病目，來章每夙興舌舐之，目復明。謁選廣東連山縣。連山民僅七村，丁只二千。外瑤戶大排居五，小排一十有七，數且盈萬人。重山複嶺，瘦石巉削，田居十分之一。瑤或負險跳梁。來章慨然曰：「瑤異類，亦有人性，當推誠以待之。」乃仿明王守仁遺意，日延耆老問民疾苦，招流亡，勸之開墾，薄其賦。復深入瑤穴，爲之置約延師，以至誠相感。創連山書院，著學規，日進縣人申教之。而瑤民之秀者，亦知嚮學，誦讀聲徹巖谷。學使者交獎曰：「忠信篤敬，蠻貊信可行矣。」行取，授兵部主事，監北新倉，革運官餽遺。旋引疾歸。大學士田從典、侍郎李先復交章以實學可大用薦，得旨徵召，不出。年六十八，卒。所著有禮山園文集、洛學編、連陽八排瑤風土記、衾影錄。

冉覲祖，字永光，先賢鄆國公裔。元末有爲中牟丞者，因家焉。康熙二年，鄉試第一。杜門潛居，爰取四書集注研精覃思二十年。章求其旨，句求其解，字求其訓，身體心驗，訂正羣言，歸於一是，名曰玩注詳說。遞及羣經，各有專書，兼采漢儒、宋儒之說。十八年，開博學鴻儒科，巡撫將薦之，欲一見覲祖。覲祖曰：「往見，是求薦也。」堅不往。少詹事耿介延主嵩陽書院，與諸生講孟子一章，剖析天人，分別理欲，衆皆悚聽。三十年，成進士，選庶吉士。三十三年，授檢討。是歲聖祖徧試翰林，御西暖閣，詢家世籍貫獨詳，有「氣度老成」之褒。越日，賜宴瀛臺，上獨識之，曰：「爾是河南解元耶？」蓋以示優異也。尋告歸。卒，年八十有二。

竇克勤，字敏修，柘城人。聞耿介傳百泉之學，從游嵩陽。六年，鄉舉至京師，謁睢州湯斌。一夕，請業，斌謂師道不立，由教官之失職。勸克勤就教職，選泌陽敎諭。泌陽地小而僻，人鮮知學，克勤立五社學，月朔稽善過而勸懲之。暇則齋居讀書，雖饘粥不繼，晏如也。康熙十七年進士，選庶吉士，丁母憂歸，服除，授檢討。一日，聖祖命諸翰林作楷書，克勤書「學宗孔、孟，法在堯、舜，而其要在愼獨」十四字以進，聖祖覽而器之。尋以父老乞歸。嘗於柘城東郊立朱陽學院，倡導正學。中州自夏峰、嵩陽外，朱陽學者稱盛。卒，年六十四，著有孝經闡義。

李光坡，字耜卿，安谿人，大學士光地之弟也。生五歲，與伯叔兄弟俱陷賊壘。旣脫難後，受學家庭，宗尚宋儒及鄉先正蒙引存疑諸書。次第講治十三經，濂、洛、關、閩書，旁及子、史。質不甚敏，以勤苦致熟。論學主程、朱，論易主邵子，兼取揚雄太玄，發明性理，以闡大義。壯歲專意三禮，以三禮之學至宋而微，至明幾絕，儀禮尤世所罕習，積四十年，成三禮述注六十九卷，以鄭康成爲主，疏解簡明，不蹈支離，亦不侈奧博，自成一家言。其兄光地嘗著周官筆記一篇，光地子鍾倫亦著周禮訓纂二十一卷，皆標舉要旨，弗以考證辨論爲長，與光坡相近，其家學如是也。

光坡家居不仕，康熙四十五年，入都，與其兄光地講貫。著性論三篇，辨論理氣先後動靜，以訂近儒之差。及歸，光地貽以詩曰：「後生茂起須家法，我老棲遲望子傳。」其惓惓於光坡如此。光地嘗論東吳顧炎武與光坡皆數十年用心經學，精勤不輟，卓然可以傳於後云。光坡天性至孝，父病篤，炷香焚掌叩天以祈延壽，病果愈。及舉孝廉方正，有司將以光坡應選，而光坡寢疾矣。卒，年七十有三。又有皐軒文編。

鍾倫，字世得。康熙三十二年舉人。初受三禮於光坡，又與宣城梅文鼎、長洲何焯、宿遷徐用錫、河間王之銳、同縣陳萬策等互相討論，其學具有本原。未仕而卒。

莊亨陽，字復齋，靖南人。康熙五十七年進士，知山東濰縣。母就養，卒於途。歸而廬墓三年，自是未嘗一日離其父。乾隆初元，禮部尚書楊名時薦士七人，亨陽與焉，授國子監助教。當是時，上方嚮用儒術，尚書楊名時、孫嘉淦，大學士趙國麟咸以耆壽名德領太學事，相與倡明正學。六堂之長，則亨陽與安溪官獻瑤、無錫蔡德晉等，皆一時之儁。每朔望謁夫子，釋菜禮畢，六堂師登講座，率國子生以次執經質疑。旬日則六堂師分占一經，各於其書齋會講南北學，絃誦之聲，夜分不絕。都下號爲「四賢、五君子」。

遷吏部主事，外補德安府同知，擢徐州府。徐仍歲水災，亨陽相川澤，諮耆民，具方略，請廣開上游水道，以洩異漲，且告石林可危。未及施工而石林決，沛縣城將潰，民竄逃。亨陽駕輕舠行告父老曰：「太守來，爾民何往？」親率衆堵築，七日夜城完。在徐三年，兩遇大荒，勸賑事，幾不暇眠食。九年，遷按察司副使，分巡淮徐海道。亨陽通算術，及董河防，推究高深測量之宜，上書當路，大略謂：「淮、徐水患，在壅毛城鋪而徐州壞，壅天然減水壩而鳳、潁、泗壞，壅車邏、昭關等壩而淮、揚之上下河皆壞。宜開毛城鋪以注洪澤湖，則徐州之患息；開天然壩以注高、寶諸湖，則上江之患息；開三壩以注興、鹽之澤，則高、寶之患息；開范公隄以注之海，則興、鹽、泰諸州、縣之患息。」當路者頗韙其言，而未能用。

京察，大臣當自陳。高宗命自陳者各舉一人自代。內閣學士李清植舉亨陽，時論以爲允。勘淮海災過勞，以羸疾卒。卒之日，淮海諸氓罷市奔走，樹幟哭而投賻。訥親巡江南，監司皆韡袴跪迎，亨陽獨長揖，訥責問，曰：「非敢惜此膝於公，其如會典所無何？」訥默然。亨陽出巡，屬吏循故事餽殽，然一切勿拒，曰：「物以烹飪，卻之是暴天物而違人情也。」所從僕皆自飲其馬，或犒之，跽而辭曰：「公視奴輩爲兒子，不告而受，於心不安。告公，公必命辭，是仍虛君惠也。」强之，皆伏地，誓指其心。其感人如此。

官獻瑶，字瑜卿，安溪人。執業於漳浦蔡世遠、桐城方苞，稱高足弟子。亦以楊名時薦，補助教。甫入學，上事宜六條於其長。乾隆四年進士，選庶吉士，充三禮館纂修，授編修。九年，典試浙江。尋提督廣西、陝甘學政，遷洗馬。在關中求得宋張載二十餘代孫，囑其邑學官教之。識韓城王杰於諸生，以爲大器，果如其言。獻瑶少孤，事母孝。自陝甘任滿歸，乞侍養。奉母二十餘載，母年九十乃終。撫愛諸子弟，修大小宗祠，增祭器，考禮經，遵時制以定儀式，立鄉規以教宗人，置義租以恤親族之貧者。卒，年八十。著讀易偶記三卷，尙書偶記三卷，尙書講藁，思問錄一卷，讀詩偶記二卷，周官偶記二卷，儀禮讀三卷，喪服私鈔並雜記一卷，春秋傳習錄五卷，孝經刊誤一卷，文集十六卷，詩集二卷。

王懋竑，字子中，寶應人。少從叔父式丹學，刻勵篤志，精研朱子之學，身體力行。康熙五十七年成進士，年已五十一。乞就教職，補安慶府學教授。雍正元年，以薦被召引見，授翰林院編修，在上書房行走。二年，以母憂去官，特賜內府白金爲喪葬費。懋竑素善病，居喪毀瘠，服闋就職。旋以老病乞歸，越十六年卒。

懋竑性恬淡，少嘗謂友人曰：「老屋三間，破書萬卷，平生志願足矣。」歸里後，杜門著書。校定朱子年譜，大旨在辨爲學次序，以攻姚江之說。又所著白田雜著八卷，於朱子文集、語類考訂尤詳。謂易本義前九圖、筮儀皆後人依託，非朱子所作，其略云：「朱子於易，有本義，有啓蒙，與門人講論甚詳，而此九圖曾無一語及之。九圖之不合本義、啓蒙者多矣，門人何以絕不致疑也？本義之敍畫卦云：『自下而上，再倍而三，以成八卦。八卦之上，各加八卦，以成六十四卦。』初不參邵子說。至啓蒙，則一本邵子。而邵子所傳，止有先天方圓圖。其伏羲八卦圖、文王八卦圖，則以經世演易圖推而得之。同州王氏、漢上朱氏易，皆有此二圖，啓蒙因之。至朱子所自作橫圖六，則注大傳及邵子語於下，而不敢題曰伏羲六十四卦圖，其愼如此。今直云伏羲八卦次序圖、伏羲八卦方位圖、伏羲六十四卦次序圖，伏羲六十四卦方位圖，是孰受而孰傳之耶？乃云伏羲四圖，其說皆出邵氏，邵氏止有先天一圖，其八卦圖後來所推，六橫圖朱子所作。以爲皆出邵氏，是誣邵氏也。」又云：「邵氏得之李之才，李之才得之穆修，穆修得之希夷先生，此明道敍康節學問源流如此。漢上朱氏以先天圖屬之，已無所據。乃今移之四圖，若希夷已有此四圖也，是並誣希夷也。文王八卦，說卦明言之。本義以爲未詳，啓蒙別爲之說，而不以入於本義。至於『乾，天也，故稱乎父』一節，本義以爲揲蓍以求爻，啓蒙以爲『乾求於坤，坤求於乾』與『乾爲首』兩節，皆文王觀於已成之卦，而推其未明之象，與本義不同。今乃以爲文王八卦次序圖，又孰受而孰傳之耶？卦變圖啓蒙詳之，蓋一卦可變爲六十四卦，彖傳卦變，偶舉十九卦以說爾。今圖、卦皆不合，其非朱子之書明矣。」其說爲宋、元儒者所未發。

又考證諸史，謂：「孟子七篇，所言齊王皆湣王，非宣王。孟子去齊，當在湣王十三四年。下距湣王之歿，更二十五六年，孟子必不及見。公孫丑兩篇，稱王不稱謚，乃其元本，而梁惠王兩篇稱宣王，爲後人所增。通鑑上增威王十年，下減湣王十年，蓋遷就伐燕之歲也。」可謂實事求是矣。同邑與懋竑學朱子學者，有朱澤澐、喬僅。

澤澐，字湘陶。少勤學，得程氏讀書分年日程，尋序誦習。更學天文於泰州陳厚耀，能得其意，久之，有志於聖人之道。念朱子之學，實繼周、程，紹顏、孟，以上溯孔子。有謂朱子爲道問學，陸、王爲尊德性者，復取朱子文集、語類讀之，一字一句，無不精心研窮，反身體認，質之懋竑，懋竑屢答之。深信朱子居敬、窮理之學，爲孔子以來相傳的緒，窮卽窮其所存之心，存卽存其所窮之理，止是一事，喟然歎曰：「尊德性者，莫如朱子，道問學者，亦莫如朱子矣。」

雍正六年，詔大臣各舉所知。直隸總督劉師恕欲薦於朝，使其弟造廬請，弗應。晚年得髀疾，然猶五更起，盥沐，觀書至夜分不倦。誡其子光進曰：「聖賢工夫，正於困苦時驗之。」疾甚，謂門人喬僅曰：「死生平常事，時至則行，無所戀也。」吟邵雍詩，怡然而逝，年六十有七。所著止泉文集八卷，朱子聖賢考略十卷。

僅，字星渚。少有氣節。水決子嬰隄，衆走避，僅倡議捍塞，十日隄成。從澤澐受學，恪遵朱子教人讀書次第。取朱子書切己體察，有疑輒質澤澐，時年五十矣。澤澐稱之曰：「從吾遊者衆矣，惟喬君剛甚。」因舉或問過時後學、語類訓石洪慶語告之，僅益奮。乾隆元年，舉孝廉方正，辭不就。與懋竑書，論學問之道凡再三。自謂向道晚，須用己百之功。聞弟卒江陵任，卽日冒雪行數千里扶櫬歸。有潘某貸金不能償，以劵與之。疾革，曰：「吾自頂至踵，無一處不痛。惟此心凝然不亂耳！」命沐浴正衣冠而逝，年六十五。著日省錄、訓子要言、困學堂遺稿，湯金釗序而行之。謂其「學術剛健篤實，發爲輝光，粹然有德之言」。

李夢箕，字季豹，連城人。年十五而孤。精進學業，崇向朱子，以孝友著稱。其教人輒言爲善最樂，人易而忽之。夢箕曰：「爲之難，汝爲之否乎？」人問之曰：「其樂何如？」曰：「不愧不怍。」「孰與孔、顏之樂？」曰：「熟之而已矣！」事兄如嚴父，撫猶子如子。每語諸子以氣質之偏，使知變化。疾亟，謂所親曰：「吾生平竭力檢身，將毋有不及省者？第言之，得聞過而終，亦云幸矣。」卒，年八十一。

子圖南，字開士。康熙六十一年舉人。能世其學。初工詩古文，既而歎曰：「吾學自有身心性命所宜急者，可以虛名鶩乎？」於是究心濂、洛、關、閩書，以反躬切己爲務。居連峯、點石諸山中者久之。嘗曰：「學者唯利名之念爲害最大。越此庶可與共學。」與蔡世遠講明修身窮理之要，世遠重之。雍正九年，吏部檄天下舉人需次縣令者先赴京學習政事，圖南至，觀政戶部。以母病亟歸，歸先母卒，年五十七。雷鋐謂：「學聖人必自狷者始，圖南庶足當之。」時邑人張鵬翼、童能靈皆以學行稱。

鵬翼，字蜚子。歲貢生。八歲嗜學，十餘歲通諸經。塾師教以作文取科第，心疑之。熟讀四書大全，忽悟曰：「心當在身內，身當在心內。」遂不仕。連城處萬山中，無師。鵬翼年已四十，始見近思錄及朱子全書。更十年，始見薛文清讀書錄。嘗曰：「考亭易簀之時，乃我下帷之始。」蓋俛焉日有孳孳，不知其老且耄也。所居鄉曰新泉，男女往來二橋，道不拾遺。市中交易，先讓外客，皆服鵬翼教也。著有讀經說略、理學入門、孝子傳、歷代將相諫臣三譜、二十二史案、芝壇日讀小記。

能靈，字龍儔。貢生。好學，守程、朱家法，不失尺寸。乾隆元年，舉博學鴻詞。累舉優行，皆以母老辭。年九十，兄弟白首同居。居喪以禮，化及鄉人。能靈嘗與雷鋐論易，主河圖以明象數之學。其樂律古義，謂：「洛書爲五音之本，河圖爲洛書之源。河圖圓而爲氣，洛書方而爲體。五音者氣也，氣凝爲體，體以聚氣，然後聲音出焉。蔡氏律呂新書沿淮南子、漢書之說，誤以亥爲黃鍾之實。惟所約寸分釐絲忽之法，其數合於史記律書，因取其說爲之推究源委以成書。」他著中天河洛五倫說、朱子爲學考、理學疑問。

連城理學，始自宋之邱起潛、明之童東皋，而能靈、鵬翼繼之。力敦倫紀，嚴辨朱、陸異同。張伯行撫閩時，建文溪書院，祀起潛、東皋。後增建五賢書院，中祀宋五子，而以能靈、鵬翼配焉。

胡方，字大靈，新會人。歲貢生。方敦崇實行，處道學風氣之末，獨守堅確。總督吳興祚聞其名，使招之，方走匿，不能得也。事父母，色養靡不周，而心常如不及。遇有病，憂形於色，藥必嘗而後進。夜必衣冠侍，未嘗就寢。及居喪，藉草宿柩旁，三年不入內。先人田廬，悉以與弟，授徒自給。族姻不能自存者，竭力資之。有達官齎重金乞其文爲壽，不應；吏懾之，不應；家人告以絕糧，不應。鄉曲子弟偶蹈不韙，有願就鞭扑，不願聞其事於方者。里中語曰：「可被他人笞，勿使胡君知。他人笞猶可，胡君愧煞我。」其從學者，仕與未仕，白首猶懍懍奉其敎。雖困甚，終不入公庭。聞聲向慕，以得見爲喜，曰：「敎我矣！」有以賄得官，則大慙曰：「吾未能信，得無辱我夫子。」方告之曰：「爲官能不愛錢，致力於官守，有何不可？」其人卒不負其言。

四十後杜門著述，所居曰鹽步。元和惠士奇督學粵東，聞方名，艤舟村外，遣吳生至其家求一見，急揮手曰：「學政未藏事，不可見！不可見！」出吳而扃其門。士奇乃索所著書而去。試事畢，仍介吳生以請，則假一冠投刺，至，長揖曰：「今日齋沐謝知己。方年邁，無受敎地，不能執弟子禮。」數語遂起。惠握其手曰：「縱不欲多語，敢問先生，鄉人誰能爲文者？」答曰：「並世中無人。必求之，惟明季梁朝鐘耳！」士奇遂求梁文並各家文刻之，名曰嶺南文選。既而疏薦於朝。士奇嘗語吳生曰：「胡君貌似顧炎武，豐厚端偉，必享大名。」蓋當時知方者，士奇一人而已。卒，年七十四。著有周易本義注六卷，四子書注十卷，莊子注四卷，鴻桷堂詩文集六卷。集中謁白沙祠諸作及白沙子論，具見淵源所自。粵中勵志篤行者，方後有馮成修、勞潼。

成修，字達夫，南海人。父遠出不歸，成修生有至性，語及其父，輒涕泗交頤。乾隆四年進士，選庶吉士，散館改吏部主事。晉禮部祠祭司郎中，典試福建、四川，督學貴州，揭條約十四則以訓士。成修初計偕，卽徧訪其父踪跡。得官後，兩次乞假尋親，卒無所遇，不復出。授經里中，粹然師範。年八十，計其父已百有一齡。乃持服三年，終身衣布。乙卯重宴鹿鳴，逾年卒，年九十有五。

潼，字潤芝，亦南海人。乾隆二十年舉人。髫齡時，母常於榻上授毛詩，長遂習焉。盧文弨視學湖南，召之往。至冬乃歸，母思念殊切。抵家時漏三下，跪母榻前，母且泣且撫之曰：「其夢也耶？」潼悲不自勝，自是絕意進取，侍養十有六年而母卒。潼哀毁骨立，杖而後起。家人或失潼所在，卽於殯所覓之，則已慟哭失聲矣。又痛早孤，故以莪野爲號。嘗言：「讀孔子書，得一言，曰『務民之義』；讀孟子書，得一言，曰『强爲善而已矣』；讀朱子書，得一言，曰『切己體察』。」著有四書擇粹十二卷，孝經考異選註二卷，救荒備覽四卷，荷經堂古文詩稿四卷。

勞史，字麟書，餘姚人。世爲農。少就傅讀書，長躬耕養父母，夜則披卷莊誦。讀朱子小學、中庸序，慨然發憤，以道自任，舉動必依於禮。繼讀朱子近思錄，立起設香案，北面稽首曰：「吾師在是矣！」常自刻責，謂：「天之命我者，若君之詔臣，父之詔子。一廢職，卽膺嚴譴，一墜家業，卽窮無所歸，可不愼哉！」其論學以爲始於不妄語，不妄動，卽極諸至誠無息。接後學，委曲進誠，雖傭工下隸皆引之嚮道，曰：「盡爾職分，務實做去，終身不懈，卽聖賢矣。勿過自薄也。」聞者莫不爽然。里中負販者近史居，不敢貨僞物。芻兒牧童或折棄矰繳，毀機穽。有鬬爭，就史質，往往置酒求解。門人桑調元自錢塘來謁，論學數日。將別，送之曰：「吾壽不過三年，恐不復相見。行矣勉之！」後三年九月，謂門人汪鑒曰：「不過今月，吾將去矣！」遂徧詣親友家，與老者言所以敎，少者言所以學，令家人治木飭後事。晦前一夕，沐浴更衣，移榻正寢，炳燭晏坐如平時，旋就寢。明晨，撫之冰矣。調元爲刻其遺書十卷，其書謂易之爲道，細無不該，遠無不屆，故多本易理以推人物之性。

調元，字弢甫，錢塘人，爲孝子天顯之子。天顯親病革，合羊脂和粥以進。親死，抱鐺而哭，人爲繪抱鐺圖。調元受業於史，得聞性理之學。雍正十一年，召試通知性理，欽賜進士，授工部主事，引疾歸。調元主九江濂溪書院，構須友堂，祠餘山先生，以著淵源有自，餘山，史自號也。調元東皋別業又闢餘山書屋，以友敎四方之士。爲人淸鯁絕俗，足跡遍五嶽。晚主灤源書院，益暢師說。

鑒，餘姚人。父死於雲南，鑒護喪歸至漢川，遇大風，舟且覆，抱棺大哭，誓以身殉。忽風回得泊沙渚，衆呼爲孝子。爲人尙氣節，史戒之曰：「英氣，客氣也。其以問學融化之。」史之歿也，鑒實左右焉。

顧棟高，字震滄，無錫人。康熙六十年進士，授內閣中書。雍正間，引見，以奏對越次罷職。乾隆十五年，特詔內外大臣薦舉經明行修之士，所舉四十餘人。惟大學士張廷玉、尙書王安國、侍郎歸宣光舉江南舉人陳祖范，尙書汪由敦舉江南舉人吳鼎，侍郎錢陳羣舉山西舉人梁錫璵，大理寺卿鄒一桂舉棟高，此四人，論者謂名實允孚焉。尋皆授國子監司業。棟高以年老不任職，賜司業銜。皇太后萬壽，棟高入京祝嘏，召見，拜起令內侍扶掖。棟高奏對，首及吳敝俗，請以節儉風示海內，上嘉之。陛辭，賜七言律詩二章。二十二年，南巡，召見行在，加祭酒銜，賜御書「傳經者碩」四字。二十四年，卒於家，年八十一。

所學合宋、元、明諸儒門徑而一之，援新安以合金谿，爲調停之說。著大儒粹語二十八卷，又著春秋大事表百三十一篇，條理詳明，議論精覈，多發前人所未發。毛詩類釋二十一卷，續編三卷，采錄舊說，發明經義，頗爲謹嚴。其尙書質疑二卷，多據臆斷，不足以言心得。

大抵棟高窮經之功，春秋爲最，而書則用力少也。

陳祖范，字亦韓，常熟人。雍正元年舉人，其秋禮部中式，以病不與殿試。歸，僦廛華匯之濱，楗戶讀書。居數年，詔天下設書院以教士，大吏爭延爲師，訓課有法。或一二年輒辭去，曰：「士習難醇，師道難立。且此席似宋時祠祿，仕而不遂者處焉。吾不求仕，而久與其列爲汗顏耳。」薦舉經學，祖范裒然居首。以年老不任職，賜司業銜。乾隆十八年，卒於家，年七十有九。所撰述有經咫一卷，膺薦時錄呈御覽。文集四卷，詩集四卷，掌錄二卷。祖范於學務求心得，論易不取先天之學，論書不取梅賾，論詩不廢小序，論春秋不取義例，論禮不以古制違人情，皆通達之論。同縣顧主事鎮傳其學。

吳鼎，字尊彝，金匱人。乾隆九年舉人，授司業。洊擢翰林院侍講學士，轉侍讀學士。大考降左春坊左贊善，遷翰林院侍講，旋休致。所撰有易例舉要二卷，十家易象集說九十卷。裒宋俞琰、元龍仁夫、明來知德等十家易說，以繼李鼎祚、董楷之後。其東莞學案，則專攻陳建學蔀通辨作也。兄鼐，亦通經，深於易、三禮。

梁錫璵，字確軒，介休人。雍正二年舉人，亦授司業，與吳鼎同食俸辦事，不爲定員。乾隆十七年，命直上書房，累遷詹事府少詹事。大考降左庶子，擢祭酒，坐遺失書籍鐫級。膺薦時，以所撰易經揆一呈御覽。鼎、錫璵並蒙召對，面諭曰：「汝等以是大學士、九卿公保經學，朕所以用汝等去教人。是汝等積學所致，不是他途倖進。」又曰：「窮經爲讀書根本。但窮經不徒在口耳，須要躬行實踐。汝等自己躬行實踐，方能教人躬行實踐。」鼎、錫璵頓首祇謝。又奉諭：「吳鼎、梁錫璵所著經學，著派翰林二十員、中書二十員，在武英殿各謄寫一部進呈。原書給還本人。所有紙札、飯食皆給於官。著梁詩正、劉統勳董理其事。」稽古之榮，海內所未有也。

孟超然，字朝舉，閩縣人。乾隆二十五年進士，選庶吉士，改兵部主事，累遷吏部郎中。三十年，典廣西試，尋督學四川，廉正不阿，遇士有禮。以蜀民父子兄弟異居者衆，作厚俗論以箴其失。旋以親老，請急歸，年甫四十二，遂不出。性至孝，侍父疾，躬執廁牏。戚族喪娶，雖空乏必應。嘗歎服徐陵「我輩猶有車可賣」之言。其學以懲忿、窒欲、改過、遷善爲主。嘗曰：「變化氣質，當學呂成公；刻意自責，當學吳聘君。」又曰：「談性命，則先儒之書已詳，不如歸諸實踐；博見聞，則將衰之年無及，不如反諸身心。」其讀商子云：「論至德者，不和於俗；成大功者，不謀於衆。聖人苟可以强國，不法其故，苟可以利民，不循其禮，以爲此王介甫之先驅也。然鞅猶明於帝王霸之說，介甫乃以言利爲堯、舜、周公之道，又鞅之不如矣。」其論楊時云：「龜山得伊、洛之正傳，開道南之先聲。然爲人身後文，如溫州陳君、李子約、許德占、張進、孫龍圖諸墓誌，往往述及釋氏之學，而贊之曰『安』、曰『定』、曰『靜』，毋惑乎後之學者，援儒入墨，紛紛不已也。」

超然性靜，家居杜門卻掃。久之，巡撫徐嗣曾請主鼇峯書院，倡明正學。閩之學者，以安溪李光地、寧化雷鋐爲最。超然輩行稍後，而讀書有識，不爲俗學所牽，則後先一揆也。居喪時，考士喪禮、荀子及宋司馬光、程子、朱子說，並采近代諸儒言論，以正閩俗喪葬之失，著喪禮輯略二卷。傷不葬其親者惑形家言以速禍，取孟子「掩之誠是」之語，作誠是錄一卷。他著有焚香錄、觀復錄、晚聞錄。

汪紱，初名烜，字燦人，婺源人。諸生。少稟母教，八歲，四子書、五經悉成誦。家貧，父淹滯江寧，侍母疾累年，十日未嘗一飽。母歿，紱走詣父，勸之歸。父曰：「昔人言家徒四壁，吾壁亦屬人。若持吾安歸？」叱之去。紱乃之江西景德鎮，畫椀，傭其間。然稱母喪，不御酒肉。後飄泊至閩中，爲童子師。及授學浦城，從者日進。聞父歿，一慟幾殆，卽日奔喪，迎櫬歸。

紱自二十後，務博覽，著書十餘萬言，三十後盡燒之。自是凡有述作，凝神直書。自六經下逮樂律、天文、地輿、陣法、術數無不究暢，而一以宋五子之學爲歸。著有易經詮義十五卷，尚書詮義十二卷，詩經詮義十五卷，四書詮義十五卷，詩韻析六卷，春秋集傳十六卷，禮記章句十卷、或問四卷，參讀禮志疑二卷，樂經律呂通解五卷，樂經或問三卷，孝經章句一卷。其參讀禮志疑多得經意，可與陸隴其書並存。

紱之論學，謂學不可不知要。然所以得要，正須從學得多後，乃能揀擇出緊要處。謂易理全在象、數上乘載而來。謂書曆象、禹貢、洪範須著力去考，都是經濟。謂詩只依字句吟詠，意味自出。謂看周禮，須得周公之心，乃於宏大處見治體之大，於瑣屑處見法度之詳。謂春秋非理明義精，殆未可學。謂「格物」之「格」訓「至」，如書言「格于上下」、「格于皇天」，皆「至到」之義。上文「致知」字爲「推致」，則「格物」爲「窮至物理」甚明。謂「性與天道不可得聞」，直是不可得聞，陸、王家因早聞性天，而未嘗了悟，又果於自信，遺害後人也。謂周子言「一」，言「無欲」，程子言「主一」，言「無適」，微有不同。周子所謂「一」者天也，所謂「欲」者人也。純乎天，不參以人，一者卽無欲也。程子所謂「一」者事也，所謂「適」者心也。一其心於所事，而不强事以成心，無適之謂一也。當時大興朱筠讀其書，稱其信乎以人任己，而頡頏古人。其後善化唐鑑亦稱其功夫體勘精密，由不欺以至誠明。紱初聘於江，比歸娶，江年二十八矣。江嘗語諸弟子曰：「吾歸汝師三十年，未嘗見一怒言、一怒色也。」乾隆二十四年，卒，年六十八。子思謙，增生，毀卒。同縣余元遴傳其學。

元遴，字秀書。諸生。著有庸言、詩經蒙說、畫脂集。

姚學塽，字晉堂，歸安人。性靜介。孩稚時，見物不取。父兄坐庭上，久侍立，足不動。既長，讀書，毅然以身學。父喪骨毀，感動鄉里。嘉慶元年進士，以中書用。時和珅爲大學士，中書於大學士例執弟子禮，學塽恥之，遂歸。後四年和珅伏誅，始入都任職。十三年，主貴州鄉試。歸途聞母憂，痛父母不得躬侍祿養，遂終身不以妻子自隨。服闋，至京，轉兵部主事，遷職方司郎中。妻張有婦德，畜一妾請遣侍京寓，不許，乃歸妾父。妾方氏，十七，曰：「婦人從一者也，吾事有主矣。」竟不嫁。

學塽居京師四十年，若旅人之阨者，僦僧寺中，霜華盈席，危坐不動。居喪時有氈帽一，布羔裘一，終身服之，藍褸不改，蓋所謂終身之喪者。初彭齡掌兵部，請學塽至堂上，躬起肅揖之，學塽亦不往謝。大學士百齡兼管兵部，屢詢司員姚某何在，欲學塽詣其宅一見之，終不往也。學塽六十生辰，同里姚文田貽酒二罌爲壽，固辭。文田曰：「他日以此相報可乎？」乃受之。學塽之學，由狷入中行。以敬存誠，從嚴毅清苦中發爲光風霽月。闇然不求人知，未嘗向人講學。病篤，握其友潘諮手曰：「君勉矣！人生獨知之地，鮮無愧者。我生平竭蹶，竟如此止。君亦就衰耋，所得爲俟年而已。」遂逝，年六十有六。

諮，字少白，會稽人。少卓犖，好獨遊天下奇山水，足跡踰數萬里。與學𠈁友善，日求寡過，以無玷古人。與長民者言，言愛人；與里老言，言耕鑿樹畜；與士人言，言孝弟忠信。遇名下士，則告以實行爲首務，尤兢兢於義利之辨。居惟一襆被，日兩蔬食。食有餘，則以給人之困者。有數人賫金爲其母壽，不可返，乃各取少許。其母知之，怒曰：「汝見僧以如來像丐市者乎？吾其爲像也！」乃謝而盡散之。著有古文八卷，詩五卷，常語二卷。

唐鑑，字鏡海，善化人。父仲冕，陝西布政使，自有傳。鑑，嘉慶十四年進士，改庶吉士。十六年，授檢討。二十三年，授浙江道監察御史。坐論淮鹽引地一疏，吏議鐫級，以六部員外郎降補。會宣宗登極，詔中外大臣各舉所知，諸城劉鐶之薦鑑出知廣西平樂府，擢安徽寧池太廣道。調江安糧道，擢山西按察使。遷貴州，擢浙江布政使，調江寧，內召爲太常寺卿。海疆事起，嚴劾琦善、耆英等，直聲震天下。鑑潛研性道，宗尚洛、閩諸賢。著學案小識，推陸隴其爲傳道之首，以示宗旨。

時蒙古倭仁，湘鄉曾國藩，六安吳廷棟，昆明竇垿、何桂珍皆從鑑考問學業，陋室危坐，精思力踐。年七十，斯須必敬。致仕南歸，主講金陵書院。文宗踐阼，有詔召鑑赴闕，入對十五次，中外利弊，無所不罄。上以其力陳衰老，不復强之服官，令還江南，矜式多士。

咸豐二年，還湘，卜居於寧鄉之善嶺山，深衣蔬食，泊然自怡。晚歲著讀易小識，編次朱子全集，別爲義例，以發紫陽之蘊。十一年，卒，年八十有四。曾國藩爲上遺疏，賜謚確慎。著有朱子年譜考異、省身日課、畿輔水利備覽、易反身錄、讀禮小事記等書。

吳嘉賓，字子序，南豐人。道光十八年進士，改庶吉士，授編修。旣通籍，尤究心當世利弊。嘗條陳海疆事宜，上嘉納焉。二十七年，緣事謫戍軍臺，尋釋回。咸豐初，以督團兵援郡城功，賞內閣中書。同治三年，於本邑三都墟口擊賊遇害，奉旨賜卹，並建專祠。

嘉賓學宗陽明，而治經字疏句釋以求據依，非專言心學者，其要歸在潛心獨悟，力求自得。尤長於禮，成禮說二卷，自序云：「小戴記四十九篇，列於學宮。其高者蓋七十子之微言，下者乃諸博士所摭拾耳。宋以來取大學、中庸與論、孟列爲四書，世無異議；則多聞擇善，固有不必盡同者。余獨以禮運、內則、樂記、孔子閒居、表記諸篇，爲古之遺言，備錄其文，以資講肄。其餘論說多者亦全錄之，否則著吾說所以與鄭君別者，以備異同焉。易曰『知崇禮卑』，又曰『謙以制禮』。夫禮者，自卑而尊人。古之制禮者上也，上之人能自卑，天下誰敢不爲禮者。先王之禮，行於父子兄弟夫婦養生送死之間，而謹於東西出入升降辭讓哭泣辟踊之節，使人明乎吾之喜怒哀樂，莫敢踰夫親疏貴賤長幼男女之分；而其至約者，則在於安定其志氣而已，故曰禮、樂不可斯須去身。樂者動於內者也，禮者動於外者也。夫禮、樂不外乎吾身之自動，而奚以求諸千載而上不可究詰之名物象數也乎？」其大旨蓋如此。他著有喪服會通說四卷，周易說十四卷，書說四卷，詩文集十二卷。與嘉賓同時而專力於學者，有劉傳瑩。

傳瑩，字椒雲，漢陽人。道光十九年舉人，官國子監學正。始學考據，雜載於書册之眉，旁求秘本鉤校，朱墨並下，達旦不休。其治輿地，以尺紙圖一行省所隸之地，墨圍界畫，僅若牛毛。晨起指誦曰：「此某縣也，於漢爲某縣；此某府某州也，於漢爲某郡國。」凡三四日而熟一紙，易他行省亦如之。久之疾作，不良食飲。自以所業者繁雜無當於心，乃發憤歎曰：「凡吾之所爲學者何爲也哉！舍孝弟取與之不講，而旁鶩瑣瑣，不亦傎乎！」於是取濂、洛以下切己之說，以意時其離合而反復之。嘗語曾國藩曰：「君子之學務本，專而已。吾與子斂精神於讐校，費日力於文辭，僥倖於身後不知誰何者之譽。自今以往，可一切罷棄，各敦內行。沒齒無聞，誓不復悔。」卒，年三十一。病中爲日記一編，痛自繩檢，遺令處分無憾。國藩嘗稱其「湛深而敦厚，非其視不視，非其聽不聽，內志外體一準於法，而所以擴充官骸之用，又將推極知識，博綜百氏，以求竟乎其量」。世以爲知言。朱子所編孟子要略，自來志藝文者皆不著於錄。傳瑩始於金仁山孟子集注考證內搜出之，復還其舊。

劉熙載，字融齋，興化人。十歲喪父，哭踊如禮。道光二十四年進士，改庶吉士，授編修。咸豐二年，命直上書房。與大學士倭仁以操尚相友重，論學則有異同。倭仁宗程、朱，熙載則兼取陸、王，以愼獨主敬爲宗，而不喜學蔀通辨以下掊擊已甚之談。文宗嘗問所養，對以閉戶讀書。御書「性靜情逸」四大字賜之。以病乞假，巡撫胡林翼特疏薦。同治三年，徵爲國子監司業，遷詹事府左春坊左中允。督學廣東，作懲忿、窒欲、遷善、改過四箴訓士，謂士學聖賢，當先從事於此。所至蕭然如寒素，未滿任乞歸，襆被篋書而已。

熙載治經，無漢、宋門戶之見。其論格物，兼取鄭義。論毛詩古韻，不廢吳棫叶音。讀爾雅釋詁至「卬、吾、台、予」，以爲四字能攝一切之音。以推開齊合撮，無不如矢貫的。又論六書中較難知者莫如諧聲，疊韻雙聲，皆諧聲也。許叔重時雖未有疊韻雙聲之名，然河、可疊韻也；江、工雙聲也。孫炎以下切音，下一字爲韻，取疊韻，上一字爲母，取雙聲，蓋開自許氏。又作天元正負歌，以明加減乘除相消開方諸法。生平於六經子史及仙釋家言靡不通曉，而一以躬行爲重。嘗戒學者曰：「眞博必約，眞約必博。」又曰：「才出於學，器出於養。」又曰：「學必盡人道而已。士人所處無論窮達，當以正人心、維世道爲己任，不可自待菲薄。」平居嘗以「志士不忘在溝壑」、「遯世不見知而不悔」二語自勵。自少至老，未嘗作一妄語。表裏渾然，夷險一節。主講上海龍門書院十四年，以正學教弟子，有胡安定風。著持志塾言二卷，篤近切實，足爲學者法程。光緒七年，卒，年六十九。又有藝概六卷，四音定切四卷，說文雙聲二卷，說文疊韻二卷，昨非集四卷。

朱次琦，字九江，南海人。道光二十七年進士，分發山西，攝襄陵縣事，引疾歸。次琦生平論學，平實敦大。嘗論：「漢之學，鄭康成集之；宋之學，朱子集之。朱子又卽漢學而精之者也。宋末以來，殺身成仁之士，遠軼前古，皆朱子力也。然而攻之者互起，有明姚江之學，以致良知爲宗，則攻朱子以格物；乾隆中葉至於今日，天下之學，以考據爲宗，則攻朱子以空疏。一朱子也，攻之者又矛盾。烏乎！古之言異學也，畔之於道外，而孔子之道隱；今之言漢學、宋學者咻之於道中，而孔子之道歧。果其修行讀書蘄之於古之實學，無漢學，無宋學也。」凡示生徒修行之實四：曰敦行孝弟，曰崇尙氣節，曰變化氣質，曰檢攝威儀；讀書之實五：曰經學，曰史學，曰掌故之學，曰性理之學，曰詞章之學。一時咸推爲人倫師表云。

官襄陵時，縣有平水，與臨汾縣分溉田畝，居民爭利搆獄，數年不決。次琦至，博詢訟端，則豪强壟斷居奇，有有水無地者，有有地無水者。有地無水者，向無買水券，予之地，弗予之水；有水無地者，向有買水券，雖無地得以市利。於是定以地隨糧，以水隨地之制。又會臨汾縣知縣躬親履畝，兩邑田相若，稅相直也。迺定平水爲四十分，縣各取其半。復於境內設四綱維持之：曰水則，曰用人，曰行水，曰陡門。實行水田三萬四百畝有奇，邑人立碑頌之。繫囚趙三不稜，劇盜也，越獄逃。次琦未抵任，先出重貲購知其所適。亟假郡捕，前半夕疾馳百二十里，至曲沃郭南以俟。盜衆方飲酒家，役前持之，忽樓上下百炬齊明，則赫然襄陵縣鐙也，乃伏地就縛。比縣人迎新尹，尹已尺組繫原賊入矣，遠近以爲神。每行縣，所至拊循姁姁，老稚迎笑。有遮訴者，索木椅在道與決，能引服則已，恆終日不笞一人。其他頒讀書日程，創保甲，追社倉二萬石，禁火葬，罪同姓婚，除狼患，卓卓多異政。在任百九十日，民俗大化。

先是南方盜起，北至揚州。次琦猶在襄陵，謂宜綢繆全晉，聯絡關、隴，爲三難、五易、十可守、八可征之策，大吏不能用。居家時稱說浦江鄭氏、江州陳氏諸義門，及朝廷捐產準旌之例。由是宗人捐產贍族，合金數萬。次琦呈請立案，爲變通范氏義莊章程，設完課、祀先、養老、勸學、矜恤孤寡諸條，刊石世守之。

同治元年，與同邑徐台英奉旨起用，次琦竟不出。光緒七年，賞五品卿銜，逾數月卒。著有國朝名臣言行錄、五史實徵錄、晉乘、國朝逸民傳、性學源流、蒙古聞見等書。疾革，盡焚之，僅存手輯朱氏傳芳集五卷，撰定南海九江朱氏家譜十二卷，大雅堂詩集一卷，燔餘集一卷，橐中集一卷。

成孺，原名蓉鏡，字芙卿，寶應人。附生。性至孝，父歿，三日哭，氣絕而復屬者再。授經養母，歲歉，饘糲或弗繼，母所御必精鑿。事母垂六十年，起居飲食之節，有禮經所未嘗言，而以積誠通之者。早邃經學，旁及象緯、輿地、聲韻、字詁，靡不貫徹。於金石審定尤精確。久之，寢饋儒先諸書，益有所得。取紫陽日用自警詩，以「味眞腴」顏其居，自號曰心巢。

孺於漢、宋兩家，實事求是，不爲門戶之見。嘗曰：「爲己，則治宋學眞儒也，治漢學亦眞儒；爲人，則治漢學僞儒也，治宋學亦僞儒。」又曰：「義理，論語所謂識大是也；考證，識小是也：莫不有聖人之道焉。事父事君，識大也；多識鳥獸草木之名，識小也：皆詩教所不廢，然不可無本末輕重之差。」湖南學政朱逌然延主校經堂，孺立學程，設「博文」、「約禮」兩齋，湘中士大夫爭自興於學。著有禹貢班義述三卷，据地志解禹貢，於今、古文之同異及鄭注與班偶殊者，一一辨證。卽有不合，亦不曲護其非。尙書曆譜二卷，以殷曆校殷、周曆校周，從違以經爲斷。又考太初曆卽三統，爲太初曆譜一卷，春秋日南至譜一卷。又有切韻表五卷，二百有六表，分二呼而經以四等，緯以三十六母，審辨音聲，不容出入。晚年著述，一以朱子爲宗。所編我師錄、困勉記、必自錄、庸德錄、東山政教錄，又有國朝學案備忘錄一卷，國朝師儒論略一卷，經義駢枝四卷，五經算術二卷，步算釋例六卷，文錄九卷。

邵懿辰，字位西，仁和人。性峭直，能文章，以名節自厲。於近儒尤慕方苞、李光地之學。道光十一年舉人，授內閣中書。久官京師，因究悉朝章國故，與曾國藩、梅曾亮、朱次琦數輩遊處，文益茂美。折節造請高才秀士，有不可，面折之。不爲朋黨，志量恆在天下。洊升刑部員外郎，入直軍機處。大學士琦善以妄殺熟番下獄，發十九事難之。

粤亂作，賽尚阿出視師，復上書次輔祁寯藻，力言不可者七端。時承平久，京朝官率雍容養望，懿辰獨無媕阿之習，一切持古義相繩責。由是諸貴人憚之，思屏於外。會粤賊陷江寧，京師震動，乃命視山東河工，未行，復命偕少詹事王履謙巡防河口。咸豐四年，坐無効鐫職。旣罷歸，則大覃思經籍，著尚書通義、禮經通論、孝經通論，頗採漢學考據家言，而要以大義爲歸。

十年，賊陷杭州，以奉母先去獲免。母卒，旣葬，返杭州。賊再至，則麾妻子出，獨留與巡撫王有齡登陴固守。十一年，城陷，死之。時國藩督師江南，聞而歎曰：「嗟乎！賢者之處患難，親在，則出避；親歿，則死之：義之至衷者也。」乃迎致其妻子安慶。先是懿辰以協防杭州復原官，死事聞，贈道銜，祀本省昭忠祠。其所著書，遭亂亡佚，長孫章輯錄之，爲半巖廬所著書，共三十餘卷。懿辰之友，同里伊樂堯、秀水高均儒，皆知名。

均儒，字伯平。廪貢生。性狷介，嚴取與之節。治三禮主鄭氏。尤服膺宋儒，見文士蕩行檢者則絕之如讐，人苦其難近。著續東軒集。

樂堯，字遇羹。咸豐元年舉人。學術宗尚與懿辰同。值寇亂，猶商證經義危城中。城破，同殉節死。

清史稿卷四百八十一

列傳二百六十八

儒林二

邵晉涵 周永年　王念孫 子引之　李惇　賈田祖　宋綿初

汪中 江德量　徐復　汪光爔　武億　莊述祖 莊綬甲　莊有可

戚學標 江有誥　陳熙晉　李誠　丁杰 周春

孫星衍 畢亨　李貽德　王聘珍　淩廷堪 洪榜　汪龍

桂馥 許瀚　江聲 孫沅　錢大昭 子東垣　繹　侗　朱駿聲

顧炎武，字寧人，原名絳，崑山人。明諸生。生而雙瞳，中白邊黑。讀書目十行下。見明季多故，講求經世之學。明南都亡，奉嗣母王氏避兵常熟。崑山令楊永言起義師，炎武及歸莊從之。魯王授爲兵部司務，事不克，幸而得脫，母遂不食卒，誡炎武弗事二姓。唐王以兵部職方郎召，母喪未赴，遂去家不返。炎武自負用世之略，不得一遂，所至輒小試之。墾田於山東長白山下，畜牧於山西雁門之北、五台之東，累致千金。徧歷關塞，四謁孝陵，六謁思陵，始卜居陝之華陰。謂「秦人慕經學，重處士，持淸議，實他邦所少；而華陰綰轂關河之口，雖足不出戶，亦能見天下之人、聞天下之事。一旦有警，入山守險，不過十里之遙；若有志四方，則一出關門，亦有建瓴之便」。乃定居焉。

生平精力絕人，自少至老，無一刻離書。所至之地，以二贏二馬載書，過邊塞亭障，呼老兵卒詢曲折，有與平日所聞不合，卽發書對勘；或平原大野，則於鞍上默誦諸經注疏。嘗與友人論學云：「百餘年來之爲學者，往往言心言性，而茫然不得其解也。命與仁，夫子所罕言；性與天道，子貢所未得聞。性命之理，著之易傳，未嘗數以語人。其答問士，則曰『行己有恥』，其爲學，則曰『好古敏求』。其告哀公明善之功，先之以博學。顏子幾於聖人，猶曰『博我以文』。自曾子而下，篤實無如子夏，言仁，則曰『博學而篤志、切問而近思』。今之君子則不然，聚賓客門人數十百人，與之言心言性；舍多學而識以求一貫之方，置四海之困窮不言，而講危微精一；是必其道高於夫子，而其弟子之賢於子貢也。孟子一書，言心言性亦諄諄矣，乃至萬章、公孫丑、陳代、陳臻、周霄、彭更之所問，與孟子之所答，常在乎出處去就辭受取與之間。是故性也、命也、天也，夫子之所罕言，而今之君子之所恆言也。出處去就辭受取與之辨，孔子、孟子之所恆言，而今之君子之所罕言也。愚所謂聖人之道者如之何？曰『博學於文，行己有恥』。自一身以至於天下國家，皆學之事也。自子臣弟友以至出入往來辭受取與之間，皆有恥之事也。士而不先言恥，則爲無本之人；非好古多聞，則爲空虛之學。以無本之人，而講空虛之學，吾見其日從事於聖人，而去之彌遠也。」

炎武之學，大抵主於斂華就實。凡國家典制、郡邑掌故、天文儀象、河漕兵農之屬，莫不窮原究委，考正得失，撰天下郡國利病書百二十卷；別有肇域志一編，則考索之餘，合圖經而成者。精韻學，撰音論三卷。言古韻者，自明陳第，雖創闢榛蕪，猶未邃密。炎武乃推尋經傳，探討本原。又詩本音十卷，其書主陳第詩無協韻之說，不與吳棫本音爭，亦不用棫之例，但卽本經之韻互考，且證以他書，明古音原作是讀，非由遷就，故曰本音。又易音三卷，卽周易以求古音，考證精確。又唐韻正二十卷，古音表二卷，韻補正一卷，皆能追復三代以來之音，分部正帙而知其變。又撰金石文字記、求古錄，與經史相證。而日知錄三十卷，尤爲精詣之書，蓋積三十餘年而後成。其論治綜覈名實，於禮教尤兢兢。謂風俗衰，廉恥之防潰，由無禮以權之，常欲以古制率天下。炎武又以杜預左傳集解時有闕失，作杜解補正三卷。其他著作，有二十一史年表、歷代帝王宅京記、營平二州地名記、昌平山水記、山東考古錄、京東考古錄、譎觚、菰中隨筆、亭林文集、詩集等書，並有補於學術世道。清初稱學有根柢者，以炎武爲最，學者稱爲亭林先生。

又廣交賢豪長者，虛懷商榷，不自滿假。作廣師篇云：「學究天人，確乎不拔，吾不如王寅旭；讀書爲己，探賾洞微，吾不如楊雪臣；獨精三禮，卓然經師，吾不如張稷若；蕭然物外，自得天機，吾不如傅青主；堅苦力學，無師而成，吾不如李中孚；險阻備嘗，與時屈伸，吾不如路安卿；博聞强記，羣書之府，吾不如吳志伊；文章爾雅，宅心和厚，吾不如朱錫鬯；好學不倦，篤於朋友，吾不如王山史；精心六書，信而好古，吾不如張力臣。至於達而在位，其可稱述者，亦多有之，然非布衣之所得議也。」

康熙十七年，詔舉博學鴻儒科，又修明史，大臣爭薦之，以死自誓。二十一年，卒，年七十。無子，吳江潘耒敍其遺書行世。宣統元年，從祀文廟。

張爾岐，字稷若，濟陽人。明諸生。父行素，官石首縣丞，罹兵難，爾岐欲身殉，以母老止。順治七年，貢成均，亦不出。遜志好學，篤守程、朱之說，著天道論、中庸論，爲時所稱。又著學辨五篇：曰辨志，曰辨術，曰辨業，曰辨成，曰辨徵。又著立命說辨，斥袁氏功過格、立命說之非。年三十，覃思儀禮，以鄭康成注文古質，賈公彥釋義曼衍，學者不能尋其端緒，乃取經與注章分之，定其句讀，疏其節，錄其要，取其明注而止，有疑義則以意斷之，亦附於末：成儀禮鄭注句讀十七卷，附以監本正誤、石經正誤二卷。顧炎武游山東，讀而善之，曰：「炎武年過五十，乃知『不學禮無以立』。若儀禮鄭注句讀一書，根本先儒，立言簡當，以其人不求聞達，故無當世名，然書實可傳，使朱子見之，必不僅謝監嶽之稱許矣。」爾岐又著周易說略八卷，詩說略五卷，蒿菴集三卷，蒿菴閒話二卷。所居敗屋不修，藝蔬果養母，集其弟四人，講說三代古文於母前，愉愉如也。妻朱，婉娩執婦道，勸爾岐勿出，取蓼莪詩意，題其室曰蒿庵，遂教授鄉里終其身。康熙十六年，卒，年六十六。乾隆中，按察使吳江陸燿建蒿菴書院以祀之，而顏其堂曰辨志。山東善治經者，爾岐同時有馬驌。

驌，字宛斯，鄒平人。順治十六年進士，除淮安府推官。尋推官議裁，補靈壁縣知縣。蠲荒除弊，流亡復業。康熙十二年，卒於官，年五十四。士民奉祀名宦祠。驌於左氏融會貫通，著左傳事緯十二卷，附錄八卷，所論有條理，圖表亦考證精詳。驌又撰繹史一百六十卷，纂錄開闢至秦末之事，博引古籍，疏通辨證，非路史、皇王大紀所可及也。時人稱爲馬三代。四十四年，聖祖命大學士張玉書物色驌所著書，令人至鄒平購板入內府。

萬斯大，字充宗，鄞縣人。父泰，明崇禎丙子舉人，與陸符齊名。寧波文學風氣，泰實開之。以經、史分授諸子，使從黃宗羲遊，各名一家。

斯大治經，以爲非通諸經不能通一經；非悟傳注之失，則不能通經；非以經釋經，則亦無由悟傳注之失。其爲學尤精春秋、三禮。於春秋，則有專傳論世、屬辭比事、原情定罪諸義；於三禮，則有論社、論禘、論祖宗、論明堂泰壇、論喪服諸義；其辨正商、周改月改時，周詩周正及兄弟同昭穆，皆極確實。宗法十餘篇，亦頗見推衍。答應撝謙書，辨治朝無堂，尤爲精覈。根柢三禮，以釋三傳，較宋、元以後空談書法者殊。然其說經以新見長，亦以鑿見短，置其非存其是，未始非一家之學。

斯大性剛毅，慕義若渴。明臣張煌言死後棄骨荒郊，斯大葬之南屏。父執陸符死無後，斯大爲葬其兩世六棺。所著有學春秋隨筆十卷，學禮質疑二卷，儀禮商三卷，禮記偶箋三卷，周官辨非二卷。康熙二十二年，卒，年六十。

兄斯選，字公擇。學於黃宗羲。嘗謂學者須驗之躬行，方爲實學。於是切實體認，知意爲心之存主，非心之所發。理卽在氣中，非理先氣後。涵養純粹，年六十，卒。宗羲哭之慟，曰：「甬上從遊，能續蕺山之傳者，惟斯選一人，而今已矣！」

斯大子經，字授一。黃宗羲移證人書院於鄞，申明劉宗周之學。經侍席末，與聞其敎。及長，傳父、叔及兄言之學，又學於應撝謙、閻若璩。康熙四十二年，成進士，選庶吉士，散館授編修。五十年，充山西鄉試副考官。五十三年，提督貴州學政。及還，以派修通州城工罄其家。素工分隸，經乃賣所作字，得錢給朝夕。晚增補斯大禮記集解數萬言，春秋定、哀二公未畢，又續纂數萬言。又重修斯同列代紀年，又續纂兄言尙書說、明史舉要，皆先代未成之書。乾隆初，舉博學鴻詞科，不就。年八十二，家遭大火，遺書悉焚。經終日涕洟，自以爲負罪先人，踰年卒。著有分隸偶存二卷。

言，字貞一，斯選兄斯年子。副榜貢生。少隨諸父講社中，號精博。著有尙書說、明史舉要。嘗與修明史，獨成崇禎長編，故國輔相子弟多以賄求滅先人罪，言悉拒之。尤工古文，同縣李鄴嗣嘗曰：「事古而信，篤志不分，吾不如充宗；粹然有得，造次儒者，吾不如公擇；學通古今，無所不辨，吾不如季野；文章名世，居然大家，吾不如貞一。吾邑有萬氏，誠天下之望。」有管邨文集。晚出爲五河知縣，忤大吏，論死，子承勳，狂走數千里，哀金五千贖之歸，時稱孝子。

承勳，字開遠。諸生。以薦，用爲磁州知州。工詩，有冰雪集。

胡渭，初名渭生，字朏明，德清人。渭年十二而孤，母沈，攜之避亂山谷間。十五爲縣學生，入太學，篤志經義，尤精輿地之學。嘗館大學士馮溥邸。尚書徐乾學奉詔修一統志，開局洞庭山，延常熟黃儀、顧祖禹，太原閻若璩及渭分纂。渭著禹貢錐指二十卷，圖四十七篇。謂漢、唐二孔氏，宋蔡氏，於地理多疏舛。如三江當主鄭康成說；禹貢「達於河」，「河」當從說文作「菏」；「滎波旣豬」，當從鄭康成作「播」；梁州黑水與導川之黑水，不可溷爲一。乃博稽載籍，考其同異而折衷之。山川形勢，郡國分合，道里遠近夷險，一一討論詳明。又漢、唐以來，河道遷徙，爲民生國計所繫，故於導河一章，備考決溢改流之跡。留心經濟，異於迂儒不通時務。間有千慮一失，則不屑闕疑之過。

又撰易圖明辨十卷，專爲辨定圖、書而作。初，陳摶推闡易理衍爲諸圖，其圖本準易而生，故以卦爻反覆研求無不符合。傳者務神其說，遂歸其圖於伏羲，謂易反由圖而作。又因繫辭「河圖、洛書」之文，取大衍算數作五十五點之圖，以當河圖；取乾鑿度太乙行九宮法，造四十五點之圖，以當洛書；其陰陽奇偶，亦一一與易相應。傳者益神其說，又眞以爲龍馬神龜之所負，謂伏羲由此而有先天之圖。實則唐以前書絕無一字符驗，而突出於北宋之初，由邵子以及朱子，亦但取其數之巧合，而未暇究其太古以來從誰授受，故易學啓蒙、易本義前九圖皆沿其說。同時袁樞、薛季宣皆有異論，然宋史儒林傳：易學啓蒙朱子本屬蔡元定創藁，非朱子自撰。晦菴大全集載答劉君房書曰：「啓蒙本欲學者且就大傳所言卦畫蓍數推尋，不須過爲浮說。而自今觀之，如河圖、洛書，亦不免尙有賸語。」至於本義卷首九圖，爲門人所依附，朱子當日未嘗堅主其說。元陳應潤作爻變義蘊，始指諸圖爲道家假借。吳澄、歸有光諸人亦相繼排擊，毛奇齡、黃宗羲爭之尤力。然皆各據所見抵其罅隙，尙未能窮溯本末，一一抉所自來。渭則於河圖、洛書，五行、九宮，參同、先天、太極，龍圖，易數鉤隱圖，啓蒙圖、書，先天、後天、卦變、象數流弊，皆引據舊文，互相參證，以箝依託之口。使學者知圖、書之說，乃修錬、術數二家旁分易學之支流，非作易之根柢，視禹貢錐指尤爲有功經學。

又撰洪範正論五卷，謂漢人專取災祥，推衍五行，穿鑿附會，事同讖緯，亂彝倫攸敍之經，其害一；洛書本文具在洪範，非龜文，宋儒創爲黑白之點，方員之體，九十之位，變書爲圖，以至九數十數，劉牧、蔡季通紛紜更定，其害二；洪範元無錯簡，王柏、胡一中等任意改竄，其害三。渭又撰大學翼眞七卷，大旨以朱子爲主，僅謂格致一章不必補傳，力闢王學改本之誤。所見切實，視泛爲性命理氣之談者，勝之遠矣。

渭經術湛深，學有根柢，故所論一軌於正。漢儒傅會之談，宋儒變亂之論，掃而除焉。康熙四十三年，聖祖南巡，渭以禹貢錐指獻行在，聖祖嘉奬，御書「耆年篤學」四大字賜之，儒者咸以爲榮。五十三年，卒，年八十有二。

渭子彥昇，字國賢。雍正八年進士，授刑部主事，改山東定陶縣知縣。著春秋說、四書近是、叢書錄要。又於樂律尤有心得，著樂律表微八卷。

渭同郡葉佩蓀，字丹穎，歸安人。亦治古易，不言圖、書，著易守四十卷。於易中三聖人所未言者不加一字，故曰「守」。

毛奇齡，字大可，又名甡，蕭山人。四歲，母口授大學卽成誦。總角，陳子龍爲推官，奇愛之，遂補諸生。明亡，哭於學宮三日。山賊起，竄身城南山，築土室，讀書其中。順治三年，明保定伯毛有倫以寧波兵至西陵，奇齡入其軍中。是時馬士英、方國安與有倫犄角，奇齡曰：「方、馬國賊也，明公爲東南建義旗，何可與二賊共事？」國安聞之大恨，欲殺之，奇齡遂脫去。後怨家屢陷之，乃變姓名爲王士方，亡命浪游。及事解，以原名入國學。康熙十八年，薦舉博學鴻儒科，試列二等，授翰林院檢討，充明史纂修官。二十四年，充會試同考官，尋假歸，得痺疾，遂不復出。

初著毛詩續傳三十八卷，既以避讎流寓江、淮間，失其藁。乃就所記憶著國風省篇、詩札、毛詩寫官記。復在江西參議道施閏章所與湖廣楊洪才說詩，作白鷺洲主客說詩一卷。明嘉靖中，鄞人豐坊僞造子貢詩傳、申培詩說行世，奇齡作詩傳詩說駁議五卷，引證諸書，多所糾正。洎通籍，進所著古今通韻十二卷，聖祖善之，詔付史館。

歸田後，僦居杭州，著仲氏易，一日著一卦，凡六十四日而書成，託於其兄錫齡之緒言，故曰「仲氏」。又著推易始末四卷，春秋占筮書三卷，易小帖五卷，易韻四卷，河圖洛書原舛編一卷，太極圖說遺議一卷。其言易發明荀、虞、干、侯諸家，旁及卦變、卦綜之法。奇齡分校會闈時，閱春秋房卷，心非胡傳之偏，有意撰述，至是乃就經文起義，著春秋毛氏傳三十六卷，春秋簡書刊誤二卷，春秋屬辭比事記四卷，條例明晰，考據精核。又欲全著禮經，以衰病不能，乃次第著昏、喪、祭禮、宗法、廟制及郊、社、禘、祫、明堂、學校諸問答，多發先儒所未及。至於論語、大學、中庸、孟子，各有考證，而大學證文及孝經問，援據古今，辨後儒改經之非，持論甚正。

奇齡淹貫羣書，所自負者在經學，然好爲駁辨，他人所已言者，必力反其詞。古文尚書自宋吳棫後多疑其僞，及閻若璩作疏證，奇齡力辨爲眞，遂作古文尚書冤詞。又刪舊所作尚書廣聽錄爲五卷，以求勝於若璩，而周禮、儀禮，奇齡又以爲戰國之書。所作經問，指名攻駁者，惟顧炎武、閻若璩、胡渭三人。以三人博學重望，足以攻擊，而餘子以下不足齒錄，其傲睨如此。

素曉音律，家有明代宗藩所傳唐樂笛色譜，直史館，據以作竟山樂錄四卷。及在籍，聞聖祖論樂諭羣臣以徑一圍三隔八相生之法，因推闡考證，撰聖諭樂本解說二卷，皇言定聲錄八卷。三十八年，聖祖南巡，奇齡迎駕於嘉興，以樂本解說二卷進，溫諭奬勞。聖祖三巡至浙，奇齡復謁行在，賜御書一幅。五十二年，卒於家，年九十一。門人蔣樞編輯遺集，分經集、文集二部，經集自仲氏易以下凡五十種，文集合詩、賦、序、記及他雜著凡二百三十四卷。四庫全書收奇齡所著書目多至四十餘部。奇齡辨正圖、書，排擊異學，尤有功於經義。弟子李塨、陸邦烈、盛唐、王錫、章大來、邵廷寀等，著錄者甚衆。李塨、廷寀自有傳。

邦烈，字又超，平湖人。嘗取奇齡經說所載裒爲聖門釋非錄五卷，謂聖門口語未可盡非云。

閻若璩，字百詩，太原人。世業鹽筴，僑寓淮安。父修齡，以詩名家。若璩幼多病，讀書闇記不出聲，年十五，以商籍補山陽縣學生員。研究經史，深造自得。嘗集陶弘景、皇甫謐語題其柱云：「一物不知，以爲深恥；遭人而問，少有暇日。」其立志如此。海內名流過淮，必主其家。年二十，讀尚書至古文二十五篇，卽疑其譌。沉潛三十餘年，乃盡得其癥結所在，作古文尚書疏證八卷。引經據古，一一陳其矛盾之故，古文之僞大明。所列一百二十八條，毛奇齡尚書古文寃詞百計相軋，終不能以强辭奪正理，則有據之言先立於不可敗也。

康熙元年，遊京師，旋改歸太原故籍，補廩膳生。十八年，應博學鴻儒科試，報罷。崑山顧炎武以所撰日知錄相質，卽爲改定數條，炎武虛心從之。編修汪琬著五服考異，若璩糾其謬，尙書徐乾學歎服。及乾學奉敕修一統志，開局洞庭山，若璩與其事。若璩於地理尤精審，山川形勢，州郡沿革，瞭如指掌，撰四書釋地五卷，及於人名物類訓詁典制，事必求其根柢，言必求其依據，旁參互證，多所貫通。又據孟子七篇，參以史記諸書，作孟子生卒年月考一卷。又著潛丘劄記六卷，毛朱詩說一卷，手校困學紀聞二十卷，因浚儀之舊而駁正箋說推廣之。又有日知錄補正，喪服異注，宋劉攽、李燾、馬端臨、王應麟四家逸事，博湖掌錄諸書。

世宗在潛邸聞其名，延入邸中，索觀所著書，每進一篇必稱善。疾革，請移就城外，以大牀爲輿，上施靑紗帳，二十人舁之出，安穩如牀簀。康熙四十三年，卒，年六十九。世宗遣使經紀其喪，親製詩四章，復爲文祭之。有云：「讀書等身，一字無假，孔思周情，旨深言大。」僉謂非若璩不能當也。

子詠。康熙四十八年進士，官中書舍人，亦能文。同時山陽學者，有李鎧、吳玉搢。

鎧，字公凱。順治十八年進士，補奉天蓋平縣知縣。康熙十八年，薦應博學鴻儒科試，授翰林院編修，與修明史，洊官內閣學士。所著有讀書雜述、史斷，王士禎稱爲有本之學。

玉搢，字藉五。官鳳陽府訓導。著山陽志遺、金石存、說文引經考、六書述部敍考，又著別雅五卷，辨六書之假借，深爲有功，非俗儒勦竊所能彷彿也。

惠周惕，字元龍，原名恕，吳縣人。父有聲，以九經教授鄉里，與徐枋善。周惕少從枋遊，又曾受業于汪琬。康熙十八年，舉博學鴻儒科，丁憂，不與試。三十年，成進士，選翰林院庶吉士。散館，改密雲縣知縣，有善政，卒於官。

周惕邃於經學，爲文章有榘度，著有易傳、春秋三禮問及硯谿詩文集。其詩說二卷，謂大、小雅以音別，不以政別。謂正雅、變雅美刺錯陳，不必分六月以上爲正、六月以下爲變；文王以下爲正、民勞以下爲變。謂二南二十六篇，皆房中之樂，不必泥其所指何人。謂天子諸侯均得有頌，魯頌非僭。其言並有依據。淸二百餘年談漢儒之學者，必以東吳惠氏爲首。惠氏三世傳經，周惕其創始者也。

子士奇，字天牧。康熙五十年進士，選翰林院庶吉士，授編修。兩充會試同考官。聖祖嘗問廷臣，誰工作賦，內閣學士蔣廷錫以王頊齡、湯右曾及士奇三人對。五十七年，孝惠章皇后升祔禮成，特命祭告炎帝陵、舜陵。故事，祭告使臣，學士以上乃得開列，士奇以編修與，異數也。五十九年，充湖廣鄉試正考官，尋提督廣東學政，以經學倡多士，三年之後，通經者多。又謂：「校官古博士也，校官無博士之才，弟子何所效法？」訪得海陽進士翁廷資，卽具疏題補韶州府學教授，部議格不行。聖祖曰：「惠士奇所舉，諒非徇私，著如所請，後不爲例。」

雍正初，復命留任。召還，入對不稱旨，罰修鎭江城，以產盡停工削籍。乾隆元年，復起爲侍讀，免欠修城銀，令纂修三禮。越四年，告歸，卒於家。

士奇盛年兼治經史，晚尤邃於經學，撰易說六卷，禮說十四卷，春秋說十五卷。於易，雜釋卦爻，以象爲主，力矯王弼以來空疏說經之弊。於禮，疏通古音、古字，俱使無疑似，復援引諸子百家之文，或以證明周制，或以參考鄭氏所引之漢制，以遞觀周制，而各闡其制作之深意。於春秋，事實據左氏，論斷多采公、穀，大致出於宋張大亨春秋五禮例宗、沈棐春秋比事，而典核過之。大學說一卷晚出，「親民」不讀「新民」。論格物不外本末終始先後，卽絜矩之不外上下前後左右，亦能根極理要。又著交食舉隅三卷，琴笛理數考四卷。子七人，棟最知名。

棟，字定宇。元和學生員。自幼篤志向學，家多藏書，日夜講誦。於經、史、諸子、稗官野乘及七經毖緯之學，靡不津逮。小學本爾雅，六書本說文，餘及急就章，經典釋文，漢、魏碑碣，自玉篇、廣韻而下勿論也。乾隆十五年，詔舉經明行修之士，陝甘總督尹繼善、兩江總督黃廷桂交章論薦。會大學士、九卿索所著書，未及呈進，罷歸。

棟於諸經熟洽貫串，謂詁訓古字古音，非經師不能辨，作九經古義二十二卷。尤邃於易，其撰易漢學八卷，掇拾孟喜、虞翻、荀爽緒論，以見大凡。其末篇附以己意，發明漢易之理，以辨正河圖、洛書、先天、太極之學。易例二卷，乃鎔鑄舊說以發明易之本例，實爲棟論易諸家發凡。其撰周易述二十三卷，以荀爽、虞翻爲主，而參以鄭康成、宋咸、干寶之說，約其旨爲注，演其說爲疏。書垂成而疾革，遂闕革至未濟十五卦及序卦、雜卦兩傳，雖爲未善之書，然漢學之絕者千有五百餘年，至是而粲然復明。撰明堂大道錄八卷，禘說二卷，謂禘行於明堂，明堂法本於易。古文尚書考二卷，辨鄭康成所傳之二十四篇爲孔壁眞古文，東晉晚出之二十五篇爲僞。又撰後漢書補注二十四卷，王士禎精華錄訓纂二十四卷，九曜齋筆記、松崖文鈔諸書。嘉定錢大昕嘗論：「宋、元以來說經之書盈屋充棟，高者蔑古訓以誇心得，下者襲人言以爲己有。獨惠氏世守古學，而棟所得尤精。擬諸前儒，當在何休、服虔之間，馬融、趙岐輩不及也。」卒，年六十二。其弟子知名者，余蕭客、江聲最爲純實。

蕭客，字古農，長洲人。撰古經解鉤沉三十卷，凡唐以前舊說，自諸家經解所引，旁及史傳、類書，片語單詞，悉著於錄。清代經學昌明，著述之家，爭及於古，蕭客是書其一也。蕭客又撰文選紀聞三十卷，文選音義八卷。聲自有傳。

陳厚耀，字泗源，泰州人。康熙四十五年進士，官蘇州府學教授。大學士李光地薦其通天文、算法，引見，改內閣中書。上命試以算法，繪三角形，令求中綫及弧背尺寸，厚耀具劄以進，皆如式。授翰林院編修，入直內廷。厚耀學問淵博，直內廷後，兼通幾何算法，於是其學益進。遷國子監司業，轉左春坊左諭德，以老乞致仕，卒於家。

厚耀以天算之法治春秋，嘗補杜預長曆爲春秋長曆十卷，其凡有四：一曰曆證，備引漢書、續漢書、晉書、隋書、唐書、宋史、元史、左傳注疏、春秋屬辭、天元曆理諸說，以證推步之異。其引春秋屬辭載杜預論日月差謬一條，爲注疏所無。又引大衍曆義春秋曆考一條，亦唐志所未錄。二曰古曆，以古法十九年爲一章，一章之首，推合周曆正月朔日冬至，前列算法，後以春秋十二公紀年，横列爲四章，縱列十二公，積而成表，以求曆元。三曰曆編，舉春秋二百四十二年，推其朔閏及月之大小，而以經、傳干支爲證佐，逑杜預之說而考辨之。四曰曆存，古曆推隱公元年正月庚戌朔，杜氏長曆則爲辛巳朔，乃古曆所推上年十二月朔，謂元年以前失一閏，蓋以經、傳干支排次知之。厚耀則謂如預之說，元年至七年中書日者雖多不失，而與二年八月之庚辰、四年二月之戊申又不能合。且隱公三年二月己巳朔日食，桓公三年七月壬辰朔日食，亦皆失之。蓋隱公元年以前非失一閏，乃多一閏。因定隱公元年正月爲庚辰朔，較長曆退兩月，推至僖公五年止。以下朔、閏，一一與杜曆相符，故不復續推焉。

又撰春秋戰國異辭五十四卷、通表二卷、摭遺一卷，春秋世族譜一卷。鄒平馬驌爲繹史，兼采三傳、國語、國策，厚耀則皆摭於五書之外，獨爲其難。氏族一書，與顧棟高大事表互證，春秋氏族之學，幾乎備矣。厚耀又著禮記分類、十七史正譌諸書，今不傳。

臧琳，字玉林，武進人。諸生。治經以漢注唐疏爲主，敎人先以爾雅、說文，曰：「不解字，何以讀書？不通訓詁，何以明經？」鍵戶著述，世無知者。有尙書集解百二十卷，經義雜記三十卷。閻若璩稱其深明兩漢之學，錢大昕校定其書，云：「實事求是，別白精審，而未嘗輕詆前哲，斯眞務實而不近名者。」

玄孫庸，本名鏞堂，字在東。與弟禮堂俱事錢塘盧文弨。沉默樸厚，學術精審。續其高祖將絕之學，以經義雜記爲拜經日記八卷，高郵王念孫亟稱之。其敍孟子年譜，辨齊宣王、湣王之譌，閩縣陳壽祺歎爲絕識。又著拜經文集四卷，月令雜說一卷，樂記二十三篇注一卷，孝經考異一卷，子夏易傳一卷，詩考異四卷，韓詩遺說二卷、訂譌一卷，校鄭康成易注二卷。其輯子夏易傳，辨此傳爲漢韓嬰作，非卜子夏。其詩考異大旨如王伯厚，但逐條必自考輯，不依循王本。庸初因寶應劉台拱獲交儀徵阮元，其後館元署中爲多。元寫其書爲副本，以原本還其家。嘉慶十六年，卒，年四十五。

禮堂，字和貴。事親孝。父繼宏，久瘧，冬月畏火，禮堂溍以身溫被。居喪如禮，笑不見齒。母遘危疾，刲股合藥，私禱於神，減齒以延親壽。娶婦胡，初婚夕敎以孝弟，長言令熟聽，乃合巹，一家感而化之。尤精小學，善讎校，爲四方賢士所貴。師事錢大昕，業益進。好許氏說文解字，爲說文經考十三卷。慕古孝子、孝女、孝婦事，作孝傳百數十卷。尙書集解案六卷，三禮注校字六卷，春秋注疏校正六卷。卒，年三十。

任啓運，字翼聖，宜興人。少讀孟子，至卒章，輒哽咽，大懼道統無傳。家貧，無藏書，從人借閱。夜乏膏火，持書就月，至移牆不輟。事父母以孝聞。年五十四，舉於鄉。雍正十一年，計偕至都，會世宗問有精通性理之學者，尚書張照以啓運名上。特詔廷試，以「太極似何物」對，進呈御覽，得旨嘉奬。會成進士，遂於臚唱前一日引見，特授翰林院檢討，在阿哥書房行走。上嘗問以「朝聞夕死」之旨，啓運對以「生死一理，未知生，焉知死」。上曰：「此是賢人分上事，未到聖人地位。從此作去，久自知之。」逾年抱疾，賜藥賜醫，越月謝恩，特諭繞廊而進。面稱：「知汝非堯、舜不敢以陳於王前。」務令自愛。令侍臣扶掖以出，且遙望之。

高宗登基，仍命在書房行走，署日講起居注官，尋擢中允。乾隆四年，遷侍講，晉侍講學士。七年，擢都察院左僉都御史。八年，充三禮館副總裁官，尋升宗人府府丞。九年，卒於賜第，年七十五。賜帑金治喪具，賜祭葬。

啓運學宗朱子，嘗謂諸經已有子朱子傳，獨未及禮經，乃著肆獻祼饋食禮三卷。以儀禮特性、少牢、饋食禮皆士禮，因據三禮及他傳記之有關王禮者推之，不得於經，則求諸注疏以補之，凡五篇：一曰祭統，二曰吉蠲，三曰朝踐，四曰正祭，五曰繹祭。其名則取周禮

「以肆獻祼享先王」、「以饋食享先王」之文，較之黃幹所續祭禮，更爲精密。又宮室考十三卷，於李如圭釋宮之外別爲類次：曰門，曰觀，曰朝，曰廟，曰寢，曰塾，曰宁，曰等威，曰名物，曰門大小廣狹，曰明堂，曰方明，曰辟雍，考據頗爲精核。儀禮一經，久成絕學，啓運研究鉤貫，使條理秩然，不愧窮經之目。又禮記章句十卷，以大學、中庸，朱子既成章句，則曲禮以下四十七篇，皆可釐爲章句。但所傳篇次序列紛錯，爰倣鄭康成序儀禮例，更其前後，併爲四十二篇。其有關倫紀之大，而爲秦、漢、元、明輕變易者，則衆著其說，以俟後之論禮者酌取。外有周易洗心九卷，四書約指十九卷，孝經章句十卷，夏小正注，竹書紀年考，逸書補，孟子時事考，清芬樓文集等書，其周易洗心則年六十時作，觀象玩辭，時闡精理。

啓運研窮刻苦，既受特達之知，益思報稱。年七十二，猶書自責語曰：「孔、曾、思、孟，實惟汝師。日面命汝，汝頑不知，痛自懲責，涕泗漣洏。嗚呼老矣，瞑目爲期。」及總裁三禮館，喜甚，因盡發中秘所儲，平心參訂，目營手寫，漏常二十刻不輟。論必本天道，酌人情，務求合朱子遺意，而心神煎耗，竟以是終。

十四年，詔舉經學，上諭有「任啓運研窮經術，敦樸可嘉」之語。三十七年，命中外蒐集古今羣書，高宗諭曰：「歷代名臣，洎本朝士林夙望，向有詩文專集及近時沉潛經史，原本風雅，如顧棟高、陳祖范、任啓運、沈德潛輩，亦各著成編，並非勦說巵言可比。均應概行查明，在坊肆者或量爲給價，家藏者或官爲裝印。至有未經鐫刊祇係鈔本存留者，不妨鈔錄副本，仍將原本給還。庶幾副在石渠，用儲一覽。」於是上啓運所著書四種，入四庫中。

全祖望，字紹衣，鄞縣人。十六歲能爲古文。討論經史，證明掌故。補諸生。雍正七年，督學王蘭生選以充貢，入京師，旋舉順天鄉試。戶部侍郎李紱見其文，曰：「此深寧、東發後一人也！」乾隆元年，薦舉博學鴻詞。是春會試，先成進士，選翰林院庶吉士，不再與試。時張廷玉當國，與李紱不相能，並惡祖望，祖望又不往見，二年，散館，寘之最下等，歸班以知縣用，遂不復出。方詞科諸人未集，紱以問祖望，祖望爲記四十餘人，各列所長。性伉直，既歸，貧且病，饔飧不給，人有所餽，弗受。主蕺山、端谿書院講席，爲士林仰重。二十年，卒於家，年五十有一。

祖望爲學，淵博無涯涘，於書無不貫串。在翰林，與紱共借永樂大典讀之，每日各盡二十卷。時開明史館，復爲書六通移之，先論藝文，次論表，次論忠義、隱逸兩列傳，皆以其言爲韙。生平服膺黃宗羲，宗羲表章明季忠節諸人，祖望益廣修枌社掌故、桑海遺聞以益之，詳盡而核實，可當續史。宗羲宋元學案甫創草藁，祖望博采諸書爲之補輯，編成百卷。又七校水經注，三箋困學紀聞，皆足見其汲古之深。又答弟子董秉純、張炳、蔣學鏞、盧鎬等所問經史疑義，錄爲經史問答十卷。儀徵阮元嘗謂經學、史才、詞科三者得一足傳，而祖望兼之。其經史問答，實足以繼古賢，啓後學，與顧炎武日知錄相埓。晚年定文藁，删其十七，爲鮚埼亭文集五十卷。

弟子同縣蔣學鏞，字聲始。乾隆三十六年舉人。從祖望得聞黃、萬學派，學鏞尤得史學之傳。

董秉純，字小鈍。乾隆十八年拔貢，補廣西那地州州判，升秦安縣知縣。全祖望文內、外集，均秉純一手編定。

沈彤，字果堂，吳江人。自少力學，以窮經爲事。貫串前人之異同，折衷至當。乾隆元年，薦舉博學鴻詞報罷，與修三禮及一統志。書成，授九品官，以親老歸。

彤淹通三禮，以歐陽修有周禮官多田少，祿且不給之疑，後人多沿其說，卽有辨者，不過以攝官爲詞。乃詳究周制，撰周官祿田考，以辨正歐說。分官爵數、公田數、祿田數三篇，積算至爲精密。其說自鄭注、賈疏以後，可云特出。又撰儀禮小疏一卷，取士冠禮、士昏禮、公食大夫禮、喪服、士喪禮爲之疏箋，足訂舊義之譌。其果堂集十二卷，多訂正經學之文，若周官頒田異同說，五溝異同說，井田軍賦說，釋周官地征等篇，皆援據典核。又撰春秋左氏傳小疏，尚書小疏，氣穴考略，內經本論。

彤性至孝，親歿，三年中不茹葷，不內寢。居恆每講求經世之務，所著保甲論，其後吳德旋見之，稱爲最善云。卒，年六十五。

蔡德晉，字仁錫，無錫人。雍正四年舉人。乾隆二年，禮部尚書楊名時薦德晉經明行修，授國子監學正，遷工部司務。德晉嘗謂橫渠以禮敎人，最得孔門博約之旨，故其律身甚嚴。其論三禮，多前人所未發。著禮經本義十七卷，禮傳本義二十卷，通禮五十卷。

盛世佐，字庸三，秀水人。官貴州龍里知縣。撰儀禮集編四十卷，集衆解而研辨之，持論謹嚴。又楊復儀禮圖久行於世，然其說本注疏，而時有並注疏之意失之者，一一是正，至於諸家謬誤，辨之尤詳焉。

江永，字愼修，婺源人。爲諸生數十年，博通古今，專心十三經注疏，而於三禮功尤深。以朱子晚年治禮，爲儀禮經傳通解，書未就，黃氏、楊氏相繼纂續，亦非完書。乃廣摭博討，大綱細目，一從吉、凶、軍、嘉、賓五禮舊次，題曰禮經綱目，凡八十八卷。引據諸書，釐正發明，實足終朱子未竟之緒。嘗一至京師，桐城方苞、荆谿吳紱質以禮經疑義，皆大折服。讀書好深思，長於比勘，明推步、鐘律、聲韻。歲實消長，前人多論之者，梅文鼎略舉授時，而亦疑之。永爲之說，當以恆氣爲率，隨其時之高衝以算定氣，而歲實消長勿論，其說至爲精當。其論黃鍾之宮，據管子、呂氏春秋以正淮南子，其論古韻平、上、去三聲，皆當爲十三部，入聲當爲八部，而三代以上之音，始有條不紊。晚年讀書有得，隨筆撰記。謂周易以反對爲次序，卦變當於反對取之。否反爲泰，泰反爲否，故「小往大來」，「大往小來」，是其例也。凡曰來、曰下、曰反，自反卦之外卦來居內卦也。曰往、曰上、曰進、曰升，自反卦之內卦往居外卦也。又謂兵、農之分，春秋時已然，不起於秦、漢。證以管子、左傳，兵常近國都，野處之農固不隸於師旅也。其於經、傳稽考精審多類此。

所著有周禮疑義舉要七卷，禮記訓義擇言六卷，深衣考誤一卷，律呂闡微十卷，律呂新論二卷，春秋地理考實四卷，鄉黨圖考十一卷，讀書隨筆十二卷，古韻標準四卷，四聲切韻表四卷，音學辨微一卷，河洛精蘊九卷，推步法解五卷，七政衍、金水二星發微、冬至權度、恆氣注曆辨、歲實消長辨、曆學補論、中西合法擬草各一卷，近思錄集注十四卷，考訂朱子世家一卷。乾隆二十七年，卒，年八十二。弟子甚衆，而戴震、程瑤田、金榜尤得其傳。震、榜自有傳。

瑤田，字易疇，歙人。讀書好深沉之思，學於江氏。乾隆三十五年舉人，選授太倉州學正。以身率教，廉潔自持。告歸之日，錢大昕、王鳴盛皆贈詩推重，至與平湖陸隴其並稱。

嘉慶元年，舉孝廉方正。同時舉者，推錢大昭、江聲、陳鱣三人，阮元獨謂瑤田足以冠之。平生著述，長於旁搜曲證，不屑依傍傳注，所著曰喪服足徵記，宗法小記，溝洫疆里小記，禹貢三江考，九穀考，磬折古義，水地小記，解字小記，聲律小記，考工創物小記，釋草釋蟲小記。年老目盲，猶口授孫輩成琴音記。東原戴氏自謂尙遜其精密。

褚寅亮，字搢升，長洲人。乾隆十六年召試舉人，授內閣中書，官至刑部員外郎。寅亮少以博雅名，心思精銳，於史書魯魚，一見便能訂其誤謬。中年覃精經術，一以注疏爲歸。從事禮經幾三十年，墨守家法，專主鄭學。鄭氏周禮、禮記注，妄庸人羣起嗤點之，獨儀禮爲孤學，能發揮者固絕無，而謬加指摘者亦尙少。惟敖繼公集說，多巧竄經文，陰就己說。後儒苦經注難讀，喜其平易，無疵之者。萬斯大、沈彤於鄭注亦多所糾駁，至張爾岐、馬騆但粗爲演繹，其於敖氏之似是而非，均未能正其失也。寅亮著儀禮管見三卷，於敖氏洞見其癥結，驅豁其霁霧。

時公羊何氏學久無循習者，所謂五始、三科、九旨、七等、六輔、二類之義，不傳於世，惟武進莊存與默會其解，而寅亮能闡發之，撰公羊釋例三十篇。謂三傳惟公羊爲漢學，孔子作春秋，本爲後王制作，訾議公羊者，實違經旨。又因何劭公言禮有殷制，有時王之制，與周禮不同，作周禮公羊異義二卷，世稱爲絕業。又長於算術，著句股廣問三卷，校正三統術衍刊本誤字甚多，其中月相求六扐之數句，六扐當作七扐；推閏餘所在加十得一句，加十當作加七：皆寅亮說也。

著有十三經筆記十卷，諸史筆記八卷，諸子筆記二卷，名家文集筆記七卷，藏於家。四十六年，以病告歸，主常州龍城書院八年。五十五年，卒，年七十六。

盧文弨，字召弓，餘姚人。父存心，乾隆初舉博學鴻詞科。文弨，乾隆十七年一甲進士，授翰林院編修，上書房行走。歷官左春坊左中允、翰林院侍讀學士。三十年，充廣東鄉試正考官。三十一年，提督湖南學政，以條陳學政事宜，部議降三級用。三十三年，乞養歸。

文弨孝謹篤厚，潛心漢學，與戴震、段玉裁友善。好校書，所校逸周書、孟子音義、荀子、呂氏春秋、賈誼新書、韓詩外傳、春秋繁露、方言、白虎通、獨斷、經典釋文諸善本，鏤板惠學者。又苦鏤板難多，則合經、史、子、集三十八種而名之曰羣書拾補。所自著書有抱經堂集三十四卷，儀禮注疏詳校十七卷，鍾山劄記四卷，龍城劄記三卷，廣雅釋天以下注二卷，皆使學者諟正積非，蓄疑渙釋。其言曰：「唐人之爲義疏也，本單行，不與經注合。單行經注，唐以後尙多善本，自宋後附疏於經注，而所附之經注非必孔、賈諸人所據之本也，則兩相齟齬矣。南宋後又附經典釋文於注疏間，而陸氏所據之經注，又非孔、賈諸人所據也，則齟齬更多矣。淺人必比而同之，則彼此互改，多失其眞，幸有改之不盡，以滋其齟齬，啓人考核者，故注疏、釋文合刻，似便而非古法也。」其特識多類此。

文弨歷主江、浙各書院講席，以經術導士，江、浙士子多信從之，學術爲之一變。六十年，卒，年七十九。

文弨校書，參合各本，擇善而從，頗引他書改本書，而不專主一說，故嚴元照詆其儀禮詳校，顧廣圻譏其釋文考證。後黃丕烈影宋刻書，各本同異另編於後，兩家各有宗旨，亦互相補苴云。

顧廣圻，字千里，元和人。諸生。吳中自惠氏父子後，江聲繼之，後進翕然多好古窮經之士。廣圻讀惠氏書，盡通其義。論經學云：「漢人治經，最重師法。古文今文，其說各異。若混而一之，則轇轕不勝矣。」論小學云：「說文一書，不過爲六書發凡，原非字義盡於此。」

廣圻天質過人，經、史、訓詁、天算、輿地靡不貫通，至於目錄之學，尤爲專門，時人方之王仲寶、阮孝緒。兼工校讎，同時孫星衍、張敦仁、黃丕烈、胡克家延校宋本說文、禮記、儀禮、國語、國策、文選諸書，皆爲之札記，考定文字，有益後學。乾、嘉間以校讎名家，文弨及廣圻爲最著云。又時爲漢學者多譏宋儒，廣圻獨取先儒語錄，摘其切近者，爲邇翁苦口一卷，以教學者。著有思適齋文集十八卷。道光十九年，卒，年七十。

錢大昕，字曉徵，嘉定人。乾隆十六年召試舉人，授內閣中書。十九年進士，選翰林院庶吉士，散館授編修。大考二等一名，擢右春坊右贊善。累充山東鄉試、湖南鄉試正考官，浙江鄉試副考官。大考一等三名，擢翰林院侍講學士。三十二年，乞假歸。三十四年，補原官。入直上書房，遷詹事府少詹事，充河南鄉試正考官。尋提督廣東學政。四十年，丁父艱，服闋，又丁母艱，病不復出。嘉慶九年，卒，年七十七。

大昕幼慧，善讀書。時元和惠棟、吳江沈彤以經術稱，其學求之十三經注疏，又求之唐以前子、史、小學。大昕推而廣之，錯綜貫串，發古人所未發。任中書時，與吳烺、褚寅亮同習梅氏算術。及入翰林，禮部尚書何國宗世業天文，年已老，聞其善算，先往見之，曰：「今同館諸公談此道者鮮矣。」

大昕於中、西兩法，剖析無遺。用以觀史，自太初、三統、四分，中至大衍，下迄授時，朔望薄蝕，淩犯進退，抉摘無遺。漢三統術爲七十餘家之權輿，譌文奥義，無能正之者。大昕衍之，據班志以闡劉歆之說，裁志文之譌，二千年已絕之學，昭然若發蒙。大昕又謂：「古法歲陰與太歲不同，淮南天文訓攝提以下十二名，皆謂歲陰所在。史記太初元年年名焉逢、攝提格者，歲陰，非太歲也。東漢後不用歲陰紀年，又不知太歲超辰之法，乃以太初元年爲丁丑歲，則與史、漢之文皆悖矣。」又謂：「尙書緯四遊升降之說，卽西法日躔最高、卑之說，宋楊忠輔統天術以距差乘躔差，減氣汎積爲定積，梅文鼎謂郭守敬加減歲餘法出於此。但統天求汎積，必先減氣差十九日有奇，與郭又異，文鼎不能言。大昕推之同，凡步氣朔，必以甲子日起算，今統天上元冬至乃戊子日，不值甲子，依授時法當加氣應二十四日有奇，乃得從甲子起。今減去氣差，是以上元冬至後甲子日起算也。旣如此，當減氣應三十五日有奇，今減十九日有奇者，去躔差之數不算也。求天正經朔又減閏差者，經朔當從合朔起算。今推得統天上元冬至後第一朔乃乙丑戌初二刻弱，故必減閏差而後以朔實除之，卽授時之朔應也。」

大昕始以辭章名，沈德潛吳中七子詩選，大昕居一。旣乃研精經、史，於經義之聚訟難決者，皆能剖析源流。文字、音韻、訓詁、天算、地理、氏族、金石以及古人爵里、事實、年齒，瞭如指掌。古人賢姦是非疑似難明者，典章制度昔人不能明斷者，皆有確見。惟不喜二氏書，嘗曰：「立德立功立言，吾儒之不朽也。先儒言釋氏近於墨，予以爲釋氏亦終於楊氏爲己而已。彼棄父母而學道，是視己重於父母也。」

大昕在館時，常與修音韻述微、續文獻通考、續通志、一統志、天球圖諸書。所著有唐石經考異一卷，經典文字考異一卷，聲類四卷，廿二史考異一百卷，唐書史臣表一卷，唐五代學士年表二卷，宋學士年表一卷，元史氏族表三卷，元史藝文志四卷，三史拾遺五卷，諸史拾遺五卷，通鑑注辨證三卷，四史朔閏考四卷，吳興舊德錄四卷，先德錄四卷，洪文惠、洪文敏、王伯厚、王弇州四家年譜各一卷，疑年錄三卷，潛揅堂文集五十卷，詩集二十卷，潛揅堂金石文跋尾二十五卷，養新錄二十三卷，恆言錄六卷，竹汀日記鈔三卷。族子塘、坫，能傳其學。

塘，字學淵。乾隆四十五年進士，改教職，選江寧府學教授。塘少大昕七歲，相與共學，又與大昕弟大昭及弟坫相切磋，爲實事求是之學，於聲音文字、律呂推步尤有神解。著律呂古義六卷，據所得漢慮俿銅尺正荀勗以劉歆銅斛尺爲周尺之非。謂周本八寸尺，不可以制律，律必用十寸尺，即昔人所云夏尺。周因夏、商，夏、商因唐、虞，古律當無異度。又史記三書釋疑三卷，於律曆天官家言皆究其原本，而以他書疏通證明之。律書「上九、商八、羽七、角六、宮五、徵九」數語，注家皆不能曉，小司馬疑其數錯。塘據淮南子、太玄經證之，始信其確。又著泮宮雅樂釋律四卷，說文聲繫二十卷，淮南天文訓補注三卷。其所作古文曰述古編凡四卷。卒，年五十六。

坫，字獻之。副榜貢生。游京師，朱筠引爲上客。以直隸州州判官於陝，與洪亮吉、孫星衍討論訓詁輿地之學，論者謂坫沉博不及大昕，而精當過之。嘉慶二年，教匪擾陝西，坫時署華州，率衆乘城，力遏其衝。城無弓矢，仿古爲合竹强弓，厚背紙爲翎，二人共發之，達百五十步；又以意爲發石之法，石重十斤，達三百步：前後斃賊無算，城獲全。以積勞得末疾，引歸。著史記補注百三十卷，詳於音訓及郡縣沿革、山川所在。陝甘總督松筠重其品學，親至臥榻問疾，索未刊著述，坫取付之。曰：「三十年精力，盡於此書矣！」十一年，卒，年六十六。又有詩音表一卷，車制考一卷，論語後錄五卷，爾雅釋義十卷，釋地以下四篇注四卷，十經文字通正書十四卷，說文斠詮十四卷，新斠注地理志十六卷，漢書十表注十卷，聖賢冢墓志十二卷。

王鳴盛，字鳳喈，嘉定人。幼從長洲沈德潛受詩，後又從惠棟問經義，遂通漢學。乾隆十九年，以一甲進士授翰林院編修，大考翰詹第一，擢侍讀學士。充福建鄉試正考官，尋擢內閣學士，兼禮部侍郎。坐濫支驛馬，左遷光祿寺卿。丁內艱，遂不復出。

鳴盛性儉素，無聲色玩好之娛，晏坐一室，咿唔如寒士。嘗言：「漢人說經必守家法，自唐貞觀撰諸經義疏而家法亡，宋元豐以新經學取士而漢學殆絕，今好古之儒皆知崇注疏矣，然注疏惟詩、三禮及公羊傳猶是漢人家法，他經注則出魏、晉人，未爲醇備。」著尙書後案三十卷，專述鄭康成之學，若鄭注亡逸，采馬、王注補之。孔傳雖出東晉，其訓詁猶有傳授，間一取焉。又謂東晉所獻之太誓僞，而唐人所斥之太誓非僞，故附書今文太誓一篇，存古之功，自謂不減惠氏周易述也。又著周禮軍賦說四卷，發明鄭氏之旨。又十七史商榷一百卷，於一史中紀、志、表、傳互相稽考，因而得其異同，又取稗史叢說以證其舛誤，於輿地、職官、典章、名物每致詳焉。別撰蛾術編一百卷，其爲目十：說錄、說字、說地、說制、說人、說物、說集、說刻、說通、說系，蓋仿王應麟、顧炎武之意，而援引尤博。詩以才輔學，以韻達情。古文用歐、曾之法，闡許、鄭之義，有詩文集四十卷。嘉慶二年，卒，年七十六。

弟子同縣金曰追，字對揚。諸生。深於九經正義，每有疑譌，隨條輒錄，先成儀禮注疏正僞十七卷。阮元奉詔校勘儀禮石經，多采其說。

時同縣通經學者，有吳淩雲，字得靑。嘉慶五年歲貢。讀書深造，經師遺說，靡不通貫。嘗假館錢大昕孱守齋，盡讀所藏書，學益邃。所著十三經考異，援據精核，多前人所未發。又經說三卷，小學說、廣韻說各一卷，海鹽陳其幹爲合刊之，題曰吳氏遺著。

戴震，字東原，休寧人。讀書好深湛之思，少時塾師授以說文，三年盡得其節目。年十六七，研精注疏，實事求是，不主一家。與郡人鄭牧、汪肇龍、方矩、程瑤田、金榜從婺源江永游，震出所學質之永，永爲之駭歎。永精禮經及推步、鐘律、音聲、文字之學，惟震能得其全。

性特介。年二十八補諸生，家屢空，而學日進。與吳縣惠棟、吳江沈彤爲忘年友。以避讎入都，北方學者如獻縣紀昀、大興朱筠，南方學者如嘉定錢大昕、王鳴盛，餘姚盧文弨，青浦王昶，皆折節與交。尚書秦蕙田纂五禮通考，震任其事焉。

乾隆二十七年，舉鄉試，三十八年，詔開四庫館，徵海內淹貫之士司編校之職，總裁薦震充纂修。四十年，特命與會試中式者同赴殿試，賜同進士出身，改翰林院庶吉士。震以文學受知，出入著作之庭。館中有奇文疑義，輒就咨訪。震亦思勤修其職，晨夕披檢，無間寒暑。經進圖籍，論次精審。所校大戴禮記、水經注尤精核。又於永樂大典內得九章、五曹算經七種，皆王錫闡、梅文鼎所未見。震正譌補脫以進，得旨刊行。四十二年，卒於官，年五十有五。

震之學，由聲音、文字以求訓詁，由訓詁以尋義理。謂：「義理不可空憑胸臆，必求之於古經。求之古經而遺文垂絕，今古懸隔，必求之古訓。古訓明則古經明，古經明則賢人聖人之義理明，而我心之同然者，乃因之而明。義理非他，存乎典章制度者也。彼歧古訓、義理而二之，是古訓非以明義理，而義理不寓乎典章制度，勢必流入於異學曲說而不自知也。」

震爲學精誠解辨，每立一義，初若創獲，乃參考之，果不可易。大約有三：曰小學，曰測算，曰典章制度。

其小學書有六書論三卷，聲韻考四卷，聲類表九卷，方言疏證十卷。漢以後轉注之學失傳，好古如顧炎武，亦不深省。震謂：「指事、象形、諧聲、會意四者爲書之體，假借、轉注二者爲書之用。一字具數用者爲假借，數字共一用者爲轉注。初、哉、首、基之皆爲始，卬、吾、台、予之皆爲我，其義轉相注也。」又自漢以來，古音寖微，學者於六書之故，靡所從入。顧氏古音表，入聲與廣韻相反。震謂：「有入無入之韻，當兩兩相配，以入聲爲之樞紐。眞至仙十四韻，與脂、微、齊、皆、灰五韻同入聲；東至江四韻及陽至登八韻，與支、之、佳、咍、蕭、宵、肴、豪、尤、侯、幽十一韻同入聲；侵至凡九韻之入聲，則從廣韻，無與之配。魚、虞、模、歌、戈、麻六韻，廣韻無入聲，今同以鐸爲入聲，不與唐相配。而古音遞轉及六書諧聲之故，胥可由此得之。」皆古人所未發。

其測算書原象一卷，迎日推策記一卷，句股割圜記三卷，曆問一卷，古曆考二卷，續天文略三卷，策算一卷。自漢以來，疇人不知有黃極，西人入中國，始云赤道極之外又有黃道極，是爲七政恆星右旋之樞，詫爲六經所未有。震謂：「西人所云赤極，卽周髀之正北極也，黃極卽周髀之北極璿璣也。虞書『在璿璣玉衡，以齊七政』，蓋設璿璣以擬黃道極也。黃極在柱史星東南，上弼、少弼之間，終古不隨歲差而改。赤極居中，黃極環繞其外，周髀固已言之，不始於西人也。」

震所著典章制度之書未成。有詩經二南補注二卷，毛鄭詩考四卷，尙書義考一卷，儀經考正一卷，考工記圖二卷，春秋卽位改元考一卷，大學補注一卷，中庸補注一卷，孟子字義疏證三卷，爾雅文字考十卷，經說四卷，水地記一卷，水經注四十卷，九章補圖一卷，屈原賦注七卷，通釋三卷，原善三卷，緒言三卷，直隸河渠書一百有二卷，氣穴記一卷，藏府算經論四卷，葬法贅言四卷，文集十卷。

震卒後，其小學，則高郵王念孫、金壇段玉裁傳之；測算之學，則曲阜孔廣森傳之；典章制度之學，則興化任大椿傳之：皆其弟子也。後十餘年，高宗以震所校水經注問南書房諸臣曰：「戴震尙在否？」對曰：「已死。」上惋惜久之。王念孫、段玉裁、孔廣森、任大椿自有傳。

金榜，字輔之，歙縣人。乾隆二十九年召試舉人，授內閣中書，軍機處行走。三十七年一甲一名進士，授翰林院修撰。散館後，養痾讀書不復出，卒於家。師事江永，友戴震，著禮箋十卷，剌取其大者數十事爲三卷，寄朱珪，珪序之，以爲詞精義核。榜治禮最尊康成，然博稽而精思，愼求而能斷。嘗援鄭志答趙商云：「不信亦非，悉信亦非。」曰：「斯言也，敢以爲治經之大法。故鄭義所未衷者必糾正之，於鄭氏家法不敢誣也。」

段玉裁，字若膺，金壇人。生而穎異，讀書有兼人之資。乾隆二十五年舉人，至京師見休寧戴震，好其學，遂師事之。以教習得貴州玉屏縣知縣，旋調四川，署富順及南溪縣事，又辦理化林坪站務。時大兵征金川，輓輸絡繹，玉裁處分畢，輒篝鐙著述不輟。著六書音均表五卷。古韻自顧炎武析爲十部，後江永復析爲十三部，玉裁謂支、佳一部也，脂、微、齊、皆、灰一部也，之、咍一部也，漢人猶未嘗淆借通用。晉、宋而後，乃少有出入。迄乎唐之功令，支注「脂、之同用」，佳注「皆同用」，灰注「咍同用」，於是古之截然爲三者，罕有知之。又謂眞、臻、先、與諄、文、殷、魂、痕爲二，尤、幽與侯爲二，得十七部。其書始名詩經韻譜，羣經韻譜。嘉定錢大昕見之，以爲鑿破混沌，後易其體例，增以新加，十七部蓋如舊也。震偉其所學之精，云自唐以來講韻學者所未發。尋任巫山縣，年四十六，以父老引疾歸，鍵戶不問世事者三十餘年。

玉裁於周、秦、兩漢書，無所不讀，諸家小學，皆別擇其是非。於是積數十年精力，專說說文，著說文解字注三十卷，謂：「爾雅以下，義書也；聲類以下，音書也；說文，形書也。凡篆一字，先訓其義，次釋其形，次釋其音，合三者以完一篆，故曰形書。」又謂：「許以形爲主，因形以說音、說義。其所說義，與他書絕不同者，他書多假借，則字多非本義，許惟就字說其本義。知何者爲本義，乃知何者爲假借，則本義乃假借之權衡也。說文、爾雅相爲表裏，治說文而後爾雅及傳注明。」又謂：「自倉頡造字時至唐、虞、三代、秦、漢以及許叔重造說文，曰『某聲』、曰『讀若某』者，皆條理合一不紊。故既用徐鉉切音，又某字志之曰古音第幾部，後附六書音均表，俾形、聲相爲表裏。始爲長編，名說文解字讀，凡五百四十卷。既乃隱括之成此注。」玉裁又以：「說文者，說字之書，故有『讀如』、無『讀爲』，說經、傳之書，必兼是二者。漢人作注，於字發疑正讀，其例有三：『讀如』、『讀若』者，擬其音也，比方之詞；『讀爲』『讀曰』者，易其字也，變化之詞；『當爲』者，定爲字之誤、聲之誤，而改其字也，救正之詞。三者分，而漢注可讀，而經可讀。」述漢讀考，先成周禮六卷，又撰禮經漢讀考一卷，其他十六卷未成。儀徵阮元謂玉裁書有功於天下後世者三：言古音一也，言說文二也，漢讀考三也。其他說經之書，以漢志毛詩經、毛詩古訓傳本各自爲書，因釐次傳文，還其舊著，重訂毛詩古訓傳三十卷。以諸經惟尙書離厄最甚，古文幾亡，賈逵分別古今，劉陶是正文字，其書皆不存。乃廣蒐補闕，正晉、唐之妄改，存周、漢之駁文，著古文尚書撰異三十二卷。又錄左氏經文，取鄭注禮、周禮，存古文、今文故書之例，附見公羊、穀梁經文之異，著春秋左氏古經十二卷，而以左氏傳五十凡附後。外有毛詩小學三十卷，汲古閣說文訂六卷，經韻樓集十二卷。嘉慶二十年，卒，年八十一。

初，玉裁與念孫俱師震，故戴氏有段、王兩家之學。玉裁少震四歲，謙，專執弟子禮，雖耄，或稱震，必垂手拱立，朔望必莊誦震手札一通。卒後，王念孫謂其弟子長洲陳奐曰：「若膺死，天下遂無讀書人矣！」玉裁弟子，長洲徐頲、嘉興沈濤及女夫仁和龔麗正俱知名，而奐尤得其傳，奐自有傳。

鈕樹玉，字匪石，吳縣人。篤志好古，不爲科舉之業，精研文字聲音訓詁。謂說文懸諸日月而不刊者也，後人以新附淆之，誣許君矣。因博稽載籍，著說文新附考六卷，續考一卷。又著說文解字校錄三十卷。樹玉後見玉裁書，著段氏說文注訂八卷，所駁正之處，皆有依據。

徐承慶，字夢祥，元和人。乾隆五十一年舉人，官至山西汾州府知府。著段注匡謬十五卷，其攻瑕索瘢，尤勝鈕氏之書，皆力求其是，非故爲吹求者。

孫志祖，字詒穀，仁和人。乾隆三十一年進士，改刑部主事，洊升郎中，擢江南道監察御史，乞養歸。志祖淸修自好，讀經史必釋其疑而後已，著讀書脞錄七卷，考論經、子、雜家，折衷精詳，不爲武斷之論。又家語疏證六卷，謂王肅作聖證論以攻康成，又僞撰家語，飾其說以欺世。因博集羣書，凡肅所剿竊者，皆疏通證明之。又謂孔叢子亦王肅僞託，其小爾雅亦肅借古書以自文，並作疏證以辨其妄。幼熟精文選，後乃仿韓文考異之例，參稽衆說，正俗本之誤，爲文選考異四卷。又輯前人及朋輩論說，爲文選注補正四卷。又有文選理學權輿補一卷。輯風俗通逸文一卷，補正姚之駰輯謝承後漢書五卷。嘉慶六年，卒，年六十五。

翟灝，字大川，亦仁和人。乾隆十九年進士，官金華、衢州府學教授。灝見聞淹博，又能搜奇引僻，嘗與錢塘梁玉繩論王肅撰家語難鄭氏，欲搜考以證其謬，因握筆互疏所出，頃刻數十事。時方被酒，旋罷去，未竟藁，其精力殊絕人也。著有爾雅補郭二卷，以爾雅郭注未詳、未聞者百四十二科，邢疏補言其十，餘仍闕如，乃參稽衆家，一一備說。又云：「古爾雅當有釋禮篇，與釋樂篇相隨。祭名與講武、旌旂三章，乃釋禮之殘缺失次者。」又著四書考異七十二卷，皆貫串精審，爲世所推。他著又有家語發覆、通俗篇、湖山便覽、無不宜齋詩文藁。五十三年，卒。

梁玉繩，字曜北，錢塘人。增貢生。家世貴顯，玉繩不志富貴，自號清白士。嘗語弟履繩曰：「後漢襄陽樊氏，顯重當時，子孫雖無名德盛位，世世作書生門戶，願與弟共勉之！」故玉繩年未四十，棄舉子業，專心撰著。其瞥記七卷，多釋經之文，有裨古義。玉繩尤精乙部書，著史記志疑三十六卷，據經、傳以糾乖違，參班、荀以究同異，錢大昕稱其書爲龍門功臣。著人表考九卷，謂班氏借用禹貢田賦九等之目，造端自馬遷。史記李將軍傳云：「李蔡爲人在下中。」其說頗是。

履繩，字處素。乾隆五十三年舉人。與兄玉繩相礱錯，有元方、季方之目。其於衆經中尤精左氏傳，謂隋志載賈逵解詁、服虔解義各數十卷，今俱亡佚。杜氏參用賈、服，仲達作疏，間有稱引，未覩其全。亦如馬融諸儒之說，僅存單文隻義。唐以後注左氏者，惟張洽、趙汸最爲明晰，大抵詳書法而略紀載。履繩綜覽諸家，旁采衆籍，以廣杜之所未備，作左通補釋三十二卷。又有未成者五門：曰廣傳、考異、駁證、古音、臆說。錢大昕見其書，歎爲絕恉。通說文，下筆鮮俗字。年四十六，卒。

汪家禧，字漢郊，仁和人。諸生。穎敏特異，通漢易，作易消息解。所著書數十卷，燬於火。其友秀水莊仲方、門人仁和許乃穀輯其遺文，爲東里生燼餘集三卷。文多說經，粹然有家法。

同。

劉台拱，字端臨，寶應人。性至孝，六歲，母朱氏歿，哀如成人。事繼母鍾氏，與親母同。九歲作顏子頌，斐然成章，觀者稱爲神童。中乾隆三十五年舉人，屢試禮部不第。是時朝廷開四庫館，海內方聞綴學之士雲集。台拱在都，與學士朱筠、編修程晉芳、庶吉士戴震、學士邵晉涵及其同郡御史任大椿、給事中王念孫等交遊，稽經考古，旦夕討論。自天文、律呂至於聲音、文字，靡不該貫。其於漢、宋諸儒之說，不專一家，而惟是之求。精思所到，如與古作者晤言一室而知其意指之所在，比之閻若璩，蓋相伯仲也。段玉裁每謂「潛心三禮，吾所不如」。

選丹徒縣訓導。取儀禮十七篇除喪服外各繪爲圖，與諸生習禮容，爲發明先王制作之精意。迎兩親學署，雍雍色養，年雖五十，有孺子之慕。嘗客他所，忽心痛驟歸，母病危甚，乃悉心奉湯藥，衣不解帶者數旬，母病遂愈。逮丁內外艱，水漿不入口。旣斂，枕苫、啜粥，哭泣之哀，震動鄰里。居喪蔬食五年，出就外寢，以哀毁過情卒，年五十有五。

與同郡汪中爲文章道義交，中歿，撫其孤喜孫，賴以成立。武進臧庸常以說經之文請益，台拱善之。恤其窮，賙其困，飲食教誨，十七年如一日，庸心感焉。台拱慕黃叔度之爲人，王昶稱其有曾、閔之孝。著有論語駢枝、經傳小記、國語補校、荀子補注、方言補校、淮南子補校、漢學拾遺、文集，都爲端臨遺書凡八卷。

同邑朱彬，字武曹。乾隆六十年舉人。彬幼有至行，年十一喪母，哀戚如成人。長丁父憂，斂葬盡禮，三年蔬食居外。自少至老，好學不厭。承其鄉王懋竑經法，與外兄劉台拱互相切磋。每有所得，輒以書札往來辨難，必求其是而後已。於訓詁、聲音、文字之學，用力尤深。著有經傳考證八卷，禮記訓纂四十九卷，虎觀諸儒所論議，鄭志弟子之問答，以及魏、晉以降諸儒之訓釋，書鈔、通典、御覽之涉是書者，一以注疏爲主，擷其精要，緯以古今諸說。其附以己意者，皆援據精碻，發前人所未發。他著有游道堂詩文集四卷。道光十四年，卒，年八十有二。子士彥，吏部尙書，自有傳。

孔廣森，字衆仲，曲阜人，孔子六十八代孫，襲封衍聖公傳鐸之孫，戶部主事繼汾之子。乾隆三十六年進士，選翰林院庶吉士，散館授檢討。年少入官，性淡泊，躭著述，不與要人通謁。告養歸，不復出。及居大母與父喪，竟以哀卒，時乾隆五十一年，年三十五。

廣森聰穎特達，嘗受經戴震、姚鼐之門，經、史、小學，沉覽妙解。所學在公羊春秋，嘗以左氏舊學湮於征南，穀梁本義汨於武子。王祖游謂何休志通公羊，往往爲公羊疢病。其餘啖助、趙匡之徒，又橫生義例，無當於經，唯趙汸最爲近正。何氏體大思精，然不無承訛卒臆。於是旁通諸家，兼采左、穀，擇善而從，著春秋公羊通義十一卷，序一卷。凡諸經籍義有可通於公羊者，多著錄之。

其不同於解詁者，大端有數事：謂古者諸侯分土而守，分民而治，有不純臣之義，故各得紀年於其境內。而何劭公謂唯王者然後改元立號，經書元年，爲託王於魯，則自蹈所云反傳違戾之失。其不同一也。謂春秋分十二公而爲三世，舊說「所傳聞之世」，隱、桓、莊、閔、僖也；「所聞之世」，文、宣、成、襄也；「所見之世」，昭、定、哀也。顏安樂以爲：襄公二十三年「邾婁鼻我來奔」，云「邾婁無大夫，此何以書？以近書也」；又昭公二十七年「邾婁快來奔」，傳云「邾婁無大夫，此何以書？以近書也」：二文不異，同宜一世，故斷自孔子生後，卽爲「所見之世」，從之。其不同二也。謂桓十七年經無夏，二家經皆有夏，獨公羊脫耳。何氏謂：「夏者陽也，月者陰也，去夏者，明夫人不繫於公也。」所不敢言。其不同三也。謂春秋上本天道，中用王法，而下理人情。天道者：一曰時，二曰月，三曰日。王法者：一曰譏，二曰貶，三曰絕。人情者：一曰尊，二曰親，三曰賢。此三科九旨。而何氏文謚例云：「三科九旨者，新周故宋，以春秋當新王，此一科三旨也。」又云：「所見異辭，所聞異辭，所傳聞又異辭。」二科六旨也。又「內其國而外諸夏，內諸夏而外夷狄，是三科九旨也」。其不同四也。他如何氏所據間有失者，多所裨損，以成一家之言。又謂左氏之事詳，公羊之義長，春秋重義不重事。皆好學深思，心知其意。其爲說能融會貫通，使是非之旨不謬於聖人大旨，見自序中。儀徵阮元謂讀其書始知聖志之所在。

又著有大戴禮記補注十四卷，詩聲類十三卷，禮學巵言六卷，經學巵言六卷，少廣正負術內外篇六卷。駢體兼有漢、魏、六朝、初唐之勝，江都汪中讀之，歎爲絕手。然廣森不自足，作堂於其居，名曰「儀鄭」，自庶幾於康成。桐城姚鼐謂其將以孔子之裔傳孔子之學，雖康成猶不足以限之。惜奔走家難，勞思夭年，不充其志，藝林有遺憾焉。

邵晉涵，字二雲，餘姚人。乾隆三十六年進士，歸班銓選。會開四庫館，特詔徵晉涵及歷城周永年、休寧戴震、仁和余集等入館編纂，改翰林院庶吉士，授編修。四十五年，充廣西鄉試正考官。五十六年，大考遷左中允。擢侍講學士，充文淵閣直閣事日講起居注官。

晉涵左目眚，清羸。善讀書，四部、七錄，靡不研究。嘗謂爾雅者，六藝之津梁，而邢疏淺陋不稱；乃別爲正義二十卷，以郭璞爲宗，而兼采舍人、樊、劉、李、孫諸家，郭有未詳者，摭他書附之。自是承學之士，多舍邢而從邵。

尤長於史，以生在浙東，習聞劉宗周、黃宗羲諸緒論，說明季事，往往出於正史之外。

在史館時，見永樂大典采薛居正五代史，乃薈萃編次，得十之八九，復采册府元龜、太平御覽諸書，以補其缺。並參考通鑑長編諸史及宋人說部、碑碣，辨證條繫，悉符原書一百五十卷之數。書成，呈御覽，館臣請仿劉昫舊唐書之例列於廿三史，刊布學宮，詔從之。由是薛史與歐陽史並傳矣。嘗謂宋史自南渡後多謬，慶元之間，褒貶失實，不如東都有王偁事略也。欲先輯南都事略，使條貫粗具，詞簡事增，又欲爲趙宋一代之志，俱未卒業。其後鎮洋畢沅爲續宋、元通鑑，囑晉涵刪補考定，故其緒餘稍見於審正續通鑑中。

晉涵性狷介，不爲要人屈。嘗與會稽章學誠論修宋史宗旨，晉涵曰：「宋人門戶之習，語錄庸陋之風，誠可鄙也。然其立身制行，出於倫常日用，何可廢耶？士大夫博學工文，雄出當世，而於辭受取與、出處進退之間，不能無簞豆萬鐘之擇。本心旣失，其他又何議焉！此著宋史之宗旨也。」學誠聞而聳然。他著有孟子述義、穀梁正義、韓詩內傳考，並足正趙岐、范甯及王應麟之失，而補其所遺。又有皇朝大臣謚迹錄、方輿金石編目、輶軒日記、南江詩文藁。嘉慶元年，卒，年五十有四。

周永年，字書昌，歷城人。博學貫通，爲時推許。乾隆三十六年進士，與晉涵同徵修四庫書，改翰林院庶吉士，授編修。四十四年，充貴州鄉試副考官。永年在書館好深沉之思，四部兵、農、天算、術數諸家，鉤稽精義，褒譏悉當，爲同館所推重。見宋、元遺書湮沒者多見采於永樂大典中，於是抉摘編摩，自永新劉氏兄弟公是、公非集以下，凡得十餘家，皆前人所未見者，咸著於錄。又以爲釋、道有藏，儒者獨無。乃開借書園，聚古今書籍十萬卷，供人閱覽傳鈔，以廣流傳。惜永年歿後，漸就散佚，則未定經久之法也。

王念孫，字懷祖，高郵州人。父安國，官吏部尚書，謚文肅，自有傳。八歲讀十三經畢，旁涉史鑑。高宗南巡，以大臣子迎鑾，獻文册，賜舉人。乾隆四十年進士，選翰林院庶吉士，散館，改工部主事。升郎中，擢陝西道御史，轉吏科給事中。嘉慶四年，仁宗親政，時川、楚教匪猖獗，念孫陳剿賊六事，首劾大學士和珅，疏語援據經義，大契聖心。是年授直隸永定河道。六年，以河隄漫口罷，特旨留督辦河工。工竣，賞主事銜。河南衡家樓河決，命往查勘，又命馳赴臺莊治河務。尋授山東運河道，在任六年，調永定河道。會東河總督與山東巡撫以引黃利運異議，召入都決其是非。念孫奏引黃入湖，不能不少淤，然暫行無害，詔許之。已而永定河水復異漲，如六年之隘，念孫自引罪，得旨休致。道光五年，重宴鹿鳴，卒，年八十有九。

念孫故精熟水利書，官工部，著導河議上下篇。及奉旨纂河源紀略，議者或誤指河源所出，念孫力辨其譌，議乃定，紀略中辨譌一門，念孫所撰也。既罷官，日以著述自娛，著讀書雜志，分逸周書、戰國策、管子、荀子、晏子春秋、墨子、淮南子、史記、漢書、漢隸拾遺，都八十二卷。於古義之晦，於鈔之誤寫，校之妄改，皆一一正之。一字之證，博及萬卷，其精於校讎如此。

初從休寧戴震受聲音文字訓詁，其於經，熟於漢學之門戶，手編詩三百篇、九經、楚辭之韻，分古音爲二十一部。於支、脂、之三部之分，段玉裁六書音均表亦見及此，其分至、祭、盍、輯爲四部，則段書所未及也。念孫以段書先出，遂輟作。

又以邵晉涵先爲爾雅正義，乃撰廣雅疏證。日三字爲程，閱十年而書成，凡三十二卷。其書就古音以求古義，引伸觸類，擴充於爾雅、說文，無所不達。然聲音文字部分之嚴，一絲不亂。蓋藉張揖之書以納諸說，而實多揖所未知，及同時惠棟、戴震所未及。

嘗語子引之曰：「詁訓之旨，存乎聲音，字之聲同、聲近者，經傳往往假借。學者以聲求義，破其假借之字而讀本字，則渙然冰釋。如因假借之字强爲之解，則結籥不通矣。毛公詩傳多易假借之字而訓以本字，已開改讀之先。至康成箋詩注禮，屢云某讀爲某，假借之例大明。後人或病康成破字者，不知古字之多假借也。」又曰：「說經者，期得經意而已，不必墨守一家。」引之因推廣庭訓，成經義述聞十五卷，經傳釋辭十卷，周秦古字解詁，字典考證。論者謂有清經術獨絕千古，高郵王氏一家之學，三世相承，與長洲惠氏相埒云。

引之，字伯申。嘉慶四年一甲進士，授編修。大考一等，擢侍講。歷官至工部尚書。福建署龍溪令朱履中誣布政使李賡芸受賕，總督汪志伊、巡撫王紹蘭劾之。對簿無佐證，而持之愈急。賡芸不堪，遂自經。命引之讞之，平反其獄，罷督撫官。爲禮部侍郎時，有議爲生祖母承重丁憂三年者，引之力持不可。會奉使去，持議者遽奏行之。引之還，疏陳庶祖母非祖敵體，不得以承重論。緣情，卽終身持服不足以報罔極；制禮，則承重之義，不能加於支庶。請復治喪一年舊例，遂更正。道光十四年，卒，謚文簡。

同州李惇，字成裕。乾隆四十五年進士。惇與同縣王念孫、賈田祖同力於學。始爲諸生，爲學使謝墉所賞。將選拔貢，會田祖卒於旅舍，惇經營殯事，不與試，墉歎爲古人。江藩好詆訶前人，惇謂之曰：「王子雍若不作聖證論以攻康成，豈非醇儒？」其面規人過如此。著有羣經識小八卷，考諸經古義二百二十餘事，多前人所未發。四十九年，卒，年五十一。

田祖，字稻孫。諸生。通左氏春秋，有春秋左氏通解。

宋綿初，字守端，亦高郵人。乾隆四十二年拔貢生，官五河、淸河訓導。邃深經術，長於說詩，著韓詩內傳徵四卷。又有釋服二卷。

汪中，字容甫，江都人。生七歲而孤，家貧不能就外傅。母鄒，授以四子書。稍長，助書賈鬻書於市，因徧讀經、史、百家，過目成誦，遂爲通人。年二十，補諸生。乾隆四十二年拔貢生，提學使者謝墉，每試別置一榜，署名諸生前。嘗曰：「余之先容甫，爵也。若以學，當北面事之。」其敬中如此。以母老竟不朝考。五十一年，侍郞朱珪主江南試，謂人曰：「吾此行必得汪中爲選首。」不知其不與試也。

中顓意經術，與高郵王念孫、寶應劉台拱爲友，共討論之。其治尚書，有尚書考異。治禮，有儀禮校本，大戴禮記校本。治春秋，有春秋述義。治小學，有爾雅校本，及小學說文求端。中嘗謂國朝古學之興，顧炎武開其端。河、洛矯誣，至胡渭而絀。中、西推步，至梅文鼎而精。力攻古文者，閻若璩也。專治漢易者，惠棟也。凡此皆千餘年不傳之絕學，及戴震出而集其大成。擬作六儒頌，未成。

又嘗博考先秦古籍三代以上學制廢興，使知古人所以爲學者。凡虞、夏第一，周禮之制第二，周衰列國第三，孔門第四，七十子後學者第五。又列通論、釋經、舊聞、典籍、數典、世官，目錄凡六。而自題其端曰：「觀周禮太史云云，當時行一事則有一書，其後執書以行事，又其後則事廢而書存。至宋儒以後，則並其書之事而去之矣。」又曰：「有官府之典籍，有學士大夫之典籍，故老之傳聞。行一事有一書，傳之後世，奉以爲成憲，此官府之典籍也。先王之禮樂政事，遭世之衰廢而不失，有司徒守其文，故老能言其事。好古之君子，憫其浸久而遂亡也，而書之簡畢，此學士大夫之典籍也。」又曰：「古之爲學士者，官師之長，但敎之以其事，其所誦者詩書而已。其他典籍，則皆官府藏而世守之，民間無有也。苟非其官，官亦無有也。其所謂士者，非王侯公卿大夫之子，則一命之士，外此則鄉學、小學而已。自辟雍之制無聞，太史之官失守，於是布衣有授業之徒，草野多載筆之士。敎學之官，記載之職，不在上而在下。及其衰也，諸子各以其學鳴，而先王之道荒矣。然當諸侯去籍，秦政焚書，有司所掌，蕩然無存。猶賴學士相傳，存其一二，斯不幸中之幸也。」又曰：「孔子所言，則學士所能爲者，留爲世敎。若其政敎之大者，聖人無位，不復以敎子弟。」又曰：「古人學在官府，人世其官，故官世其業。官旣失守，故專門之學廢。」其書藁草略具，亦未成。後乃卽其考三代典禮及文字訓詁、名物象數，益以論撰之文，爲述學內、外篇，凡六卷。

其有功經義者，則有若釋三九，婦人無主答問，女子許嫁而壻死從死及守志議，居喪釋服解義。其表章經傳及先儒者，則有若周官徵文，左氏春秋釋疑，荀卿子通論，賈誼新書序。其他考證之文，亦有依據。

中又熟於諸史地理，山川阨要，講畫瞭然，著有廣陵通典十卷，秦蠶食六國表，金陵地圖考。生平於詩文書翰無所不工，所作廣陵對、黃鶴樓銘、漢上琴臺銘，皆見稱於時。他著有經義知新記一卷，大戴禮正誤一卷，遺詩一卷。五十九年，卒，年五十一。

中事母以孝聞，左右服勞，不辭煩辱。居喪，哀戚過人，其於知友故舊，沒後衰落，相存問過於從前。道光十一年，旌孝子。中子喜孫，自有傳。同郡人爲漢學者，又有江德量、徐復、汪光爔。

德量，字量殊，江都人。父恂，好金石文字。伯父昱，通聲音訓詁之學。德量少承家學，及長，與汪中友，勵志肄經，學益進。乾隆四十四年一甲進士，授翰林院編修，改江西道御史。居朝多識舊聞，博通掌故。公餘鍵戶，以文籍自娛。著有古泉志三十卷。五十八年，卒，年四十二。

復，字心仲，亦江都人。通九章算術。

光爔，字晉蕃，儀徵人。廩生。博通經史，嘗辨惠氏易爻辰圖之謬，又作荑稗釋，時人服其精核。

武億，字虛谷，偃師人。父紹周，進士，官吏部郎中。億居父母喪，哀痛毀瘠，以讀書自勵。時伊、洛溢，屋圮，架洿以居，斧朽木燎寒，誦讀不輟。已，復從大興朱筠遊，益爲博通之學。乾隆四十五年進士，五十六年，授山東博山縣知縣。縣山多土瘠，民不務農。地產石炭、石礬，燒作玻璃器皿，商賈輻輳。億問土俗利病，免玻璃入貢，革煤炭供饋，里馬草豆不以累民。創范泉書院，進其秀者與之講敦倫理，務實學。而決辭無留獄，禱雨卽沛。有以賄干者，未敢進，億廉知之，值迅雷，曰：「汝不聞雷聲乎？吾矢禱久矣。」賄者惶悚而止，與情大洽。

五十七年，大學士和珅領步軍統領事，聞妄人言山東逆匪王倫未定死，密遣番役四出蹤跡之。於是番役頭目杜成德等十一人橫行州縣，入博山境，手鐵尺飲博，莫敢誰何，億悉執之，成德尤倔强，按法痛杖之。喧傳其事者曰：「億鹵莽刑無罪，將累上官。」巡撫吉慶遂以濫責平民劾罷之，而不直書其事。億蒞任僅七月，及去，民攜老弱千餘人走大府乞留「我好官」，不可得，則日爲運致薪米，門如市焉。吉慶亦感動，因入覲，偕億行，爲籌捐復。大學士、公阿桂謂吉慶曰：「例禁番役出京畿，奈何責縣令按法之非，且隱其實而劾强項吏，何也？」吉慶深自悔，而格於部議，遂歸。嘉慶四年十月，仁宗諭朝臣密舉京、外各員內操守端潔、才猷幹濟、於平日居官事蹟可據者，得赴部候旨召用，億在所舉中。十一月，縣令捧檄至門，而億先以十月卒矣，年五十有五。

億學問醰粹，於七經注疏、三史、涑水通鑑，皆能闇誦。既罷官，貧不能歸，所至以經史訓詁教授生徒。勇於著錄，有羣經義證七卷，經讀考異九卷，金石三跋十卷，金石文字續跋十四卷，偃師金石記四卷，安陽金石錄十三卷。又有三禮義證、授堂劄記、詩文集等書，皆旁引遠徵，遇徵罅，輒剖抉精蘊，比辭達意，以成一例。大興朱珪稱億不愧好古遺直云。

莊述祖，字葆琛，武進人。世父存與，官禮部侍郎，自有傳。述祖，乾隆四十五年進士，官山東濰縣知縣。明暢吏治，刑獄得中，豪猾斂跡。嘗勘鹻地，衆以爲斥鹵也，述祖指路旁草問何名，曰馬帚。述祖笑曰：「此於經名荓，夏正『荓秀』記時，凡沙土草荓者宜禾，何謂鹻？」衆皆服。甲寅，以卓異引見，還，擢授桃源同知。不一月，乞養歸。著書色養者十六年，未嘗一日離左右。二十一年，卒。

述祖傳存與之學，研求精密，於世儒所忽不經意者，覃思獨闢，洞見本末。著述皆義理宏達，爲前賢未有。以爲連山亡而尚存夏小正，歸藏亡而尚有倉頡古文，略可稽求義類。故著夏小正經傳考釋，以斗柄南門織女記天行之不變，以參中大中記日度之差，以二月丁卯知夏時，以正月甲寅啓蟄爲曆元，歲祭爲郊，萬用入學爲禘。著古文甲乙篇，謂許叔重始一終亥，偏旁條例所由出，日辰幹支，黃帝世大撓所作，沮誦、蒼頡名之以易結繩，伏羲畫八卦作十言之教之後，以此三十二類爲正名百物之本。故歸藏爲黃帝易，就許氏偏旁條例，以幹支別爲序次，凡許書所存及見於金石文字者，分別部居，書未竟，而條理粗具。其餘五經，悉有撰著。旁及逸周書、尚書大傳、史記、白虎通，於其舛句訛字，佚文脫簡，易次換弟，草薙腋補，咸有證據，無不疏通，曠然思慮之表，若面稽古人而整比之也。所著夏小正經傳考釋十卷，尚書今古文考證七卷，毛詩考證四卷，毛詩周頌口義三卷，五經小學述二卷，歷代載籍足徵錄一卷，弟子職集解一卷，漢鐃歌句解一卷，石鼓然疑一卷，文鈔七卷，詩鈔二卷。

存與孫綬甲，字卿珊。盡通家學，尤爲述祖所愛重。著尚書考異三卷，釋書名一卷。同族莊有可，字大久。勤學力行，老而彌篤。取諸注、傳，精研義理，句櫛字比，合諸儒之書以正其是非，而自爲之說。於易、書、詩、禮、春秋皆有撰述，凡四十二種，四百三十餘卷。

戚學標，字鶴泉，太平人。幼從天台齊召南遊，稱高第。高宗巡江、浙，學標獻南巡頌。乾隆四十五年，成進士，官河南涉縣知縣。縣苦關布徵，學標請於大府得減額。權林縣，有兄弟爭產者，集李白句爲斗粟謠以諷，皆感悔。性强項，多與上官齟齬，卒以是罷。後改寧波教授，未幾歸，從事撰述。

精考證，著漢學諧聲二十三卷、總論一卷。用說文以明古音，謂六書之學，三曰形聲，聲不離形，形者聲之本也。而聲又隨乎氣，氣有陰有陽，故一字之音，或從陰，或從陽，或陽而陰，或陰而陽，或陰陽各造其偏。昔人知其然，故但以某聲者明字音所出，以耑其本。以讀若某設爲譬況之詞，使人依類而求。卽離絕遠去，而因此聲之本以究此聲之變，無患其不合。說文從某某聲，從某某亦聲，從某某省聲，從某讀若某，從某讀與某某同，並二端兼舉。聲音之學，莫備於此。後人惑於徐氏所附孫愐音切，不究本讀，而一二宿儒言古音如吳棫、陳第、顧炎武、江永之流，亦第就韻書辨析。不知說文形聲相繫，韻書就聲言聲；說文聲氣相求，韻書祇論同聲之應。其部居錯雜分合，類出肊見。學者苟趣其便，衷於一讀。且狃於平上去入之界之不可移易，諧聲之法廢，而說文之學晦矣。其書論聲一本許氏，由本聲以推變聲，既列本注，旁搜古讀以爲之證。末附說文補考二卷，多辨正二徐謬誤。

又有毛詩證讀若干卷，詩聲辨定陰陽譜四卷，四書偶談四卷，內外篇二卷，字易二卷，鶴泉文鈔二卷。

江有誥，字晉三，歙縣人。通音韻之學，得顧炎武、江永兩家書，嗜之忘寢食。謂江書能補顧所未及，而分部仍多罅漏，乃析江氏十三部爲二十一，與戴震、孔廣森多暗合。書成，寄示段玉裁，玉裁深重之，曰：「余與顧氏、孔氏皆一於考古，江氏、戴氏則兼以審音。晉三於前人之說擇善而從，無所偏徇，又精於呼等字母，不惟古音大明，亦使今韻分爲二百六部者得其剖析之故，韻學於是大備矣。」著有詩經韻讀、羣經韻讀、楚辭韻讀、先秦韻讀、漢魏韻讀、唐韻四聲正、諧聲表、入聲表、二十一部韻譜、唐韻再正、唐韻更定部分，總名江氏音學十書，王念孫父子胥服其精。晚歲著說文六書錄、說文分韻譜。道光末，室災，焚其稿。有誥老而目盲，鬱鬱遂卒。

陳熙晉，原名津，字析木，義烏人。優貢生。以教習官貴州開泰、龍里、普定知縣，仁懷同知，擢湖北宜昌府知府。權開泰時，教匪蔣昌華擾黎平，將興大獄，熙晉縛其渠而貸諸脅從，全活無算。龍里民以釘鞵殺人，已誣服，而兇驗不合，心疑焉。一日，方慮囚，見叢人中有曳釘鞵竊睨者，命執而鞫之，痕宛合，遂款服。普定俗糾聚相雄長，號其魁曰「牛叢」。其獲盜，不謁之官，輒積薪焚殺之。先是有挾讎焚三尸者，吏不敢捕。熙晉期必得，重繩以法，風頓革。其守宜昌也，楚大水，流民聚宜昌，畢力撫綏，繕城垣，以工代賑。會秩滿將行，爲留六閱月，蕆其事。送者數千人，皆泣下。乞養歸，未幾卒。

熙晉邃於學，積書數萬卷，訂疑糾謬，務窮竟原委，取裁精審。嘗謂杜預解左氏有三蔽，劉光伯規之，而書久佚。惟正義引一百七十三事，孔穎達皆以爲非，乃刺取經史百家及近儒著述，以明劉義。其杜非而劉是者申之，杜是而劉非者釋之，杜、劉兩說義俱未安，則證諸羣言，斷以己意，成春秋規過考信九卷。又謂隋經籍志載光伯左氏述義四十卷，不及規過，據孔穎達序稱習杜義而攻杜氏，疑規過卽在述義中。舊唐書經籍志載述義三十七卷，較隋志少三卷，而多規過三卷，此其證也。正義於規杜一百七十三事外，又得一百四十三事，蓋皆述義之文。其異杜者三十事，駁正甚少。殆唐初奉敕删定，著爲令典，黨同伐異，勢會使然。乃參稽得失，援據羣言，成春秋述義拾遺八卷。

他著有古文孝經述義疏證五卷，帝王世紀二卷，貴州風土記三十二卷，黔中水道記四卷，宋大夫集箋注三卷，駱臨海集箋注十卷，日損齋筆記考證一卷，文集八卷，征帆集四卷。

李誠，字靜軒，黃巖人。嘉慶十八年拔貢生，官雲南姚州州判，終順寧知縣。撰十三經集解二百六十卷，首臚漢、魏諸家之說，次采近人精確之語，而唐、宋諸儒之徵實者亦不廢焉。嘗謂記水之書，自酈道元下，代不乏人，而言山者無成編，乃作萬山綱目六十卷。又水道提綱補訂二十八卷，宦游日記一卷，微言管窺三十六卷，醫家指迷一卷。

丁杰，原名錦鴻，字升衢，歸安人。乾隆四十六年進士，官寧波府學教授。杰純孝誠篤，嘗奔走滇南迎父柩歸葬。少家貧，就書肆中讀。肆力經史，旁及說文、音韻、算數。初至都，適四庫館開，任事者延之佐校，遂與朱筠、戴震、盧文弨、金榜、程瑤田等相講習。

杰爲學長於校讎，與盧文弨最相似。得一書必審定句讀，博稽他本同異。於大戴禮用功尤深，著有大戴禮記繹。又易鄭注久佚，宋王應麟裒輯成書，惠棟復有增入。杰審視兩本，以爲多羼入鄭氏易乾鑿度注，又漢書注所云鄭氏，乃卽注漢書之人，非康成。乃刊其譌，定其是，復摘補其未備，著周易鄭注後定凡十二卷。胡渭禹貢錐指號爲絕學，杰摘其誤甚多。嘗謂緯書「移河爲界，在齊呂塡閼八流以自廣」。河患之棘，由九河堙廢，而害始於齊。管仲能臣，必不自貽伊戚。班固敍溝洫志云：「商竭周移，秦決南涯，自茲距漢，北亡八支。」則九河之塞，當在秦、楚之際矣。惠棟尙書大傳輯本，杰以爲疏舛，如「鮮度作刑，以詰四方」，誤讀困學紀聞，此謬之甚者。五行傳文不類，讀後漢書注，始知誤連皇覽也。杰嘗與翁方綱補正朱彝尊經義考序年月，博采見聞，以相證合。又與許言彥闡繹墨子上、下經，大有端緒。方言善本，始於戴震，杰采獲裨益最多，盧文弨以爲不在戴下。漢隸字原考正，錢塘謂得隸之義例。

杰又言字母三十六字不可增併，不可顚倒：見、端、知、邦、非、精、照爲孤清，不可增濁聲也；疑、泥、孃、明、微、來、日爲孤濁，不可增清聲也；非卽邦之輕脣，不可併於敷；微卽明之輕脣，不可併於奉；影爲曉之深喉，喩爲匣之深喉，曉、匣、影、喩不可顚倒爲影、曉、喩、匣也。所著書有小酉山房文集，嘉慶十二年，卒，年七十。

子授經，嘉慶三年優貢；傳經，六年優貢。皆能世其家學，有「雙丁」之目。授經佐其友嚴可均造甲乙丙丁長編，以校定說文。

周春，字松靄，海寧人。乾隆十九年進士，官廣西岑溪縣知縣。革陋規，幾微不以擾民，有古循吏風。以憂去官，岑溪人構祠祀焉。嘉慶十五年，重赴鹿鳴。二十年，卒，年八十七。春博學好古，兩親服闋，年未五十，不謁選。著十三經音略十三卷，專考經音，以陸氏釋文爲權輿，參以玉篇、廣均、五經文字諸書音，字必審音，音必歸母，謹嚴細密，絲毫不假。他著又有中文孝經一卷，爾雅補注四卷，小學餘論二卷，代北姓譜二卷，遼金元姓譜一卷，遼詩話一卷，選材錄一卷，杜詩雙聲疊韻譜括略八卷。

孫星衍，字淵如，陽湖人。少與同里楊芳燦、洪亮吉、黃景仁文學相齊。袁枚品其詩，曰「天下奇才」，與訂忘年交。星衍雅不欲以詩名，深究經、史、文字、音訓之學，旁及諸子百家，皆必通其義。乾隆五十二年，以一甲進士授翰林院編修，充三通館校理。五十四年，散館，試厲志賦，用史記「匔匔如畏」，大學士和珅疑爲別字，置三等改部。故事，一甲進士改部，或奏請留館，又編修改官可得員外，前此吳文煥有成案。珅示意欲使往見，星衍不肯屈節，曰：「主事終擢員外，何汲汲求人爲？」自是編修改主事遂爲成例。

官刑部，爲法寬恕，大學士阿桂、尙書胡季堂悉器重之。有疑獄，輒令依古義平議，所平反全活甚衆。退直之暇，輒理舊業。洊升郎中。六十年，授山東兗沂曹濟道。

嘉慶元年七月，曹南水漫灘潰，決單縣地，星衍與按察使康基田鳩工集夫，五日夜，從上游築隄遏禦之，不果決。基田謂此役省國家數百萬帑金也。尋權按察使，凡七閱月，平反數十百條，活死罪誣服者十餘獄。濰縣有武人犯法，賄和珅門，囑託大吏。星衍訪捕鞫之，械和門來者於衢。及回本任，值曹工漫溢，星衍以無工處所得疏防咎，特旨予留任。曹工分治引河三道，星衍治中段。畢工，較濟東道、登萊道上下段省三十餘萬。先是河工分賠之員或得羨餘，謂之扣費，星衍不取，悉以給引河工費。時曹工尚未合，河督、巡撫亟奏合龍，移星衍任，尋又奏稱合而復開。開則分賠兩次壩工銀九萬兩，當半屬後任，而司事者並以歸星衍。星衍亦任之，曰：「吾旣兼河務，不能不爲人受過也。」

四年，丁母憂歸，浙撫阮元聘主詁經精舍。星衍課諸生以經史疑義及小學、天部、地理、算學、詞章，不十年，舍中士皆以撰述名家。服闋入都，仍發山東，十年，補督糧道。十二年，權布政使。值侍郎廣興在省，按章供張煩擾，星衍不肯妄支。後廣以賄敗，豫、東兩省多以支庫獲罪，星衍不與焉。十六年，引疾歸。

星衍博極羣書，勤於著述。又好聚書，聞人家藏有善本，借鈔無虛日。金石文字，靡不考其原委。嘗病古文尚書爲東晉梅賾所亂，官刑部時，卽集古文尚書馬鄭注十卷、逸文二卷。歸田後，又爲尙書今古文注疏三十九卷，其序例云：「尙書古注散佚，今刺取書傳升爲注者五家三科之說：一，司馬遷從孔氏安國問故，是古文說；一，書大傳伏生所傳歐陽高、大夏侯勝、小夏侯建，是今文說；一，馬氏融、鄭氏康成雖有異同，多本衞氏宏、賈氏逵，是孔壁古文說：皆疏明出典。其先秦諸子所引古書說及緯書、白虎通等，漢、魏諸儒今文說、許氏說文所載孔壁古文，注中存其異文、異字，其說則附疏中。」其意在網羅放失舊聞，故錄漢、魏人佚說爲多，又兼采近代王鳴盛、江聲、段玉裁諸人書說。惟不取趙宋以來諸人注，以其時文籍散亡，較今代無異聞，又無師傳，恐滋臆說也。凡積二十二年而後成。

其他撰輯，有周易集解十卷，夏小正傳校正三卷，明堂考三卷，考注春秋别典十五卷，爾雅廣雅詁訓韻編五卷，魏三體石經殘字考一卷，孔子集語十七卷，晏子春秋音義二卷，史記天官書考證十卷，建立伏博士始末二卷，寰宇訪碑錄十二卷，金石萃編二十卷，續古文苑二十卷，詩文集二十五卷。二十三年，卒，年六十六。星衍晚年所著書，多付文登畢亨、嘉興李貽德爲卒其業。

亨，原名以田，字恬谿。初從休寧戴震游，精漢人古訓之學，尤長於書。星衍撰尙書今古文注疏，多采亨說，每稱以爲經學無雙。中嘉慶十二年舉人，道光六年，以大挑知縣分發江西，署安義縣。有兄殺胞弟案，亨執「不念鞠子哀，泯亂倫彝，刑茲無赦」義，不准援赦。大府怒，將劾之，會歙程恩澤重亨，事乃解。後補崇義，以積勞卒官，年且八十矣。著有九水山房文存二卷。

貽德，字次白。嘉慶二十三年舉人。館星衍所，相得甚歡。著春秋左氏解賈服注輯述二十卷。其書援引甚博，字比句櫛，於義有未安者，亦加駁難。雖使沖遠復生，終未敢專樹征南之幟而盡棄舊義也。又有詩考異、詩經名物考、周禮賸義、十七史考異、攬青閣詩鈔、夢春廬詞。

王聘珍，字貞吾，南城人。自幼以力學聞。乾隆五十四年，學使翁方綱拔貢成均，爲謝啓昆、阮元參訂古籍。嘗客浙西，與歙淩廷堪論學，廷堪深許之。爲人厚重誠篤，廉介自守。

治經確守後鄭之學，著大戴禮記解詁十三卷、目錄一卷。其言曰：「大戴與小戴同受業于后倉，各取孔壁古文說，非小戴删大戴、馬融足小戴也。禮察、保傅，語及秦亡，乃孔襄等所合藏。是賈誼有取於古記，非古記采及新書也。三朝記、曾子，乃劉氏分屬九流，非大戴所裒集也。」

又曰：「近代校讎，不知家法，王肅本點竄此經，私定孔子家語，反據肅本改易經文。又或據唐、宋類書如藝文類聚、太平御覽之流，增删字句，或云據永樂大典改某字作某。凡茲數端，率以今義繩古義，以今音證古音，以今文易古文，遂使孔壁古奧之經，變而文從字順，經義由茲而亡。」故其發凡大旨，禮典器數，墨守鄭義，解詁文字，一依爾雅、說文及兩漢經師訓詁。有不知而闕，無杜撰之言。如「五義」義字，據周禮注讀若儀，「五鑿」五字釋若忤，青史子引漢書「君子養之」，讀若「中心養養」之養。皆能根據經史，發蒙解惑。江都焦循稱其不爲增删，一仍其舊，列爲三十二讀書贊之一。他著經義考補，九經學。

凌廷堪，字次仲，歙縣人。六歲而孤，冠後始讀書，慕其鄉江永、戴震之學。乾隆五十五年進士，改教職，選寧國府學教授。奉母之官，畢力著述者十餘年。嘉慶十四年，卒，年五十三。

廷堪之學，無所不窺，於六書、曆算以迄古今疆域之沿革、職官之異同，靡不條貫。尤專禮學，謂：「古聖使人復性者學也，所學者卽禮也。顏淵問仁，孔子告之者惟禮焉爾，顏子歎道之高堅前後。迨『博文約禮』，然後『如有所立』，卽『立於禮』之立也。禮有節文度數，非空言理者可託。」著禮經釋例十三卷，謂：「禮儀委曲繁重，必須會通其例。如鄉飲酒、鄉射、燕禮、大射不同，而其爲獻酢酬旅、酬無算爵之例則同；聘禮、覲禮不同，而其爲郊勞執玉、行享庭實之例則同；特牲饋食、少牢饋食不同，而其爲尸飯主人初獻、主婦亞獻、賓長三獻、祭畢飲酒之例則同。」乃區爲八例，以明同中之異，異中之同：曰通例，曰飲食例，曰賓客例，曰射例，曰變例，曰祭例，曰器服例，曰雜例。禮經第十一篇，自漢以來說者雖多，由不明尊尊之旨，故罕得經意，乃爲封建尊尊服制考一篇，附於變例之後。大興朱珪讀其書，贈詩推重之。

廷堪禮經而外，復潛心於樂，謂今世俗樂與古雅樂中隔唐人燕樂一關，蔡季通、鄭世子輩俱未之知。因以隋沛公鄭譯五旦、七調之說爲燕樂之本，又參考段安節琵琶錄、張叔夏詞源、遼史樂志諸書，著燕樂考原六卷。江都江藩歎以爲「思通鬼神」。他著有元遺山年譜二卷，校禮堂文集三十六卷、詩集十四卷。儀徵阮元常命子常生從廷堪授士禮，又稱其鄉射五物考、九拜解、九祭解、釋牲、詩楚茨考諸說經之文，多發古人所未發。其尤卓然者，則復禮三篇云。

同邑洪榜，字汝登。乾隆二十三年舉人。四十一年，應天津召試第一，授內閣中書。卒，年三十有五。粹於經學，著明象未成，終於益卦。因鄭康成易贊作述贊二卷。又明聲均，撰四聲均和表五卷，示兒切語一卷。江氏永切字六百十有六，是書增補百三十九字，又以字母見、溪等字注於廣韻之目每字之上，以定喉、吻、舌、齒、脣五音，蓋其書宗江、戴二家之說而加詳焉。爲人律身以正，待人以誠。生平服膺戴震。戴震所著孟子字義疏證，當時讀者不能通其義，惟榜以爲功不在禹下。撰震行狀，載與彭紹升書，朱筠見之曰：「可不必載，戴氏可傳者不在此。」榜乃上書辨論。江藩在吳下見其書，歎曰：「洪君可謂衞道之儒矣。」

汪龍，字辰叔，亦廷堪同邑人。乾隆五十一年舉人。嗜古博學，尤精於詩，嘗讀詩生民、玄鳥二篇，疑鄭箋迹乳卵生之說，不若毛詩謂姜嫄、簡狄從帝嚳祀郊禖之正。遂稽傳、箋同異，用力於是經者數十年，成毛詩異義四卷，毛詩申成十卷。卒，年八十二。

桂馥，字冬卉，曲阜人。乾隆五十五年進士，選雲南永平縣知縣，卒於官。

馥博涉羣書，尤潛心小學，精通聲義。嘗謂：「士不通經，不足致用；而訓詁不明，不足以通經。」故自諸生以至通籍，四十年間，日取許氏說文與諸經之義相疏證，爲說文義證五十卷。力窮根柢，爲一生精力所在。

馥與段玉裁生同時，同治說文，學者以桂、段並稱，而兩人兩不相見，書亦未見，亦異事也。蓋段氏之書，聲義兼明，而尤邃於聲；桂氏之書，聲亦並及，而尤博於義。段氏鉤索比傅，自以爲能冥合許君之旨，勇於自信，自成一家之言，故破字創義爲多；桂氏專佐許說，發揮旁通，令學者引申貫注，自得其義之所歸。故段書約而猝難通闢，桂書繁而尋省易了。夫語其得於心，則段勝矣；語其便於人，則段或未之先也。其專臚古籍，不下己意，則以意在博證求通，展轉孳乳，觸長無方，亦如王氏廣雅疏證、阮氏經籍籑詁之類，非以己意爲獨斷者。

及馥就官滇南，追念舊聞，隨筆疏記十卷，以其細碎，比之匠門木材，題曰札樸。然馥嘗引徐幹中論：「鄙儒博學，務於物名，詳於器械，考於訓詁，摘其章句而不能統其大義之所極，以獲先王之心。故使學者勞思慮而不知道，費日月而無功成。」謂近日學者風尚六書，動成習氣，偶涉名物，自負倉、雅，略講點畫，妄議斯、冰，叩以經典大義，茫乎未之聞也。此尤爲同時小學家所不能言，足以鍼肓起廢。他著有晚學集十二卷。

許瀚，字印林，日照人。道光十五年舉人，官嶧縣教諭。博綜經史及金石文字，訓詁尤深。至校勘宋、元、明本書籍，精審不減黃丕烈、顧廣圻。晚年爲靈石楊氏校刊桂馥說文義證於清河，甫成而板燬於捻寇，並所藏經籍金石俱盡，遂悒鬱而歿，年七十。他著有韓詩外傳勘誤，攀古小廬文。

江聲，字叔澐，元和人。七歲就傅讀書，問讀書何爲，師以取科第爲言，聲求所以進於是者。年二十九，遭父疾，晨夕侍牀褥，不解衣帶，至自滌褻器，視穢以驗疾進退。及居憂，哀毀骨立，逾三年，容戚然如新喪者。侍母疾，居喪，亦如父歿時。族黨哀其至行。既孤，因不復事科舉業。

讀尚書，怪古文與今文不類。又怪孔傳非安國所爲。年三十五，師事同郡通儒惠棟，得讀所著古文尚書考及閻若璩古文疏證，乃知古文及孔傳皆晉時人僞作，於是集漢儒之說，以注二十九篇，漢注不備，則旁考他書。精研古訓，成尚書集注音疏十二卷，附補誼九條、識僞字一條，尚書集注音疏前後述外編一卷，尚書經師系表也。經文注疏，皆以古篆書之。疑僞古文者，始於宋之吳才老，朱子以後，吳草廬、郝京山、梅鷟皆不能得其要領。至本朝閻、惠兩徵君所著之書，乃能發其作僞之跡、剿竊之原。若刊正經文，疏明古注，則皆未之及也，及聲出而集大成焉。

聲又病後世深求考老轉注之義，至以篆迹求之，因爲六書說，謂建類一首，卽始一終亥五百四十部之首，同意相受，卽凡某之屬皆從某也。陽湖孫星衍亦推其說，以爲爾雅肇、祖、元、胎之屬，始也。始亦建類一首，肇、祖、元、胎皆爲始，亦同意相受。說文此類亦甚多，推考老之訓，如口部之咽，嗌也；嗌，咽也。走部之走，趨也；趨，走也。猶之考注老，老轉注考矣。其同在口部、走部，卽建類一首也。聲亦以爲然，而戴震以爲貫全部則義太廣。聲折之曰：「若止考老爲轉注，不已隘乎？且諧聲一義，不貫全部乎？」聲與震以學問相推重，其不相附和如此。

生平不作楷書，卽與人往來箋札，皆作古篆，俗儒往往非笑之，而聲不顧也。其寫尚書瀍水字，蘉字，不在說文，瀍據淮南作廛，蘉據爾雅義作孟，人始或怪之，後服其非臆說。顧其書終以時俗不便識讀，不甚行於時。

聲性耿介，不慕榮利。交游如王鳴盛、王昶、畢沅，皆重其品藻，而聲未嘗以私事干之，當事益重其人。嘉慶元年，舉孝廉方正。四年，卒，年七十有九。晚年因不諧俗，動與時違，取周易艮背之義，自號艮庭，學者稱爲艮庭先生云。

子鏐，吳縣學生。孫沅，優貢生。世傳其學。

沅，字子蘭。金壇段玉裁僑居蘇州，沅出入其門者數十年。沅先著說文釋例，後承玉裁囑，以段書十七部諧聲表之列某聲某聲者爲綱，而件繫之；聲復生聲，則依其次第，爲說文解字音均表凡十七卷。沅於段紕繆處略箋其失，其言曰：「支、脂、之之爲三，眞、臻、先與諄、文、欣、魂、痕之爲二，皆陸氏之舊，而段氏矜爲獨得之秘，嚴分其界以自殊異。凡許氏所合韻處，皆多方改使離之，而一部之與十二部，亦不使相通。故皕之讀若秘，改爲逼；肊之乙聲，删去聲字；必之弋亦聲，改爲八亦聲。而於開章一篆說解極一物三字，卽是一部、十二部、十五部合韻之理，於是絕不敢言其韻，直至亥字下重文說之也。十二、十三兩部之相通者，惟民、昬二字爲梗，故力去昬字，以就其說。昪字由聲，十五部也，縛从昪得聲，而縛卽古綦字，在一部，遂改畁字爲甾聲，以避十五部與一部之合音。凡此皆段氏之癥結處也。」又曰：「段氏論音謂古無去，故譜諸書平而上入。沅意古音有去無入，平輕去重，平引成上，去促成入。上入之字，少於平去，職是故耳。北人語言入皆成去，古音所沿，至今猶舊，非敢苟異，參之或然。」沅當時面質玉裁，親許駮勘，故有不同云。卒，年七十二。

錢大昭，字晦之，嘉定人，大昕弟。大昕深於經史，一門羣從，皆治古學，能文章，爲東南之望。大昭少於大昕者二十年，事兄如嚴師，得其指授，時有兩蘇之比。壯歲遊京師，嘗校錄四庫全書，人間未見之秘，皆得縱觀，由是學問益浩博。又善於決擇，其說經及小學之書，能直入漢儒閫奧。嘗欲從事爾雅，大昕與書，謂：「六經皆以明道，未有不通訓詁而能知道者。欲窮六經之旨，必自爾雅始。」大昭乃著爾雅釋文補三卷及廣雅疏義二十卷。

又著說文統釋六十卷，其例十：一曰疏證以佐古義，凡經典古義與許合者在所必收。二曰音切以復古音，以徐鉉、徐鍇等不知古音，往往誤讀，又許君言讀若某者，卽有某音，今並補正；又說文本有舊音，隋書經籍志有說文音隱，顏氏家訓引之。唐以前傳注家多稱說文音某，今並采附本字之下。三曰考異以復古本，凡古本暨古書所引有異同者，悉取以折中。四曰辨俗以正譌字，凡經典相承俗字，及徐氏新補、新附字，皆辨證詳明，別爲一卷附後。五曰通義以明互借，凡經典之同物同音，於古本是通用者，皆引經證之。六曰從母以明孳乳，如完、刓、髡、軏等字，皆於元下注云从此。七曰別體以廣異義，凡重文中之籀、篆、古文、奇字，皆有所從，其許君未言者，亦略釋之；經典兩用者，則引而證焉。八曰正譌以訂刊誤，凡許君不收之字，注中不應有，又字畫脫誤者，並校正之。九曰崇古以知古字，如鶡、鳴、鷚、鴟之類，經典有不从鳥者，此古今字，今注曰古用某。十曰補字以免漏略，如由、希、免、畾等三十九字，从此得聲者甚多，而書中脫落，有子無母，非許例，今酌補之，亦別爲一卷附後。

大昭於正史尤精兩漢，嘗謂注史與注經不同，注經以明理爲宗，理寓於訓詁，訓詁明而理自見。注史以達事爲主，事不明，訓詁雖精無益也。每怪服虔、應劭之於漢書，裴駰、徐廣之於史記，其時去古未遠，稗官、載記、碑刻尚多，不能會而通之，考異質疑，徒戔戔於訓詁，乃著兩漢書辨疑四十卷。於地理、官制皆有所得。又仿其例著三國志辨疑三卷。又以宋熊方所補後漢書年表祇取材范書、陳志，乃於正史外兼取山經、地志、金石、子集，其體例依班氏之舊，而略變通之，著後漢書補表八卷。計所補王侯，多於熊書百三十人，論者謂視萬斯同歷代史表有過之無不及。他著有詩古訓十二卷，經說十卷，補續漢書藝文志二卷，後漢郡國令長考一卷，邇言二卷。

生平不嗜榮利，名其讀書之所曰可廬，欲蘄至於古之隨遇自足者。嘉慶元年，舉孝廉方正。

子東垣，字旣勤。嘉慶三年舉人。官浙江松陽縣知縣，以艱歸。服闋，補上虞縣。東垣與弟繹、侗，皆潛研經、史、金石，時稱「三鳳」。嘗與繹、侗及同縣秦鑒勘訂鄭志，又與繹、侗、鑒及桐鄉金錫鬯輯釋崇文總目，世稱精本。東垣爲學沉博而知要，以世傳孟子注疏繆舛特甚，乃輯劉熙、綦毋邃、陸善經諸儒古注及顧炎武、閻若璩、同時師友之論，附以己見。並正其音讀，考其異同，爲孟子解誼十四卷。他著有小爾雅校證二卷，補經義考四十卷，列代建元表，勤有堂文集。

侗，字同人。於曆算之學，亦能究其原本。大昕撰宋遼金元四史朔閏考，未竟而卒，侗證以羣書、金石文字，增輯一千三百餘條。日夕檢閱推算，幾忘寢食，卒因是感疾而歿。

朱駿聲，字豐芑，吳縣人。年十三，受許氏說文，一讀卽通曉。從錢大昕游，錢一見奇之，曰：「衣鉢之傳，將在子矣！」嘉慶二十三年舉人，官黟縣訓導。咸豐元年，以截取知縣入都，進呈所著說文通訓定聲及古今韻準、東韻、說雅，共四十卷。文宗披覽，嘉其洽，賞國子監博士銜。旋遷揚州府學教授，引疾，未之官。八年，卒，年七十一。

駿聲著述甚博，不求知於世，兼長推步，明通象數。嘗論爾雅太歲在寅，推大昕說，謂其時自以實測之歲星在亥，定太歲在寅，命之曰攝提格以紀年，歲星所合之辰，卽爲太歲。然歲星閱百四十四年而超一辰，至秦、漢而甲寅之年歲星在丑，太歲應在子。漢詔書以太初元年爲攝提格者，因六十紀年之名，歷年以次排敍，不能頓超一辰，故仍命以攝提格也。於是後人以寅、卯等爲太歲，强以攝提格等爲歲陰。其實爾雅所云歲陽、歲陰，非如後人說也。他著有左傳旁通十卷，左傳識小錄三卷，夏小正補傳一卷，離騷補注一卷。

子孔彰，字仲我。能傳父業，著有說文粹三編，十三經漢注，中興將帥別傳。

清史稿卷四百八十二

列傳二百六十九

儒林三

龍啓瑞 苗夔 龐大堃 陳立 陳奐 金鶚 黃式三 子以周 俞樾

張文虎 王闓運 王先謙 孫詒讓 鄭杲 宋書升 法偉堂

馬宗槤，字器之，桐城人。由舉人官東流縣教諭。嘉慶六年成進士，又一年卒。少從舅氏姚鼐學詩、古文詞，所作多沉博絕麗，既而精通古訓及地理之學。鄉舉時，以解論語過位、升堂合於古制，大興朱珪亟拔之。後從邵晉涵、任大椿、王念孫遊，其學益進。嘗以解經必先通訓詁，而載籍極博，未有彙成一編者，乃偕同志孫星衍、阮元、朱錫庚分韻編錄，適南旋中輟。其後元視學江、浙，萃諸名宿爲經籍纂詁，其凡例猶宗槤所手訂也。生平敦實，寡嗜好，惟以著述爲樂。嘗撰左氏補注三卷，博徵漢、魏諸儒之說，不苟同立異。所著別有毛鄭詩詁訓考證、周禮鄭注疏證、穀梁傳疏證、說文字義廣證、戰國策地理考、南海鬱林合浦蒼梧四郡沿革考、嶺南詩鈔，共數十卷，校經堂詩鈔二卷。

子瑞辰，字元伯。嘉慶十五年進士，選翰林院庶吉士。散館，改工部營繕司主事。擢郎中，因事罣誤，發盛京効力。旋賞主事，奏留工部，補員外郎。復坐事發往黑龍江，未幾釋歸。歷主江西白鹿洞、山東嶧山、安徽廬陽書院講席。髮逆陷桐城，衆驚走，賊脅之降，瑞辰大言曰：「吾前翰林院庶吉士、工部都水司員外郎馬瑞辰也！吾命二子團練鄉兵，今仲子死，少子從軍，吾豈降賊者耶？」賊執其髮爇其背而擁之行。行數里，罵愈厲，遂死，年七十九。事聞，卹廕如例，敕建專祠。

瑞辰勤學著書，耄而不倦。嘗謂：「詩自齊、魯、韓三家既亡，說詩者以毛詩爲最古。據鄭志答張逸云：『注詩宗毛爲主，毛義隱略，則更表明。』是鄭君大旨，本以述毛，其箋詩改讀，非盡易傳。而正義或誤以爲毛、鄭異義。鄭君先從張恭祖受韓，凡箋訓異毛者，多本韓說。其答張逸亦云：『如有不同，卽下己意。』而正義又或誤合傳、箋爲一。毛詩用古文，其經字多假借，類皆本於雙聲、叠韻，而正義或有未達。」於是乃撰毛詩傳箋通釋三十二卷，以三家辨其異同，以全經明其義例，以古音、古義證其譌互，以雙聲、叠韻別其通借。篤守家法，義據通深。同時長洲陳奐著毛詩傳疏，亦爲專門之學。由是治毛詩者多推此兩家之書。

子三俊，字命之。優貢生。舉孝廉方正，學宗程、朱。以國難家仇，憤欲殺賊。咸豐四年六月，率練勇追賊至周瑜城，力戰死，年三十五。著有馬徵君遺集。

張惠言，字皋聞，武進人。少受易經，卽通大義。年十四爲童子師，修學立行，敦禮自守，人皆稱敬。嘉慶四年進士，時大學士朱珪爲吏部尙書，以惠言學行特奏改庶吉士，充實錄館纂修官。六年，散館，改部屬，珪復特奏授翰林院編修。七年，卒，年四十有二。

惠言鄉、會兩試皆出朱珪門，未嘗以所能自異，默然隨羣弟子進退而已。珪潛察得之，則大喜，故屢進達之，而惠言亦斷斷相諍不敢隱。珪言天子當以寬大得民，惠言言：「國家承平百年餘，至仁涵育，遠出漢、唐、宋之上，吏民習於寬大，故姦孽萌芽其間，宜大伸罰以肅內外之政。」珪言天子當優有過大臣，惠言言：「庸猥之輩，倖致通顯，復壞朝廷法度，惜全之當何所用？」珪喜進淹雅之士，惠言言「當進內治官府、外治疆場者」，與同縣洪亮吉於廣坐諍之。

惠言少爲詞賦，擬司馬相如、揚雄之文。及壯，又學韓愈、歐陽修。篆書初學李陽冰，後學漢碑額及石鼓文。嘗奉命詣盛京篆列聖加尊號玉寶，惠言言於當事，謂舊藏寶不得磨治，又謂翰林奉命篆列聖寶，宜奏請馳驛，以格於例不果行。

生平精思絕人，嘗從歙金榜問故，其學要歸六經，而尤深易、禮。著有周易虞氏義、虞氏消息，序曰：「自漢成帝時，劉向校書，考易說，以爲諸易家皆祖田何、楊叔、丁將軍，大義略同，惟京氏爲異。而孟喜受易家陰陽，其說易本於氣，而後以人事明之。八卦六十四象，四正七十二候，變通消息，諸儒祖述之，莫能具。當漢之季年，扶風馬融作易傳，授鄭康成作易注。而荊州牧劉表、會稽太守王朗、潁川荀爽、南陽宋忠皆以易名家，各有所述。唯翻傳孟氏學，既作易注，奏上之獻帝。翻之言易，以陰陽消息六爻，發揮旁通，升降上下，歸於乾元用九而天下治。依物取類，貫穿比附，始若瑣碎，及其沉深解剝，離根散葉，暢茂條理，遂於大道，後儒罕能通之。自魏王弼以虛空之言解易，唐立之學官，而漢世諸儒之說微，獨資州李鼎祚作周易集解，頗采古易家言，而翻注爲多。其後古書盡亡，而宋道士陳摶以意造爲龍圖，其徒劉牧以爲易之河圖、洛書也，河南邵雍又爲先天、後天之圖，宋之說易者翕然宗之，以至於今，牢不可拔，而易陰陽之大義，蓋盡晦矣。大清有天下，元和徵士惠棟，始考古義孟、京、荀、鄭、虞氏，作易漢學，又自爲解釋，曰周易述。然掇拾於亡廢之後，左右采獲，十無二三。其所述大氐宗禰虞氏，而未能盡通，則旁徵他說以合之。蓋從唐、五代、宋、元、明朽壞散亂千有餘年，區區修補收拾，欲一旦而其道復明，斯固難也。翻之學既邃，又具見馬、鄭、荀、宋氏書，考其是否，故其義爲精。又古書亡，而漢、魏師說可見者十餘家，然唯鄭、荀、虞三家略有梗概可指說，而虞尤較備。然則求七十子之微言，田何、楊叔、丁將軍之所傳者，舍虞氏之注，其何所自焉？故求其條貫，明其統例，釋其疑滯，信其亡闕，爲虞氏義九卷；又表其大旨，爲消息二卷。」又著有虞氏易禮二卷、虞氏易候一卷、虞氏易言二卷。

初，惠棟作周易述，大旨遵虞翻，補以鄭、荀諸儒，學者以未能專一少之。儀徵阮元謂漢人之易，孟、費諸家，各有師承，勢不能合。惠言傳虞氏易，即傳漢孟氏易矣，孤經絕學也。惠言又著周易鄭氏義三卷，周易荀氏九家義一卷，周易鄭荀義三卷，易義別錄十四卷，易緯略義三卷，易圖條辨二卷。其易義別錄序，謂不盡見其辭而欲論其是非，猶以偏言決獄也。故其所著，皆羽儀虞氏易者。於禮有儀禮詞一卷，讀儀禮記二卷，皆特精審。又有茗柯文五卷，詞一卷。

子成孫，字彥惟。少時，惠言課以說文，令分六書譜之，成象形二卷。惠言著說文諧聲譜，未竟而卒，成孫後從莊述祖遊，得其大要，乃續成之。卷第篇例多所增易，凡五十卷。其書分中、僮、薨、林、巖、筐、桊、蓁、詵、千、萋、肄、揖、支、皮、絲、鳩、芼、蔞、岨二十部，此乃於毛詩中拈其最先出之字爲建首，加以易韻、屈韻，而又以說文之聲分從之，犁然不紊，有各家所未及者。嘗以示儀徵阮元，元歎其超卓精細。成孫兼精天學，同里董祐誠歿，爲校刊其遺書。又著有端虛勉一居文集。

江承之，字安甫，歙縣人。學於惠言。時弟子從惠言受易、禮者十數，其甥董士錫受易，通陰陽五行家言；承之兼受易、禮，著有周易爻義、虞氏易變表、儀禮名物、鄭氏詩譜，年僅十有八。

郝懿行，字恂九，棲霞人。嘉慶四年進士，授戶部主事。二十五年，補江南司主事。道光三年，卒，年六十九。

懿行爲人謙退，訥若不出口，然自守廉介，不輕與人晉接。遇非素知者，相對竟日無一語，迨談論經義，則喋喋忘倦。所居四壁蕭然，庭院蓬蒿常滿，僮僕不備，懿行處之晏如。浮沉郎署，視官之榮悴，若無與於己者，而一肆力於著述，漏下四鼓者四十年。所著有爾雅義疏十九卷，春秋說略十二卷，春秋比一卷，山海經箋疏十八卷，易說十二卷，書說二卷。

懿行嘗曰：「邵晉涵爾雅正義蒐輯較廣，然聲音訓詁之原，尚多壅閡，故鮮發明。今余作義疏，於字借聲轉處，詞繁不殺，殆欲明其所以然。」又曰：「余田居多載，遇草木蟲魚有弗知者，必詢其名，詳察其形，考之古書，以徵其然否。今茲疏中其異於舊說者，皆經目驗，非憑胸肊，此余書所以別乎邵氏也。」懿行之於爾雅，用力最久，稾凡數易，垂歿而後成。於古訓同異，名物疑似，必詳加辨論，疏通證明，故所造較晉涵爲深。高郵王念孫爲之點閱，寄儀徵阮元刊行。元總裁會試時，從經義中識拔懿行者也。

其箋疏山海經，援引各籍，正名辨物，事刊疏謬，辭取雅馴。阮元謂吳氏廣注徵引雖博，失之蕪雜；畢沅校本，訂正文字尚多疏略；惟懿行精而不鑿，博而不濫。

懿行妻王照圓，字瑞玉。博涉經史，當時著書家，有「高郵王父子，棲霞郝夫婦」之目。

著有詩說一卷，列女傳補注八卷，附女錄一卷，女校一卷。又與懿行以詩答問，懿行錄之爲詩問七卷。其爾雅義疏亦閒取照圓說；他著有詩經拾遺一卷，汲冢周書輯要一卷，竹書紀年校正十四卷，荀子補注一卷，晉宋書故一卷，補晉書刑法志一卷，食貨志一卷，文集十二卷。照圓又有列仙傳校正二卷。

陳壽祺，字恭甫，閩縣人。少能文。年十八，臺灣平，撰上福康安百韻詩幷序，沉博絕麗，傳誦一時。嘉慶四年成進士，選翰林院庶吉士，散館授編修。尋告歸，性至孝，不忍言仕，家貧無食，父命之入都。九年，充廣東鄉試副考官。十二年，充河南鄉試副考官。十四年，充會試同考官，京察一等，記名御史。壽祺以不得迎養二親，常愀然不樂。將告歸矣，俄聞父歿，慟幾絕，奔歸。服除，乞養母，母歿，終喪。年五十三，有密薦於朝者，卒不出。

壽祺會試出朱珪、阮元門，乃專爲漢儒之學，又及見錢大昕、段玉裁、王念孫、程瑤田諸人，故學益精博。解經得兩漢大義，每舉一義，輒有折衷。

兩漢經師莫先於伏生，莫備於許氏、鄭氏，壽祺闡明遺書，著尚書大傳箋三卷、序錄一卷、訂誤一卷，附漢書五行志，綴以他書所引劉氏五行傳論三卷。序曰：「伏生大傳，條撰大義，因經屬恉，其文辭爾雅深厚，最近大小戴記七十子之徒所說，非漢諸儒傳訓之所能及也。康成百世儒宗，獨注大傳，其釋三禮，每援引之。及注古文尚書，洪範五事，康誥孟侯，文王伐崇，戡耆之歲，周公克殷、踐奄之年，咸據大傳以明事，豈非閎識博通信舊聞者哉？且夫伏生之學，尤善於禮，其言巡狩、朝覲、郊尸、迎日、廟祭、族燕、門塾、學校、養老、擇射、貢士、考績、郊遂、采地、房堂、路寢之制，后夫人入御，太子迎問諸侯之法，三正之統，五服之色，七始之素，八伯之樂，皆唐、虞、三代遺文，往往六經所不備，諸子百家所不詳。今其書散逸，十無四五，尤可寶重。宋朱子與勉齋黃氏纂儀禮經傳通解，攟摭大傳獨詳，蓋有裨禮學不虛也。五行傳者，自夏侯始昌，至劉氏父子傳之，皆善推嘅福著天人之應。漢儒治經，莫不明象數陰陽，以窮極性命。故易有孟、京卦氣之候，詩有翼奉五際之要，春秋有公羊災異之條，書有夏侯、劉氏、許商、李尋洪範之論。班固本大傳，攬仲舒，別向、歆，以傳春秋，告往知來，王事之表，不可廢也。是以錄漢書五行志附於後，以備一家之學云。」

又著五經異義疏證三卷，左海經辨二卷，左海文集十卷，左海駢體文二卷，絳跗堂詩集六卷，東越儒林文苑後傳二卷，東觀存藁一卷。

壽祺歸後，阮元延課詁經精舍生徒。元纂羣經古義爲經郛，壽祺爲撰條例，明所以原本訓辭、會通典禮、存家法而析異同之意。後主泉州清源書院十年，主鼇峰書院十一年，與諸生言修身勵學，敎以經術，作義利辨、知恥說、科舉論以示學者。規約整肅，士初苦之，久乃悅服。家居與諸當事書，於桑梓利弊，蒿目痗心，雖觸忌諱無所隱。明儒黃道周孤忠絕學，壽祺搜輯遺文，爲之刊行。又具呈大吏，乞疏請從祀孔廟，議上，如所請。道光十四年，卒，年六十四。

子喬樅，字樸園。道光五年舉人，二十四年，以大挑知縣分發江西。歷官分宜、弋陽、德化、南城諸縣，署袁州、臨江、撫州知府。以經術飾吏治，居官有聲。同治七年，卒於官，年六十一。初，壽祺以鄭注禮記多改讀，又嘗鉤考齊、魯、韓三家詩佚文、佚義與毛氏異同者，輯而未就。病革，謂喬樅曰：「爾好漢學，治經知師法，他日能成吾志，九原無憾矣！」喬樅乃紬繹舊聞，勒爲定本，成禮記鄭讀考六卷，三家詩遺說考十五卷。又著齊詩翼氏學疏證二卷，詩緯集證四卷。謂齊詩之學，宗旨有三：曰四始，曰五際，曰六情。皆以明天地陰陽終始之理，考人事盛衰得失之原，言王道治亂安危之故。齊先亡，最爲寡證，獨翼奉存其百一，且其說多出詩緯，察躔象，推曆數，徵休咎，蓋齊學所本也。詩緯亡而齊詩遂爲絕學矣。又著今文尚書經說考三十四卷，歐陽夏侯經說考一卷。謂：「二十九篇今文具存，十六篇既無今文可考，遂莫能盡通其義。凡古文易、書、詩、禮、論語、孝經所以傳，悉由今文爲之先驅，今文所無輒廢。向微伏生，則萬古長夜矣。歐陽、大小夏侯各守師法，苟能得其單辭片義，以尋千百年不傳之緒，則今文之維持聖經於不墜者，豈淺尟哉！」又有詩經四家異文考五卷，毛詩鄭箋改字說四卷，禮堂經說二卷，最後爲尙書說。時宿學漸蕪，考據家爲世訾謷，獨湘鄉曾國藩見其書以爲可傳。自元和惠氏、高郵王氏外，惟喬樅能修世業，張大其家法。

壽祺同里治古學者，有謝震、何治運。

震，原名在震，字甸男，侯官人。乾隆五十四年舉人，官順昌學教諭。震嘗與閩縣林一桂、甌寧萬世美俱精三禮，震尤篤學嗜古。然斷斷持漢學，好排擊宋儒鑿空逃虛之說。壽祺與震同舉鄉試，少震六歲，視爲畏友。震重氣誼，有志用世，而不遇於時，年四十卒。弟子輯其遺著，有禮案二卷，精覈勝敖氏。又有四書小箋一卷，四聖年譜一卷。工詩，有櫻桃軒詩集二卷。

治運，字郊海，閩縣人。嘉慶十二年舉人。洽聞彊識，篤志漢學。粵督阮元嘗聘纂廣東通志。後遊浙中，巡撫陳若霖爲鋟其經解及論辨文字四卷，名何氏學。道光元年，卒，年四十七。治運與壽祺友，及卒，壽祺以謂無與爲質，不獲以輔成其學也。

孫經世，字濟侯，惠安人。壽祺弟子。壽祺課士不一格，游其門者，若仙遊王捷南之詩、禮、春秋、諸史，晉江杜彥士之小學，惠安陳金城之漢易，將樂梁文之性理，建安丁汝恭、德化賴其煐、建陽張際亮之詩、古文辭，皆足名家。而經世學成蚤世，世以儒林推之。經世少喜讀近思錄，後沉研經義，謂不通經學，無以爲理學；不明訓詁，無以通經；不知聲音文字之原，無以明訓詁。著說文會通十六卷，爾雅音疏六卷，釋文辨證十四卷，韻學溯源四卷，十三經正讀定本八十卷，經傳釋辭續編八卷。又著春秋例辨八卷，孝經說二卷，夏小正說一卷，詩韻訂二卷，惕齋經說六卷，讀經校語四卷。

柯蘅，膠州人。從壽祺受許、鄭之學，嘗以史、漢諸表爲紀、傳之綱領，而譌誤舛奪，最爲難治，乃條而理之，著漢書七表校補二十卷。爲例十：一曰辨事誤，二曰辨文字誤，三曰辨注誤，四曰辨諸家考證之誤，五曰以本書證本書之誤，六曰史、漢互證而知其誤，七曰漢書、荀紀互證而知其誤，八曰漢書、水經注互證而知其誤，九曰據紀、傳以補表之闕，十曰據今地以證表之誤。鉤稽隱賾，凡前人之說，皆取而辨其是非，至前人未及者，又得二三十事，亦專門之學也。尤長於詩，著有聲詩闡微二卷，舊雨草堂詩集四卷，其說經、說史之作，門人集爲舊雨草堂札記。

許宗彥，字積卿，德清人。九歲能讀經、史。善屬文，侍郎王昶愛其才，作積卿字說以贈。嘉慶四年進士，授兵部主事，就官兩月，以親老遽引疾歸。親歿，卒不出。居杭州，杜門以讀書爲事。其學無所不通，探賾索隱，識力卓然，發千年儒者所未發。考周五廟二祧，以爲周制五廟之外，別有二祧，爲遷廟之殺，以厚親親之仁。宗廟之外，別立祖宗，與禘、郊同爲重祭，以大尊尊之義。諸經無文、武二廟不毀之說，誤始於韋玄成，而劉歆因之，鄭康成亦因之。祧者遷廟，乃謂爲不遷之廟，名實乖矣。又考文、武二世室，以爲周文、武皆配於明堂太室，故有「文、武世室」之號。孔穎達誤謂伯禽稱「文世室」，周公稱「武世室」。以公羊傳周公稱「太廟」、魯公稱「世室」、羣公稱「宮」證之，舛甚。

又考禹貢三江，以爲漢志言「分江水首受江，東至餘姚入海」。夫曰「分江水」，曰「首受江」，則非南江之正流可知；曰「東至餘姚入海」，則非在吳入海可知，與禹貢三江無與。又考太歲、太陰，以爲太歲者，歲星與日同次斗杓所建之辰也。太陰始寅終丑，太歲始子終亥。漢律志曰：「太初元年，歲前十一月朔旦冬至，歲在星紀婺女六度，歲名困敦。」此太歲始子之碻證。武帝詔曰：「年名焉逢、攝提格。」此太陰始寅之碻證。漢書天文志始誤以甘、石之言太陰者繫之太歲，而與太初之太歲遂差兩辰，乃以爲星有贏縮，非矣。

又說六書轉注，以爲從偏旁轉相注。說文曰：「轉注者，建類一首，同意相受，考老是也。」後序曰「其建首也，立一爲耑」，卽建類一首之謂也。如示爲部首，从示之偏旁注爲神祇等字，从神祇注爲祠祀祭祝等字，展轉相注，皆同意爲一類。戴震指爾雅詁訓爲轉注，而不知詁訓出於後來，非制字時所豫有也。段玉裁引戴說，又言爾雅字多假借，而不知假借者本無其字，今如初、哉、首、基之訓，非本無首字，而假初、哉諸字以當之也。其他所著學說，能持漢、宋儒者之平。禮論、治論諸篇，皆稽古證今，通達政體。

尤精天文，得泰西推步秘法，自製渾金球，別具神解。嘗援緯書四游以疏本天高卑，而知不同心非渾圓之理。考周髀北極璿璣，以推古人測驗之法。七政皆統於天，而知東漢以前用赤道不用黃道，爲得諸行之本。論日左右旋一理，以王錫闡解黃道右旋、赤道平行，戴震分黃、極爲二行，其說頗不分明，爲剖析之，洞徹微妙，皆言天家所未及。

性孝友，愼於交游，體羸而神理澂淡，見者皆肅然敬之。儀徵阮元，會試舉主也，重其學術行誼，以子女爲姻家。

呂飛鵬，字雲里，旌德人。從寧國淩廷堪治禮，廷堪器之，以爲能傳其學。山陽汪廷珍視學安徽，喜士通古經義，補飛鵬縣學附生。

飛鵬少讀周禮，長而癖嗜，廷堪嘗著周官九拜九祭解、鄉射五物考，援據禮經，疏通證明，足發前人所未發。飛鵬師其意而變通之，成周禮補注六卷。其大旨以鄭氏爲宗，自序曰：「漢、魏之治周禮者，如賈逵、張衡、孫炎、薛綜、陳劭、崔靈恩之注，遺文軼事，散見羣籍。或與鄭義符合，或與鄭義乖違，同者可得其會通，異者可博其旨趣。是用廣搜衆說，補所未備，條系於經文之下，或旁采他經舊注，或兼取近儒經說，要於申明古義而已。」又著周禮古今文義證六卷，嘗考康成本治小戴禮，後以古經校之，取其於義長且順者爲鄭氏學。又注小戴所傳禮記四十九篇，又嘗作毛詩箋：「今取鄭氏之學證鄭氏之注，則辭易瞭然，卽彼此互歧、前後錯出，亦不煩辭費而得失已明，故於三者刺取爲多。至許氏說文解字，徵引周禮，彼此互異，取以推廣鄭義，不嫌牴牾。其他史册流傳，事系本朝，禮遵周典，亦備采擇，用俟辯章。猶是鄭氏況以漢法之意也。」

平居書齋閣自銘誡，粹然出於儒先道學。鄉饑，籌粟倡賑，人多德之。有爭辯，一言立釋。嘗戒其子賢基曰：「成名易，成人難。」又曰：「言官不易爲，毋陳利而昧大體，毋挾私而務高名。」其本行如此。賢基卒以忠節著。道光二十九年，卒，年七十三。子賢基，工部右侍郞，謚文節，自有傳。

有清爲周禮之學者，有惠士奇、沈彤、莊存與、沈夢蘭、段玉裁、徐養原、宋世犖。

夢蘭，字古春，烏程人。乾隆四十八年舉人，官湖北宜都縣知縣。夢蘭博通諸經，實事求是，尤邃於周官，成周禮學一書。分溝洫、畿封、邦國、都鄙、城郭、宮室、職官、祿田、貢賦、軍旅、車乘、禮射、律度量衡十三門，取司馬法、逸周書、管子、呂覽、伏傳、戴記諸古書參互考證，合之書、詩、禮記、三傳、孟子，先儒所病其牴牾者，無不得其會通。爲圖若干，並取經、傳文之與周官相發明者釋於篇。他著有易、書、詩、孟子學，五省溝洫圖說。其易學自序云：「自輯周禮學，於易象得井、比、師、訟、同人、大有若干卦，錯綜參伍，知易之爲道，先王一切之治法於是乎在。」而孟子學，則又以疏證周官之故，彙其餘說以成帙者。其溝洫圖說，卷不盈寸，凡南北形勢、河道原委、歷代沿革、衆說異同，與夫溝遂經畛之體，廣深尋尺之數，以及蓄水、止水、蕩水、均水、舍水、瀉水之事皆備。復證之周官，考究詳覈。官湖北時，奉檄襄築荆州隄工，上江隄埽工議及荆江論。沔陽水災，復奉檄會勘，作水利說以諭沔民。原本經術，有裨實用，皆此類也。

世犖，字卣勛，臨海人。乾隆五十三年舉人，以教習官陝西扶風知縣。地當川、藏孔道，夫馬悉斂之民。計畝率錢，名曰「公局」。世犖多所裁革，無妄取。時教匪初定，州縣多以獲盜遷擢。扶風民有持齋爲怨家所訐者，大府飛檄至，捕而鞫之，皆良民，釋弗顧。罷歸，孳求經訓，熟於諧聲、假借之例，著周禮故書疏證六卷，儀禮古今文疏證二卷。

嚴可均，字景文，烏程人。嘉慶五年舉人，官建德縣教諭，引疾歸。可均博聞强識，精考據之學，與姚文田同治說文，爲說文長編，亦謂之類考。有天文、算術、地理類，草木、鳥獸、蟲魚類，聲類，說文引羣書、羣書引說文類，積四十五册。又輯鐘鼎拓本爲說文翼十五篇，將校定說文，撰爲疏義。孫星衍促其成，乃撮舉大略，就毛氏汲古閣初印本別爲校議三十篇，專正徐鉉之失。

又與丁溶同治唐石經，著校文十卷，自序云：「余弱冠治經，稍見宋槧本。既又念若漢、若魏、若唐、若孟蜀、若宋嘉祐、紹興各立石經，今僅嘉祐四石，紹興八十七石，皆殘本。而唐大和石壁二百二十八石，巋然獨存，此天地間經本之最完最舊者也。夫唐代四部之富，埒於梁、隋，而鄭覃、唐元度輩皆通儒，頗見古本。苟能棻正積非，歸於眞是，卽方駕熹平不難，而僅止於是。今也古本皆亡，欲復舊觀，已難爲力，可嘅也！然而後唐彫版，實依石經句度鈔寫，歷宋、元、明轉刻轉誤，而石本幸存，縱不足與復古，以匡今繆有餘也。獨怪數百年來，學士大夫尠或過問者，閒有一二好古之士，亦與冢碣、寺碑同類而並道之。康熙初，顧炎武始略校焉，觀其所作九經誤字、金石文字記，剌取廖廖，是非寡當，又誤信王堯惠之補字以誣石經。顧氏且然，況其他乎？烏乎！石經者，古本之終，今本之祖。治經不及見古本，而並荒石經，匪直荒之，又交口誣之，豈經之幸哉？余不自揆，欲爲今版本正其誤，爲唐石經釋其非，爲顧氏等袪其惑。隨讀隨校，凡石經之磨改者、旁增者與今本互異者皆錄出，輒據注疏、釋文，旁稽史、傳及漢、唐人所徵引者，爲之左證，而石臺孝經附其後焉。」

嘉慶十三年，詔開全唐文館，可均以越在草茅，無能爲役，慨然曰：「唐之文，盛矣哉！

唐以前要當有總集。斯事體大，是余之責也。」乃輯上古三代秦漢三國六朝文，使與全唐文相接，多至三千餘家，人各系以小傳，足以考證史文，皆從蒐羅殘賸得之，覆檢羣書，一字一句，稍有異同，無不校訂。一手寫定，不假衆力。唐以前文，咸萃於此焉。又校輯諸經逸注及佚子書等數十種，合經、史、子、集爲四錄堂類集千二百餘卷。

嚴元照，字九能，歸安人。十歲能爲四體書，補諸生。儀徵阮元、大興朱珪深賞之。熟於爾雅，作匡名八卷，旁羅異文軼訓，鉤稽而疏證之。著有悔菴文鈔、詩鈔、詞鈔，娛親雅言等書。

焦循，字里堂，甘泉人。嘉慶六年舉人，曾祖源、祖鏡、父蔥，世傳易學。循少穎異，八歲在阮賡堯家與賓客辨壁上「馮夷」字，曰：「此當如楚辭讀皮冰切，不當讀如縫。」阮奇之，妻以女。既壯，雅尙經術，與阮元齊名。元督學山東、浙江，俱招循往遊。性至孝，丁父及嫡母謝艱，哀毀如禮。一應禮部試，後以生母殷病愈而神未健，不復北行。殷歿，循毀如初。服除，遂託足疾不入城市者十餘年。葺其老屋，曰半九書塾，復構一樓，曰雕菰樓，有湖光山色之勝，讀書著述其中。嘗歎曰：「家雖貧，幸蔬菜不乏。天之疾我，福我也。吾老於此矣！」嘉慶二十五年，卒，年五十八。

循博聞强記，識力精卓。每遇一書，無論隱奧平衍，必究其源，以故經史、曆算、聲音、訓詁無所不精。幼好易，父問小畜「密雲」二語何以復見於小過，循反復其故不可得。既學洞淵九容之術，乃以數之比例，求易之比例，漸能理解，著易通釋二十卷。自謂所悟得者，一曰旁通，二曰相錯，三曰時行。又以古之精通易理，深得羲、文、周、孔之恉者，莫如孟子。生孟子後，能深知其學者，莫如趙氏。僞疏蹐駁，未能發明，著孟子正義三十卷。謂爲孟子作疏，其難有十，然近代通儒，已得八九。因博采諸家之說，而下以己意，合孔、孟相傳之正恉，又著六經補疏二十卷。以說漢易者每屏王弼，然弼解箕子用趙賓說，讀彭爲旁，借雍爲甕，通孚爲浮，解斯爲廝，蓋以六書通借。其解經之法，未遠於馬、鄭諸儒，爲周易王注補疏二卷。以尙書僞孔傳說之善者，如金縢「我之不辟」，訓辟爲法，居東卽東征，罪人卽管、蔡，大誥周公不自稱王，而稱成王之命，皆非馬、鄭所能及，爲尙書孔氏傳補疏二卷。以詩毛、鄭義有異同，正義往往雜鄭於毛，比毛於鄭，爲毛詩鄭氏箋補疏五卷。以左氏傳「稱君君無道，稱臣臣之罪」，杜預揚其詞而暢衍之，預爲司馬懿女壻，目見成濟之事，將以爲司馬飾，卽用以爲己飾。萬斯大、惠士奇、顧棟高等未能摘姦而發覆，爲春秋傳杜氏集解補疏五卷。以禮以時爲大，訓詁名物，亦所宜究，爲禮記鄭氏注補疏三卷。以論語一書，發明羲、文、周公之恉，參伍錯綜，引申觸類，亦與易例同，爲論語何氏集解補疏三卷。合之爲二十卷。又錄當世通儒說尚書者四十一家，書五十七部，仿衞湜禮記之例，以時之先後爲序，得四十卷，曰書義叢鈔。又著禹貢鄭注釋一卷，毛詩地理釋四卷，毛詩鳥獸草木蟲魚釋十一卷，陸璣疏考證一卷，羣經宮室圖二卷，論語通釋一卷。又著有雕菰樓文集二十四卷，詞三卷，詩話一卷。

循壯年卽名重海內，錢大昕、王鳴盛、程瑤田等皆推敬之。始入都，謁座主英和，和曰：「吾知子之字曰里堂，江南老名士，屈久矣！」歿後，阮元作傳，稱其學「精深博大，名曰通儒」，世謂不愧云。

子廷琥，字虎玉。優廩生。性醇篤，善承家學，阮元稱爲端士。循嘗與廷琥纂孟子長編三十卷，後撰正義，其廷琥有所見，亦本范氏穀梁之例，爲之錄存。循又以測圓海鏡、益古演段二書，不詳開方之法，以常法推之不合。旣得秦道古數學九章，有正圓開方法，爲開方通釋，乃謂廷琥曰：「汝可列益古演段六十四問，用正員開方法推之。」廷琥布策下算，一一符合，著益古演段開方補一卷。陽湖孫星衍不信西人地圓之說，以楊光先之斥地圓，比孟子之距楊、墨。廷琥謂古之言天者三家，曰宣夜，曰周髀，曰渾天。宣夜無師承，渾蓋之說，皆謂地圓。泰州陳氏、宣城梅氏悉以東西測景有時差，南北測星有地差，與圓形合爲說。且大戴有曾子之言，內經有岐伯之言，宋有邵子、程子之言，其說非西人所自創。因博搜古籍，著地圓說二卷。他著有密梅花館詩文鈔。

顧鳳毛，字超宗，江蘇興化人。乾隆四十九年，南巡召試列二等，五十三年，副榜貢生。父九苞，字文子，長於詩、禮。九苞母任氏，大椿祖姑，通經達史。九苞之學，母所敎也。乾隆四十六年進士，歸時卒於路，著述不傳。鳳毛亦受經於祖母，年十一，通五經。及長，與焦循同學，循就鳳毛問難，始用力於經。鳳毛又學音韻律呂於嘉定錢塘，撰楚辭韻考、入聲韻考、毛詩韻考，皆得塘旨。又撰毛詩集解，董子求雨考，三代田制考，未成而卒，年二十七。卒後，循理其喪，作招亡友賦哭之。

鍾懷、李鍾泗皆有名，均甘泉人。鍾懷，字保岐。優貢生。與阮元、焦循相善。共爲經學，旦夕討論，務求其是。居恆禮法自守，不與世爭名，交游中稱爲君子。嘉慶十年，卒，年四十五。著有菣厓考古錄四卷。其漢儒考，較陸德明所載增多十餘人。

鍾泗，字濱石。嘉慶六年舉人，治經精左氏春秋，撰規規過一書，抑劉伸杜，焦循服其精博。

李富孫，字旣汸，嘉興人。嘉慶六年拔貢生。良年來孫，良年自有傳。從祖集，字敬堂，乾隆二十八年進士，官鄖縣知縣。精研經學，以漢、唐爲宗，嘗爲學規論以課窮經、課經濟，著有願學齋文鈔。

富孫學有原本，與伯兄超孫、從弟遇孫有「後三李」之目。長游四方，就正於盧文弨、錢大昕、王昶、孫星衍，飫聞緒論。阮元撫浙，肄業詁經精舍，遂湛深經術。尤好讀易，著易解賸義。謂易學三派，有漢儒之學，鄭、虞、荀、陸諸家精矣；有晉、唐之學，王弼、孔穎達諸家，卽北宋胡瑗、石介、東坡、伊川猶是支流餘裔；至宋陳、邵之學出，本道學之術，創爲圖說，舉羲、文、周、孔之所未及，漢以後諸儒之所未言者，以自神其附會之說。理其理而非易之所謂理，數其數而非易之所謂數，而前聖之易道晦矣。唐李鼎祚所輯易解，精微廣大，聖賢遺旨，略見於此。然其於三十六家之說，尚多未采，其遺文賸義，間見他書，猶可蒐輯。爰綴而錄之，成書三卷，又成校異二卷。

又著七經異文釋，就經、史、傳、注、諸子百氏所引，以及漢、唐、宋石經，宋、元槧本，校其異同。或字有古今，或音近通假，或沿襲乖舛，悉據古誼而疏證之；而前儒之論說，並爲蒐輯，使正其譌謬，辨其得失，折衷以求一是。凡易六卷，尚書八卷，毛詩十六卷，春秋三傳十二卷，禮記八卷。同里馮登府稱其詳核奧博，爲詁異義者集其大成。又謂說文一書，保氏六書之旨，賴以僅存。自篆變爲隸，隸變爲眞，文字日繁，譌僞錯出。或有形聲意義大相區別，亦有近似而其實異，後人多混而同之。或有一篆之形，從某爲古、籀，爲或體，後人竟析而二之。經典文字，往往昧於音訓，擅爲改易，甚與本義相迕，亦字學之大變。夫假借通用，說文自有本字，有得通借者，有不容通借而並爲俗誤者。援據經典以相證契，俾世之踵謬沿譌焯然可辨，爲說文辨字正俗八卷。同里錢泰吉謂其書大旨折衷段注，而亦有段所未及者，讀說文之津梁也。

他著有漢魏六朝墓銘纂例四卷，鶴徵錄八卷、後錄十二卷，曝書亭詞注七卷，梅里志十六卷，校經廎文藁十八卷。

超孫，字引樹。嘉慶六年舉人，官會稽縣教諭。剖析經義，尤深於詩。嘗以毛詩草木蟲魚則有疏，名物則有解，地理則有考，而詩中所稱之人則未有纂輯成書者，因取詩人之氏族名字，博考經、史、諸子及近儒所著述，並列國之世次，洎其人之行事，搜羅薈集，爲詩氏族考六卷。官會稽時，課諸生依寧化雷鋐學規條約，士習日上。又著拙守齋集。

遇孫，字金瀾，集孫。優貢生，處州府訓導。幼傳祖訓，淹貫經史，著有尙書隸古定釋文八卷。漢孔安國以科斗文難知，取伏生今文次第之，爲隸古定，宋薛宣因之成古文訓。遇孫又以隸古文難知，引說文諸書疏通之，譌者是正，疑者則闕。性嗜金石，有芝省齋碑錄八卷，金石學錄四卷。官處州時，以處州地僻山遠，阮元兩浙金石志未免脫漏，乃搜輯數百餘種爲括蒼金石志八卷。他著有日知錄補正一卷、校正一卷，古文苑拾遺十卷，天香錄八卷，隨筆六卷，詩文集十八卷。

胡承珙，字墨莊，涇縣人。嘉慶十年進士，選翰林院庶吉士，散館授編修。十五年，充廣東鄉試副考官，尋遷御史，轉給事中。自以身居言路，當周知天下利弊，陳之於上，方不負職。數年中陳奏甚多，多見施行。而其最切中時病者，則有條陳虧空弊端各條：「一曰冒濫宜禁。司庫支發錢糧，向有扣除二三成之弊，故藩司書吏將不應借支之款，冒支濫借。此在領者便於急需，不敢望其足數；而在放者利於多扣，不復問其合宜：則雖應放而仍與浮冒無異。一曰抑勒宜禁。州、縣交代，例限綦嚴，均不准充抵。近日仍多以議單欠票虛開實抵者，總由上司多方抑勒，逼令新任擔承。一曰糜費宜省。各省攤捐津貼名目，豈盡必不可省。聞州縣所解各上司衙門飯食季規等銀，逐歲增加。如邸報一事，安徽省每年通派各屬萬金。一省如此，他省可知；一事如此，他事可知。一曰升調宜慎。部選人員，多係初任，或尚能不敢輕易接受。惟佐雜題升，及調補繁缺二者，每多久歷仕途，習成狡猾。在題升者急於得缺，明知此地之多累，不復顧後而瞻前；在調補者遷就一時，轉因原任之有虧，希圖挪彼以掩此。究之擔承彌補，皆屬空名，不過剜肉補瘡，甚且變本加厲。」其言深切著明。二十四年，授福建分巡延建邵道，編查保甲，設立緝捕章程八條，匪徒斂跡。調署臺灣兵備道，緝獲洋盜張充等置於法。旋乞假回籍。臺灣素稱難治，承珙力行清莊弭盜之法，民、番安肅。自承珙去後，彰化、淡水卽以械鬬起釁矣。道光十二年，卒，年五十七。

承珙究心經學，尤專意於毛詩傳，歸里後鍵戶著書，與長洲陳奐往復討論不絕，著毛詩後箋三十卷。其書主於申述毛義，自注疏而外，於唐、宋、元諸儒之說，及近人爲詩學者，無不廣徵博引，而於名物訓詁及毛與三家詩文有異同，類皆剖析精微，折衷至當。而其最精者，能於毛傳本文前後會出指歸，又能於西漢以前古書中反覆尋考，貫通詩義，證明毛旨。凡三四易藳，手自寫定。至魯頌泮水章而疾作，遺言囑陳奐校補，奐乃爲續成之。又以鄭君注儀禮參用古、今文二本，撮其大例，有必用其正字者，有卽用其借字者，有務以存古者，有兼以通今者，有因彼以決此者，有互見而並存者。闔意妙旨，有關於經實夥。遂取注中疊出之字，並「讀如」、「讀爲」、「當爲」各條，排比梳櫛，考其訓詁，明其假借，參稽旁采，疏通而證明之，作儀禮古今文疏義十七卷。又謂惠氏棟九經古義未及爾雅，遂補撰數十條，成二卷。小爾雅原本不傳，今存孔叢子中，世多謂爲僞書，作小爾雅義證十三卷，斷以爲眞。復著有求是堂詩文集三十四卷。

胡秉虔，字伯敬，績溪人。嘉慶四年進士，官刑部主事，改甘肅靈臺縣知縣，升丹噶爾同知，卒於官。秉虔自幼嗜學，博通經史。嘗入都肄業成均，夜讀必盡燭二條。尤精於聲音訓詁，著古韻論三卷，辨江、戴、段、孔諸家之說，細入毫芒，塙不可易。說文管見三卷，發明古音古義，多獨得之見。末論二徐書，有灼見語，蓋其所致力也。他著有周易、尚書、論語小識各八卷，卦本圖考一卷，尚書序錄一卷，漢西京博士考二卷。甘州明季成仁錄四卷，河州景忠錄三卷。

朱玿，字蘭坡，涇縣人。玿生三年而孤，祖命爲季父後，嗣母汪未婚守志，玿孝事之與生母同，昆弟均相友愛。嘉慶七年成進士，選翰林院庶吉士，與幸翰林院柏梁體聯句宴。散館授編修，擢至侍讀。與修明鑑，坐承纂官累，降編修。道光元年，直上書房，屢蒙嘉奬，有「品學兼優」之褒。升右春坊右贊善，告養歸。植品敦俗，奬誘後進。歷主鍾山、正誼、紫陽書院。卒，年八十有二。

玿愛書如命，學有本原。主講席幾三十年，教士以通經學古爲先。與桐城姚鼐、陽湖李兆洛並負儒林宿望，蓋鼎足而三云。著有說文假借義證二十八卷，經文廣異十二卷，文選集釋二十四卷，小萬卷齋詩文集七十卷。輯有國朝古文彙鈔二百七十二卷，又有詁經文鈔六十二卷，匯有清諸名家說經之文，依次標題，篇幅完善，尤足爲後學津逮云。

淩曙，字曉樓，江都人。國子監生。曙好學根性，家貧，讀四子書未畢，即去鄉，雜作傭保，而績學不倦。年二十爲童子師，問所當治業於涇包世臣，世臣曰：「治經必守家法，專法一家，以立其基，則諸家漸通。」乃示以武進張惠言所輯四子書漢說數十事。曙乃稽典禮、考古訓，爲四書典故覈六卷，歙洪梧甚稱之。既，治鄭氏學，得要領；又從吳沈欽韓問疑義，益貫穿精審。後聞武進劉逢祿論何氏公羊春秋而好之。及入都，爲儀徵阮元校輯經郛，盡見魏、晉以來諸家春秋說。深念春秋之義，存於公羊，而公羊之學，傳自董子。董子春秋繁露，識禮義之宗，達經權之用。行仁爲本，正名爲先。測陰陽五行之變，明制禮作樂之原。體大思精，推見至隱，可謂善發微言大義者。然旨奧詞賾，未易得其會通，淺嘗之夫，橫生訾議，經心聖符，不絕如綫。乃博稽旁討，承意儀志，梳其章，櫛其句，爲注十七卷。又病宋、元以來學者空言無補，惟實事求是，庶幾近之。而事之切實無過於禮，著公羊禮疏十一卷，公羊禮說一卷，公羊問答二卷。家居讀禮，以喪服爲人倫大經，後儒舛議，是非頗謬，作禮論百篇，引申鄭義。阮元延曙入粵課諸子，曙書與元商榷，乃删合三十九篇爲一卷。道光九年，卒，年五十五。

曙有甥儀徵劉文淇，貧而穎悟，愛而課之，遂知名，其學實自曙出云。

薛傳均，字子韻，甘泉人。諸生。博覽羣籍，强記精識。就福建學政陳用光聘，用光見所著書，恨相見晚。旋以疾卒於汀州試院，年四十一。傳均於十三經注疏功力最深，大端尤在小學，於許君原書，鉤稽貫串，洞其義而熟其辭。嘉定錢大昕文集內有說文答問一卷，深明通轉假借之義，傳均博引經史以證之，成說文答問疏證六卷。又以文選中多古字，條舉件繫，疏通證明，爲文選古字通十二卷。

劉逢祿，字申受，武進人。祖綸，大學士，謚文定，自有傳。外王父莊存與、舅莊述祖，並以經術名世，逢祿盡傳其學。嘉慶十九年進士，選翰林院庶吉士，散館改禮部主事。二十五年，仁宗大事，逢祿搜集大禮，創爲長編，自始事至奉安山陵，典章具備。道光三年，通政司參議盧浙請以尚書湯斌從祀文廟，議者以斌康熙中在上書房獲譴，乾隆中嘗奉駁難之。逢祿攬筆書曰：「后夔典樂，猶有朱、均；呂望陳書，難匡管、蔡。」尚書汪廷珍善而用之，遂奉俞旨。四年，補儀制司主事。越南貢使陳請爲其國王母乞人葠，得旨賞給，而諭中有「外夷貢道」之語，其使臣欲請改爲「外藩」，部中以詔書難更易。逢祿草牒復之曰：「周官職方王畿之外分九服，夷服去王國七千里，藩服九千里，是藩遠而夷近。說文羌、狄、蠻、貊字皆從物旁，惟夷從大、從弓。考東方大人之國夷，俗仁，仁者壽，有東方不死之國，故孔子欲居之。且乾隆間奉上諭申飭四庫館不得改書籍中『夷』字作『彝』，舜東夷之人，文王西夷之人，我朝六合一家，盡去漢、唐以來拘忌嫌疑之陋，使者無得以此爲疑。」越南使者遂無辭而退。逢祿在禮部十二年，恆以經義決疑事，爲衆所欽服類如此。

其爲學務通大義，不專章句。由董生春秋闚六藝家法，由六藝求觀聖人之志。嘗謂：「世之言經者，於先漢則古詩毛氏，後漢則今易虞氏，文詞稍爲完具。然毛公詳古訓而略微言，虞翻精象變而罕大義，求其知類通達、微顯闡幽者，則公羊在先漢有董生、後漢有何劭公氏，子夏喪服傳有鄭康成氏而已。先漢之學，務乎大體，故董生所傳非章句訓詁之學也。後漢條理精密，要以何劭公、鄭康成氏爲宗，然喪服於五禮特其一端。春秋文成數萬，其旨數千，天道浹，人事備，以之貫羣經，無往不得其原；以之斷史，可以決天下之疑；以之持身治世，則先王之道可復也。」於是尋其餘貫，正其統紀，爲公羊春秋何氏釋例三十篇。又析其疑滯，强其守衞，爲箋一卷，答難二卷。又推原穀梁氏、左氏之得失，爲申何難鄭四卷。又博徵諸史刑、禮之不中者爲儀禮決獄四卷。又推其意爲論語述何、夏時經傳箋、中庸崇禮論、漢紀述例各一卷。别有緯略二卷，春秋賞罰格一卷。愍時學者說春秋皆襲宋儒「直書其事、不煩褒貶」之辭，獨孔廣森爲公羊通義能抉其蔽，然尚不能信三科、九旨爲微言大義所在，乃著春秋論上、下篇以張聖權。又成左氏春秋考證二卷，知者謂與閻、惠之辯古文尚書等。

逢祿於易主虞氏，於書匡馬、鄭，於詩初尚毛學，後好三家。有易虞氏變動表、六爻發揮旁通表、卦象陰陽大義、虞氏易言補各一卷。又爲易象賦、卦氣頌，提其指要。尙書今古文集解三十卷，書序述聞一卷，詩聲衍二十七卷。所爲詩、賦、連珠、論、序、碑、記之文約五十篇。道光九年，卒，年五十有六。弟子潘準、莊繽樹、趙振祈皆從學公羊及禮有名。

宋翔鳳，字于庭，長洲人。嘉慶五年舉人，官湖南新寧縣知縣，亦莊述祖之甥。述祖有「劉甥可師、宋甥可友」之語，劉謂逢祿，宋謂翔鳳也。翔鳳通訓詁名物，志在西漢家法，微言大義，得莊氏之眞傳。著論語說義十卷，序曰：「論語說曰，子夏六十四人共撰仲尼微言，以當素王。微言者，性與天道之言也。此二十篇，尋其條理，求其恉趣，而太平之治、素王之業備焉。自漢以來，諸家之說，時合時離，不能畫一。嘗綜覈古今，有纂言之作。其文繁多，因別錄私說，題爲說義。」又有論語鄭注十卷，大學古義說二卷，孟子趙注補正六卷，孟子劉熙注一卷，四書釋地辨證二卷，卦氣解一卷，尙書說一卷，尙書譜一卷，爾雅釋服一卷，小爾雅訓纂六卷，五經要義一卷，五經通義一卷，過庭錄十六卷。咸豐九年，重賦鹿鳴。踰年，卒，年八十二。

戴望，字子高，德清人。諸生。始好詞章，繼讀博野顏元書，爲顏氏學。最後謁長洲陳奐，通聲音訓詁。復從翔鳳授公羊春秋，遂通公羊之學。著論語注二十卷，用公羊家法演逢祿論語述何之微言。他著有管子校注二十四卷，顏氏學記十卷，謫麟堂遺集四卷。

雷學淇，字瞻叔，順天通州人。父鐏，字宗彝，乾隆二十七年舉人，選江西崇仁縣知縣。道光初元，詔天下臣民嚴冠服之辨，鐏著古今服緯以申古義，抑奢侈。至九年書成，年九十矣。

學淇，嘉慶十九年進士，任山西和順縣知縣，改貴州永從縣知縣。生平好討論之學，每得一解，必求其會通，務於諸經之文無所牴牾。以父鐏著古今服緯，爲之注釋，附以釋問一篇、異同表二篇。又以夏小正一書備三統之義，究心參考二十餘年。以堯典中星、諸經曆數，采虞史伯夷之說，據周公垂統之文，檢校異同，訂其譌誤，網羅放失，尋厥指歸，著夏小正經傳考二卷。又考定經、傳之文，爲之疏證，成夏小正本義四卷。

每慨竹書紀年自五代以來頗多殘闕，爰博考李唐以前諸書所稱引者，積以九年之蒐輯，頗復舊觀。嘗謂：「孟子先至梁後至齊，此經之明文，卽無他左驗，亦當從之爲說。況竹書紀年曰『梁惠成王後元十五年齊威王薨』，『十七年惠成王卒』。然則惠王後元十六年齊宣王始卽位，孟子至梁，當卽在後元十六年王卒之前一歲也。史記誤謂惠王立三十六年卽卒，故云三十五年孟子至梁，而以惠王改元之後十六年爲襄王之世。今據竹書稱梁惠會諸侯於徐州，改元稱王，故孟子呼之曰王。史謂孟子至梁之二年惠王卒，襄王立，以本經考之，其言可信。但卒於改元後之十七年，非三十六年也。襄王既立，孟子見其不似人君，乃東至齊，據竹書即齊宣即位之二年也。梁至齊千數百里，故曰『千里而見王』。若孟子先見齊宣王，由鄒之齊六百餘里，不得云千里矣。齊人取燕，孟子明謂宣王時事，史記於齊失載悼子、侯剡二代，將威、宣之立，皆移前二十二年。於齊人伐燕事，不知折衷孟子，而年表謂在湣王十年，司馬溫公終求其說而不得，乃將宣之即位下移十年，以遷就孟子。自後說者疑信各半，實皆未有定論。今據紀年，則伐燕在宣王七年，實周赧王之元年。凡孟子書所記古人年歲，以史記、漢書之說推之皆不合者，以紀年推之無不合。」且以竹書長曆推驗列宿之歲差，歷代之日蝕，自唐、虞以來，無有差貸。嘗自云：「傳、箋、注、疏取舍多殊，非敢訾議前賢，期於事理之合云爾。」他著有校輯世本二卷，古今天象考十二卷，附圖說二卷，亦囂囂齋經義考及文集三十二卷。

王萱齡，字北堂，昌平人。道光元年副貢，旋舉孝廉方正，官新安、柏鄉兩縣教諭。嗜漢學，精訓詁，受業於高郵王引之，經義述聞中時引其說。著有周秦名字解詁補一卷，即補引之所闕疑者。

崔述，字武承，大名人。乾隆二十七年舉人，選福建羅源縣知縣。武弁多藉海盜邀功，誣商船爲盜，述平反之。未幾，投劾歸。著書三十餘種，而考信錄一書，尤生平心力所專注。凡考古提要二卷，上古考信錄二卷，唐虞考信錄四卷，夏商考信錄四卷，豐鎬考信錄八卷，豐鎬別錄三卷，洙泗考信錄四卷，洙泗餘錄三卷，孟子事實錄二卷，考古續說二卷，附錄二卷。又有王政三大典考三卷，讀風偶識四卷，尙書辨僞二卷，論語餘說一卷，讀經餘論二卷，名考古異錄。

其著書大旨，謂不以傳注雜於經，不以諸子百家雜於傳注。以經爲主，傳注之合於經者著之，不合者辨之，異說不經之言，則闢其謬而削之。如謂易傳僅溯至伏羲，春秋傳僅溯至黃帝，不應後人所知反多於古人。凡緯書所言十紀，史所云天皇、地皇、人皇，皆妄也。謂戰國楊、墨橫議，常非堯、舜，薄湯、武，以快其私。毀堯則託諸許由，毀禹則託諸子高，毀孔子則託諸老聃，毀武王則託諸伯夷。太史公尊黃、老，故好采異端雜說，學者但當信論、孟，不當信史記。謂夏、商、周未有號爲某公者，公亶父相連成文，猶所謂公劉也。「古公亶父」，猶言「昔公亶父」也。謂匡爲宋邑，似畏匡、過宋本一事，「匡人其如予何」、「桓魋其如予何」，似一時一事之言，記者小異耳。其說皆爲有見。

述之爲學，考據詳明如漢儒，而未嘗墨守舊說而不求其心之安；辨析精微如宋儒，而未嘗空談虛理而不核乎事之實。然勇於自信，任意軒輊者亦多。他著有易卦圖說一卷，五服異同彙考三卷，大名水道考一卷，聞見雜記四卷，知味錄二卷，知非集三卷，無聞集五卷，小草集五卷。嘉慶二十一年，卒，年七十七。

胡培翬，字載平，績溪人。祖匡衷，字樸蘇，歲貢生。於經義多所發明，不苟與先儒同異。著有三禮劄記、周禮井田圖考、井田出賦考、儀禮釋官等書。其於井田多申鄭義，而授田一事，以遂人所言是鄉遂制，大司徒所言是都鄙制，鄭注自相違戾。作畿內授田考實一篇，積算特精密。其釋官則以周禮、禮記、左傳、國語與儀禮相參證，論據精確，足補注疏所未及。又著有周易傳義疑參十二卷，左傳翼服、論語古本證異、論語補箋、莊子集評、離騷集注、樸齋文集。年七十四，卒。

培翬，嘉慶二十四年進士，官內閣中書、戶部廣東司主事。居官勤而處事密，時人稱其治官如治經，一字不肯放過。絕不受財賄，而抉隱指弊，胥吏咸憚之。假照案發，司員失察者數十人，惟培翬及蔡紹江無所汚，然猶以隨同畫諾鐫級歸里。後主講鍾山、雲間，於涇川一再至，並引翼後進爲己任。去涇川日，門人設飲餞者相望於道。篤友誼，郝懿行、胡承珙遺書，皆賴培翬次第付梓。道光二十九年，卒，年六十八。

績溪胡氏，自明諸生東峯以來，世傳經學。培翬涵濡先澤，又學於歙淩廷堪，遂精三禮。初著燕寢考三卷，王引之見而喜之。既爲儀禮正義，上推周公、孔子、子夏垂敎之旨，發明鄭君、賈氏得失，旁逮鴻儒、經生之所議。張皇幽渺，闡揚聖緒，二千餘歲絕學也。其旨見與順德羅惇衍書曰：「培翬撰正義，約有四例：一曰疏經以補注，二曰通疏以申注，三曰彙各家之說以附注，四曰采他說以訂注，書凡四十卷。至賈氏公彥之疏，或解經而違經旨，或申注而失注意，不可無辨。別爲儀禮賈疏訂疑一書。宮室制度，今以朝制、廟制、寢制爲綱，以天子、諸侯、大夫、士爲目。學制則分別庠、序，館制則分別公、私，皆先將宮室考定，而以十七篇所行之禮，條繫於後，名宮室提綱。陸氏經典釋文於儀禮頗略，擬取各經音義及集釋文以後各家音切，挨次補錄，名曰儀禮釋文校補。」培翬覃精是書凡四十餘年，晚歲患風痺，猶力疾從事。尚有士昏禮、鄉飲酒禮、鄉射禮、燕禮、大射儀五篇未卒業而歿。門人江寧楊大堉從學禮，爲補成之。他著有禘祫問答，研六室文鈔。

大堉，字雅輪。諸生。篤學寡交，研窮經訓。初從元和顧廣圻、吳縣鈕樹玉遊，備聞蒼、雅閫奧。著說文重文考六卷，純以聲音求叚借，以偏旁繁省求古、籀異同之變。又作五廟考，專駁王肅之失。江督陶澍以防海議試諸生，大堉洋洋千言，大略謂：「中國官恃客氣，居上臨下，視洋人若小負販。顧彼雖好利，而越數萬里海洋至此，此必非無所挾持者。鹵莽行之，必生邊隙。」時承平久，人習附和之談，獨大堉卓識正論，侃然無忌諱。若豫卜有義律、璞鼎查之事，讀者色變。他著論語正義、毛詩補注、三禮義疏辨正，皆佚。

劉文淇，字孟瞻，儀徵人。嘉慶二十四年優貢生。父錫瑜，以醫名世。文淇稍長，卽研精古籍，貫串羣經。於毛、鄭、賈、孔之書及宋、元以來通經解誼，博覽冥搜，折衷一是。尤肆力春秋左氏傳，嘗謂左氏之義，爲杜注剝蝕已久，其稍可觀覽者，皆係襲取舊說。爰輯左傳舊注疏證一書，先取賈、服、鄭三君之注，疏通證明。凡杜氏所排擊者糾正之，所勦襲者表明之。其沿用韋氏國語注者，亦一一疏記。他如五經異義所載左氏說，皆本左氏先師；說文所引左傳，亦是古文家說；漢書五行志所載劉子駿說，實左氏一家之學；經疏、史注、御覽等書所引左傳注不載姓名而與杜注異者，皆賈、服舊說。凡若此者，皆稱爲舊注，而加以疏證。其顧、惠補注及近人專釋左氏之書，說有可采，咸與登列。末始下以己意，定其從違。上稽先秦諸子，下考唐以前史書，旁及雜家筆記、文集，皆取爲證佐。期於實事求是，俾左氏之大義炳然著明。草創四十年，長編已具，然後依次排比成書，爲左氏舊注疏證。又謂：「左傳義疏多襲劉光伯述議，隋經籍志及孝經疏，云述議者，述其義，疏議之。然則光伯本載舊疏，議其得失，其引舊疏，必當錄其姓名。孔穎達左傳疏序祇云據以爲本，初非故襲其說。至永徽中諸臣詳定，乃將舊注姓氏削去，襲爲己語。」因細加剖析，成左傳舊疏考正八卷。

又據史記秦楚之際月表，知項羽曾都江都。核其時勢，推見割據之迹，成楚漢諸侯疆域志三卷。據左傳、吳越春秋、水經注等書，謂唐、宋以前揚州地勢南高北下，且東西兩岸未設隄防，與今運河形勢迥不相同，成揚州水道記四卷。又讀書隨筆二十卷，文集十卷，詩一卷。

文淇事親純孝，父年篤老，目眚，侍起居，朝夕扶掖，寒夜足凍，侍親以溫其足。舅氏淩曙極貧，遺孤毓瑞，文淇收育之，延同里方申爲其師，並補諸生。申通虞氏易，皆其教也。卒，年六十有六。

子毓崧，字伯山。道光二十年舉優貢生。從父受經，長益致力於學。以文淇故，治左氏，纘述先業，成春秋左氏傳大義二卷。以文淇考證左傳舊疏，因承其義例，著周易、尚書、毛詩、禮記舊疏考正各一卷。又謂六藝未興之先，學各有官，惟史官之立爲最古。不獨史家各體各類幷支裔之小說家出於史官，卽經、子、集三部及後世之幕客書吏，淵源所仿，亦出於史官。班氏之志藝文，論述史官，尙未發斯旨。其敍九流，以明諸子所出之官，必有所授，而其中仍有分省失當者。旣析九流中小說家流歸入史官，又辨道家非專出於史官，改爲出於醫官。又增益者凡三家：曰名家，出於司士之官；兵家，出於司馬之官；藝術家，出於考工之官：統爲十一家。博稽載籍，窮極根要，成史乘、諸子通義各四卷。又經傳通義十卷，王船山年譜二卷，彭城獻徵錄十卷，舊德錄一卷，通義堂筆記十六卷，文集十六卷，詩集一卷。卒，年五十。

孫壽曾，字恭甫。同治三年、光緒二年兩中副榜。毓崧主金陵書局，爲曾國藩所重。毓崧卒後，招壽曾入局中，所刊羣籍，多爲校定。初，文淇治左氏春秋長編，晚年編輯成疏，甫得一卷，而文淇沒。毓崧思卒其業，未果。壽曾乃發憤以繼志述事爲任，嚴立課程，至襄公四年而卒，年四十五。又讀左劄記，春秋五十凡例表，皆治左疏時旁推交通發明古誼者。他著昏禮重別論對駁義，南史校義集評，傳雅堂集，芝雲雜記，各若干卷。

方申，字端齋。少孤，受學於文淇，通易，著諸家易象別錄、虞氏易象彙編、周易卦象集證、周易互體詳述、周易卦變舉要。

丁晏，字柘堂，江蘇山陽人。阮元爲漕督，以漢易十五家發策，晏條對萬餘言，精奧爲當世冠。道光元年舉人。晏以顧炎武云梅賾僞古文雅密非賾所能爲，考之家語後序及釋文、正義，而斷爲王肅僞作。蓋肅雅才博學，好作僞以難鄭君。鄭君之學昌明於漢，肅爲古文孔傳以駕其上，後儒誤信之。近世惠棟、王鳴盛頗疑肅作而未能暢其旨，特著論申辨之，撰尙書餘論二卷。又以胡渭禹貢錐指能知僞古文，而不能信好古學，踵謬沿譌，自逞臆見。

後之學者，何所取正？既爲正誤以匡其失，復采獲古文，甄錄舊説，砭俗訂譌，斷以己意。期於發揮經文，無取泥古。引用前人說，各繫姓氏於下，輯禹貢集釋三卷。

生平篤好鄭學，於詩箋、禮注研討尤深。以毛公之學，得聖賢之正傳，其所稱道，與周、秦諸子相出入。康成申暢毛義，修敬作箋。孔疏不能尋繹，誤謂破字改毛。援引疏漏，多失鄭旨。因博稽互考，證之故書雅記，義若合符，撰毛鄭詩釋四卷。康成詩譜，宋歐陽氏補亡，今通志堂刊本譌脫踳駁。爰據正義排比重編，撰鄭氏詩譜考正一卷。以康成兼采三家詩，王應麟有三家詩考，附刊玉海之後，舛謬錯出，世無善本。乃蒐采原書，校讐是正，撰詩考補注二卷，補遺一卷。

鄭氏注禮至精，去古未遠，不爲憑虛臆說。迄今可考見者，如儀禮喪服注，多依馬融師說。士虞記中月而禫，注二十七月，依戴禮喪服變除。周禮大司樂鼖鼓，注依許叔重說，與先鄭不同。小胥縣鐘磬，注二八十六枚在一虡，依劉向五經要義。小宗伯注五精帝，依劉向五經通義。射人注稱今儒家，依賈侍中注。考工記山以章，注作獐，依馬季長注。禮記檀弓瓦不成味，注當作沬，依班固白虎通。王制大綏小綏，注當作緌，依劉子政說苑。玉藻元端朝日，鄭讀爲冕，依大戴禮朝事義。祭法幽宗雩祭，鄭讀爲禜，依許氏說文。鄭君信而好古，原本先儒，確有依據。凡此釋義，補孔之遺闕，皆前人未發之祕。疏通證明，灿若爟火。撰三禮釋注共八卷，又輯鄭康成年譜，署其堂曰「六藝」，取康成六藝論，以深仰止之思。然晏治經學不掊擊宋儒，嘗謂漢學、宋學之分，門戶之見也。漢儒正其詁，詁正而義以顯；宋儒析其理，理明而詁以精：二者不可偏廢。其於易，述程子之傳，撰周易述傳二卷；於孝經，集唐玄宗、宋司馬光、范祖禹之注，撰孝經述注一卷。

尤熟於通鑑，故經世優裕。嘗與人論鈔幣，謂輕錢行鈔，必有利而無害。論禁洋煙，謂不禁則民日以弱，中國必疲，禁則利在所爭，外夷必畔。且禁煙當以民命爲重，不當計利。立法當以中國爲先，不當擾夷。後悉如其言。在籍時辦隄工，司賑務，修府城，浚市河，開通文渠中支，均有功於鄉里。

咸豐三年，粵匪蔓延大江南、北，督撫檄行府縣，練勇積穀爲守禦計。淮安以晏主其事，旋以事爲人所劾，奉旨遣戍黑龍江，繳費免行。十年，捻匪擾淮安北關，晏號召團練，分布要隘，城以獲全。十一年，以團練大臣晏端書薦，敍前守城績，由侍讀銜內閣中書加三品銜。

晏少多疾病，迨長讀書養氣，日益强固。治一書畢，方治他書，手校書籍極多，必徹終始。光緒元年，卒，年八十有二。所著書四十七種，凡一百三十六卷，其已刊者爲頤志齋叢書。

王筠，字貫山，安丘人。道光元年舉人，後官山西鄉寧縣知縣。鄉寧在萬山中，民樸事簡，訟至立判。暇則抱一編不去手。權徐溝，再權曲沃，地號繁劇，二縣皆治，然亦未嘗廢學。

筠少喜篆籀，及長，博涉經史，尤長於說文。說文之學，世推桂、段兩家，嘗謂：「桂氏專臚古籍，取足達許說而止，不下己意。惟是引據失於限斷，且泛及藻繢之詞。段氏體大思精，所謂通例，又前人所未知。惟是武斷支離，時或不免。」又謂：「文字之奧，無過形、音、義三端。古人之造字也，正名百物，以義爲本，而音從之，於是乎有形。後人之識字也，由形以求其音，由音以考其義，而文字之說備。六書以指事、象形爲首，而文字之樞機卽在乎此。其字之爲事，而作者卽據事以審字，勿由字以生事。其字之爲物，而作者卽據物以察字，勿泥字以造物。且勿假他事以成此事之意，勿假他物以爲此物之形，而後可與蒼頡、籀、斯相質於一堂也。今說文之詞，足从口，木从中，鳥、鹿足相似从匕，苟非後人所竄亂，則許君之意荒矣。」乃標舉分別，疏通證明，著說文釋例二十卷。釋例云者，卽許書而釋其條例，猶杜元凱之於春秋也。又以二徐書多涉草略，加以李燾亂其次第，致分別部居之脈絡不可推尋。段玉裁既創爲通例，而體裁所拘，未能詳備。乃采桂、段諸家之說，著說文句讀三十卷。句讀云者，用張爾岐儀禮鄭注句讀之名，謂漢人經說率名章句，此書疏解許說，無章可言，故曰句讀也。

筠治說文之學垂三十年，其書獨闢門徑，折衷一是，不依傍於人。論者以爲許氏之功臣，桂、段之勁敵。又有說文繫傳校錄三十卷，文字蒙求四卷。他著有毛詩重言一卷，附毛詩雙聲疊韻說一卷，夏小正正義四卷，弟子職正音一卷，正字略二卷，蛾術編、禹貢正字、讀儀禮鄭注句讀刊誤、四書說略。咸豐四年，卒，年七十一。

曾釗，字敏修，南海人。道光五年拔貢生，官合浦縣敎諭，調欽州學正。釗篤學好古，讀一書必校勘譌字脫文。遇秘本或雇人影寫，或懷餅就鈔，積七八年，得數萬卷。自是研求經義，文字則考之說文、玉篇，訓詁則稽之方言、爾雅，雖奧晦難通，而因文得義，因義得音，類能以經解經，確有依據。入都時，見武進劉逢祿，逢祿曰：「篤學若冕士，吾道東矣！」冕士，釗號也。

儀徵阮元督粵，震澤任兆麟見釗所校字林，以告元，元驚異，延請課子。後開學海堂，以古學造士，特命釗爲學長，奬勸後進。嘗因元說日月爲易爲合朔之辨在朔易，更發明孟喜卦氣，引繫辭懸象莫大乎日月，死魄會於壬癸，日上月下，象未濟爲晦時。元以爲足發古義，宜再暢言之，以明孟氏之學，因著周易虞氏義箋七卷。他著有周禮注疏小箋四卷，又詩說二卷，又詩毛鄭異同辨一卷，毛詩經文定本小序一卷、考異一卷、音讀一卷，虞書命羲和章解一卷，論語述解一卷，讀書雜志五卷，面城樓集十卷。

釗好講經濟之學，二十一年，英人焚掠海疆，以祁𡎴還督兩粵，番禺舉人陸殿邦獻議，填大石、獵德、瀝滘河道以阻火船。𡎴舉以問釗，釗言：「易稱設險者，不恃天塹，不藉地利，在人相時設之而已。入省河道三，獵德、瀝滘皆淺，由大石至大黃滘，水深數丈。三四月夷船從此入，當先事防之，以固省城。城固，然後由內達外。」𡎴甚韙之，委釗相度堵塞形勢，釗以大石爲第一要區，糾南海、番禺二縣團勇三萬六千晝夜演練，防務遂密。二十三年，𡎴謀修復虎門礮臺，釗進礮臺形勢議十條，已而廉洋賊起，𡎴以釗習知廉州情形，委釗與軍事，海賊投首。咸豐四年，卒於家。

林伯桐，字桐君，番禺人。嘉慶六年舉人。生平好爲考據之學，宗主漢儒，而踐履則服膺朱子，無門戶之見。事親孝，道光六年，試禮部歸，父已卒，悲慟不欲生。居喪悉遵古禮，蔬食、不入內者三年。自是不復上公車，一意奉母。與兩弟友愛，教授生徒百餘人，咸敦內行，勉實學。學督阮元、鄧廷楨皆敬禮之。元延爲學海堂學長，廷楨聘課其二子。二十四年，以選授德慶州學正，閱三年卒於官，年七十。

伯桐於諸經無不通，尤深於毛詩。謂傳箋不同者，大抵毛義爲長，孔疏多以王肅語爲毛意，又往往混鄭於毛。爲毛詩學者，當分別觀之，庶幾不失家法。因考鄭箋異義，爲毛詩通考三十卷。又著毛詩傳例二卷。又綴其碎義瑣辭，著毛詩識小三十卷，皆極精覈。他著有易象釋例十二卷，易象雅訓十二卷，三禮注疏考異二十卷，冠昏喪祭儀考十二卷，左傳風俗二十卷，古音勸學三十卷，史學蠡測三十卷，供冀小言二卷，古諺箋十一卷，兩粵水經注四卷，粵風四卷，修本堂藁四卷，詩文集二十四卷。

李黼平，字繡子，嘉應州人。幼穎異。年十四，精通樂譜。及長，治漢學，工考證。嘉慶十年進士，選翰林院庶吉士，散館改昭文縣知縣。蒞事一以寬和慈惠爲宗，不忍用鞭扑，獄隨至隨結。公餘卽手一編，民間因有「李十五書生」之目。以虧挪落職繫獄，數年乃得歸。會粵督阮元開學海堂，聘閱課藝，遂留授諸子經。所著毛詩紬義二十四卷。道光十二年，卒，年六十三。他著有易刊誤二卷，文選異義二卷，讀杜韓筆記二卷。

柳興恩，原名興宗，字賓叔，丹徒人。道光十二年舉人。受業於儀徵阮元。初治毛詩，以毛公師荀卿，荀卿師穀梁，穀梁春秋千古絕學，元刻皇清經解，公羊、左氏俱有專家，而穀梁缺焉。乃發憤沉思，成穀梁春秋大義述三十卷，以鄭六藝論云「穀梁子善於經」，遂專從善經入手，而善經則以屬辭比事爲據，事與辭則以春秋日月等名例定之。其書凡例，謂聖經既以春秋定名，而無事猶必舉四時之首月。後儒謂日月非經之大例，未爲通論。穀梁日月之例，泥則難通，比則易見。與其議傳而轉謂經誤，不若信經而併存傳說。述日月例弟一。謂春秋治亂於已然，禮乃防亂於未然。穀梁親受子夏，其中典禮猶與論語夏時周冕相表裏。述禮例弟二。謂穀梁之經與左氏、公羊異者以百數，漢書儒林傳云：「穀梁魯學，公羊乃齊學也。」此或由齊、魯異讀，音轉而字亦分。述異文弟三。謂穀梁親受子夏，故傳中用孔子、孟子說，其他暗合者更多。述古訓弟四。謂自漢以來，穀梁師授鮮有專家，要不得擯諸師說之外。述師說弟五。謂漢儒師說之可見者，惟尹更始、劉向二家，然搜獲寥寥。其說已亡，而名僅存者，自漢以後併治三傳者亦收錄焉。述經師弟六。謂穀梁久屬孤經，茲於所見載籍之涉穀梁者，循次摘錄，附以論斷，並著本經廢興源流。述長編弟七。番禺陳澧嘗爲穀梁箋及條例，未成，後見興恩書，歎其精博，遂出其說備采，不復作。

他著有周易卦氣輔四卷，虞氏逸象考二卷，尚書篇目考二卷，毛詩注疏糾補三十卷，續王應麟詩地考二卷，羣經異義四卷，劉向年譜二卷，儀禮釋宮考辨二卷，史記、漢書、南齊書校勘記，說文解字校勘記，宿壹齋詩文集。光緒六年，卒，年八十有六。

弟榮宗，字翼南。著有說文引經考異十六卷。同時爲穀梁之學者，有南海侯康、海州許桂林、嘉善鍾文烝、江都梅毓。侯康自有傳。

許桂林，字同叔，海州人。嘉慶二十一年舉人。少孤，孝於母及生母，無間言。家貧，不以厚幣易遠遊，日以詁經爲事。道光元年，丁內艱，以毀卒，年四十三。桂林於諸經皆有發明，尤篤信穀梁之學，著春秋穀梁傳時日月書法釋例四卷。其書有引公羊而互證者，有駁公羊而專主者。陽湖孫星衍嘗以條理精密、論辨明允許之。又著易確二十卷，大旨以乾爲主，謂全易皆乾所生，博觀約取，於易義實有發明。別有毛詩後箋八卷，春秋三傳地名考證六卷，漢世別本禮記長義四卷，大學中庸講義二卷，四書因論二卷。嘗以其餘力治六書、九數，著許氏說音十二卷，以配說文。又著說文後解十卷。又以岐伯言「地，大氣舉之」。氣外無殼，其氣將散；氣外有殼，此殼何依？思得一說以補所未及。蓋天實一氣，而其根在北，北極是也。北極不當爲天樞，而當爲氣母。因采集宣夜遺文，以西法通之，著宣西通三卷。又以算家以簡爲貴，乃取欽定數理精蘊，撮其切於日用者，著算牖四卷。生平所著書四十餘種，凡百數十卷。甘泉羅士琳從之遊，後以西算名世。

鍾文烝，字子勤，嘉善人。道光二十六年舉人，候選知縣。於學無所不通，而其全力尤在春秋。因沉潛反覆三十餘年，成穀梁經傳補注二十四卷。其書網羅衆家，折衷一是。其未經人道者，自比於梅鷟之辨僞書、陳第之談古韻，略引其緒，以待後賢。文烝兼究宋、元諸儒書，書中若釋禘祫、祖禰諡法以及心志不通、仁不勝道、以道受命等，皆能提要挈綱，實事求是。又著論語序詳正一卷。卒，年六十。

梅毓，字延祖，江都人。同治九年舉人，候選教諭。著有穀梁正義長編一卷。

陳澧，字蘭甫，番禺人。道光十二年舉人，河源縣訓導。澧九歲能文，復問詩學於張維屛，問經學於侯康。凡天文、地理、樂律、算術、篆隸無不研究。中年讀諸經注疏、子、史及朱子書，日有課程。初著聲律通考十卷，謂：「周禮六律、六同皆文之以五聲，禮記五聲、六律、十二管還相爲宮，今之俗樂有七聲而無十二律，有七調而無十二宮，有工尺字譜而不知宮、商、角、徵、羽。懼古樂之遂絕，乃考古今聲律爲一書。」又切韻考六卷、外篇三卷，謂：「孫叔然、陸法言之學存於廣韻，宜明其法，而不惑於沙門之說。」又漢志水道圖說七卷，謂地理之學，當自水道始，知漢水道則可考漢郡縣。

其於漢學、宋學能會其通，謂：「漢儒言義理，無異於宋儒，宋儒輕蔑漢儒者非也。近儒尊漢儒而不講義理，亦非也。」著漢儒通義七卷。晚年尋求大義及經學源流正變得失所在而論贊之，外及九流諸子、兩漢以後學術，爲東塾讀書記二十一卷。

其教人不自立說，嘗取顧炎武論學之語而申之，謂：「博學於文，當先習一藝。韓詩外傳曰『好一則博』，多好則雜也，非博也。讀經、史、子、集四部書，皆學也，而當以經爲主，尤當以行己有恥爲主。」爲學海堂學長數十年。至老，主講菊坡精舍，與諸生講論文藝，勉以篤行立品，成就甚衆。光緒七年，粵督張樹聲、巡撫裕寬以南海朱次琦與澧皆耆年碩德，奏請褒異，給五品卿銜。八年，卒，年七十三。

他著有說文聲表十七卷，水經注提綱四十卷，水經注西南諸水考三卷，三統術詳說三卷，弧三角平視法一卷，琴律譜一卷，申范一卷，摹印述一卷，東塾集六卷。

侯康，字君謨，亦番禺人。道光十五年舉人。少孤，事母孝。家貧，欲買書，母稱貸得錢。買十七史，讀之，卷帙皆敝，遂通史學。及長，精研注疏，湛深經術，與同里陳澧交最久。嘗謂：「漢志載春秋古經十二篇者左經也，經十一卷者公、穀經也。今以三傳參校之，大要古經爲優。穀梁出最先，其誤尚寡。公羊出最晚，其誤滋甚。」乃取其義意可尋者疏通證明之，著春秋古經說二卷。又治穀梁以證三禮，以公羊雜出衆師，時多偏駮，排詆獨多。著穀梁禮證，未完帙，僅成二卷。又仿裴松之注三國志例注史，嘗曰：「注古史與近史異，注近史者，羣書大備；注古史者，遺籍罕存。當日爲唾棄之餘，今日皆見聞之助，宜過而存之。」因爲後漢書補注續一卷，三國志補注一卷，後漢稱續者，以有惠棟注；三國志杭世駿注未完善，故不稱續也。又補後漢、三國藝文志，各成經、史、子四卷，餘未成。又考漢、魏、六朝禮儀，貫串三禮，著書數十篇，澧嘗歎以爲精深浩博。十七年，卒，年四十。

弟度，字子琴。與康同榜舉人，以大挑知縣分發廣西，署河池州知州。廣西賊起，度伐木爲栅，因山勢聯絡，堅固可守。賊退，以病告歸，至家遂卒，年五十七。度洽熟經傳，尤長禮學，時稱「二侯」。嘉興錢儀吉嘗稱其研覈傳注，剖析異同，如辨懿伯、惠伯之爲父子，三老、五更之爲一人。證明鄭義，皆有據依。所著書爲夷寇所焚，其說經文，刻學海堂集中。

桂文燦，字子白，文燿之弟。道光二十九年舉人。同治二年正月，應詔陳言：曰嚴甄別以清仕途，曰設幕職以重考成，曰分三途以勵科甲，曰裁孱弱以節糜費，曰鑄銀錢以資利用。若津貼京員，製造輪船，海運滇銅，先後允行。光緒九年，選湖北鄖縣知縣，善治獄，以積勞卒於任。文燦守阮元遺言，謂：「周公尙文，範之以禮；尼山論道，教之以孝。苟博文而不能約禮，明辨而不能篤行，非聖人之學也。鄭君、朱子皆大儒，其行同，其學亦同。」因著朱子述鄭錄二卷。他著四書集注箋四卷，毛詩釋地六卷，周禮通釋六卷，經學博采錄十二卷。

鄭珍，字子尹，遵義人。道光五年拔貢生。十七年舉人，以大挑二等選荔波縣訓導。咸豐五年，叛苗犯荔波，知縣蔣嘉穀病，珍率兵拒戰，卒完其城。苗退，告歸。同治二年，大學士祁寯藻薦於朝，特旨以知縣分發江蘇補用，卒不出。三年，卒，年五十九。

珍初受知於歙縣程恩澤，乃益進求諸聲音文字之原，與古宮室冠服之制。方是時，海內之士，崇尚考據，珍師承其說，實事求是，不立異，不苟同。復從莫與儔游，益得與聞國朝六七鉅儒宗旨。於經最深三禮，謂：「小學有三：曰形，曰聲，曰義。形則三代文體之正，具在說文。若歷代鐘鼎款識及汗簡、古文四聲韻所收奇字，既不盡可識，亦多僞造，不合六書，不可以爲常也。聲則崑山顧氏音學五書，推證古音，信而有徵，昭若發蒙，誠百世不祧之祖。義則凡字書、韻書、訓詁之書，浩如煙海，而欲通經訓，莫詳於段玉裁說文注，邵晉涵、郝懿行爾雅疏及王念孫廣雅疏證。貫串博衍，超越前古，是皆小學全體大用。」

其讀禮經，恆苦乾、嘉以還積漸生弊，號宗高密，又多出新義，未見有勝，說愈繁而事愈蕪。故言三禮，墨守司農，不敢苟有出入。至於諸經，率依古注爲多。又以餘力旁通子史，類能提要鉤玄。儀禮十七篇皆有發明，半未脫稿，所成儀禮私箋，僅有士昏、公食、大夫喪服、士喪四篇，凡八卷；而喪服一篇，反覆尋繹，用力尤深。又以周禮考工記輪輿，鄭注精微，自賈疏以來，不得正解，說者日益支蔓，成輪輿私箋三卷。尤長說文之學，所著說文逸字二卷、附錄一卷，說文新附考六卷，皆見稱於時。他著有鳧氏圖說、深衣考、汗簡箋正、說隸等書。又有巢經巢經說、詩鈔、文鈔，明鹿忠節公無欲齋詩注。

鄒漢勛，字叔績，新化人。父文蘇，歲貢生，以古學教授鄉里，闢學舍曰古經堂，與諸生肄士禮其中。其考據典物，力尊漢學，而談心性則宗朱子。漢勛通左氏義，佐伯兄漢紀撰左氏地圖說，又佐仲兄漢潢撰羣經百物譜。年十八九，撰六國春秋。於天文推步、方輿沿革、六書九數，靡不研究。同縣鄧顯鶴深異之，與修寶慶府志。又至黔中修貴陽、大定、興義、安順諸郡志。咸豐元年，舉於鄉。訪魏源於高郵，同撰堯典釋天一卷。

會粵賊陷江寧，漢勛以援、堵、守三策上書曾國藩，謂不援江西、堵廣西，湖南亦不能守。國藩用其言，命偕江忠淑率楚勇千人援南昌，圍解，敍勞以知縣用。旣，從江忠源於廬州，守大西門，賊爲隧道三攻之，城坍數丈，賊將登陴，漢勛擊卻之。堅守三十七日，地雷復發，城陷。漢勛坐城樓上，命酒自酌，持劍大呼殺賊。賊至，與格鬭，手刃數人，力竭死之，年四十九，贈道銜。

所著讀書偶識三十六卷，自言破前人之訓故，必求唐以前之訓故方敢用；遠箋傳之事證，必求漢以前之事證方敢從。以漢人去古未遠，諸經注皆有師承，故推闡漢學，不遺餘力。尤深音均之學，初著廣韻表十卷，晚爲五均論，說尤精粹，時以江、戴目之。生平於易、詩、禮、春秋、論語、說文、水經皆有撰述，凡二十餘種，合二百餘卷。同治二年，土匪焚其居，熸焉。今存者讀書偶識僅八卷，五均論二卷，顓頊曆考二卷，斅藝齋文三卷、詩一卷，紅崖石刻釋文一卷，南高平物產記二卷。

王崧，字樂山，浪穹人。嘉慶四年進士，授山西武鄉縣知縣。崧學問淹通，儀徵阮元總督雲、貴，延崧主修通志，著有說緯六卷。

劉寶楠，字楚楨，寶應人。父履恂，字迪九，乾隆五十一年舉人，國子監典簿，著有秋槎札記。

寶楠生五歲而孤，母氏喬教育以成。始寶楠從父台拱漢學精深，寶楠請業於台拱，以學行聞鄉里。爲諸生時，與儀徵劉文淇齊名，人稱揚州二劉。道光二十年成進士，授直隸文安縣知縣。文安地稱窪下，隄堰不修，遇伏，秋水盛漲，輒爲民害。寶楠周履隄防，詢知疾苦，爰檢舊册，依例督旗屯及民同修，而旗屯恆怙勢相觀望，寶楠執法不阿，功遂濟。再補元氏，會歲旱，縣西北境蝗，袤延二十餘里。寶楠禱東郊蜡祠，蝗爭投阬井，或抱禾死，歲則大熟。咸豐元年，調三河，值東省兵過境。故事，兵車皆出里下。寶楠謂兵多差重，非民所堪，雇車應差，給以民價，民得不擾。

寶楠在官十六年，衣冠樸素如諸生時。勤於聽訟，官文安日，審結積案千四百餘事。

雞初鳴，坐堂皇，兩造具備，當時研鞫。事無鉅細，均如其意結案，悖者照例治罪。凡涉親故族屬訟者，諭以睦婣，概令解釋。訟獄既簡，吏多去籍歸耕，遠近翕然，著循良稱。咸豐五年，卒，年六十五。

寶楠於經，初治毛氏詩、鄭氏禮，後與劉文淇及江都梅植之、涇包愼言、丹徒柳興恩、句容陳立約各治一經。寶楠發策得論語，病皇、邢疏蕪陋，乃蒐輯漢儒舊說，益以宋人長義，及近世諸家，仿焦循孟子正義例，先爲長編，次乃薈萃而折衷之，著論語正義二十四卷。因官事繁，未卒業，命子恭冕續成之。他著有釋穀四卷，於豆、麥、庥三種多補正程氏九穀考之說。漢石例六卷，於碑志體例考證詳博。寶應圖經六卷，勝朝殉揚錄三卷，文安隄工錄六卷。

恭冕，字叔俛。光緒五年舉人。守家學，通經訓，入安徽學政朱蘭幕，爲校李貽德春秋賈服注輯述，移補百數十事。後主講湖北經心書院，敦品飭行，崇尙樸學。幼習毛詩，晚年治公羊春秋，發明「新周」之義，闢何劭公之謬說，同時通儒皆韙之。卒，年六十。著有論語正義補，何休論語注訓述，廣經室文鈔。

龍啓瑞，字翰臣，臨桂人。道光二十一年一甲一名進士，授翰林院修撰。二十四年，充廣東鄉試副考官。二十七年，大考翰詹二等七名，以侍講升用。七月，簡湖北學政，著經籍舉要一書，以示學者。又以學政之職有三要：一曰防弊，二曰勵實學，三曰正人心風俗。三十年，丁父憂回籍。咸豐元年六月，廣西巡撫鄒鳴鶴奏辦廣西團練，以啓瑞總其事。二年七月，省城圍解，以守城出力，以侍講學士升用。六年四月，授通政司副使。十一月，簡江西學政。七年三月，遷江西布政使。八年九月，卒於官。

啓瑞切劘經義，尤講求音韻之學，貫穿於顧、江、段、王、孔、張、劉、江諸家之書，而著古韻通說二十卷。以爲論古韻者，自顧氏以前失之疏，自段氏以後過於密，江氏酌中，亦未爲盡善。陽湖張氏分二十一部，言：「凡言古韻者，分之不嫌密，合之不嫌廣。惟分之密，其合之也脈絡分明，不至因一字而疑各韻可通，亦不至因各韻而疑一字之不可通。」啓瑞服膺是言，故其集古韻也，意主於嚴，而其爲通說也，則較之顧氏而尙覺其寬。不拘成說，不執私見，參之古書，以求其是而已。其論本音、論通韻、論轉音，皆確有據依，而以論通說總之，故以名其全書焉。他著有爾雅經注集證三卷，經德堂集十二卷。

苗夔，字仙簏，肅寧人。幼卽嗜六書形聲之學，讀許氏說文，若有夙悟。已，又得顧炎武音學五書，慕之彌篤。曰：「吾守此終身矣！」舉道光十一年優貢生，高郵王念孫父子禮先於夔，由是譽望日隆。夔以爲許叔重遺書多有爲後人妄删或附益者，乃訂正說文八百餘字，爲說文聲訂二卷。顧氏音學所立古音表十部，宏綱已具，然猶病其太密，而戈、麻既雜西音，不應別立一部。於是倂耕、清、青、蒸、登於東、冬，倂戈、麻於支、齊，定以七部，隱括羣經之韻。字以聲從，韻以部分，爲說文聲讀表七卷。詩自毛傳、鄭箋而後，主義理者多，主聲均者少，雖有陸元朗詩經音義，亦不能專主古音，然古音時有未盡改者。夔治毛詩，尤精於諧聲之學，嘗以齊、魯、韓三家證毛，而又以許洨長之聲讀參錯其閒，采太平戚氏之漢學諧聲、詩經正讀，無錫安氏之均徵，爲毛詩均訂十卷。咸豐丁巳五月，卒，年七十有五。

龐大堃，字子方，常熟人。嘉慶二十四年舉人。究心音韻之學，嘗謂顧、江、戴、段、孔、王諸家分部互有出入者，以入聲配隸無準耳。入聲有正紐、反紐，今韻多從正紐，古韻多從反紐，陽奇陰偶，兩兩相配，一從陸氏法言所定爲正紐，一從顧、江、戴、王所定爲反紐。其轉音之法有五：一正轉，同部者是也；一遞轉，同音者是也；一旁轉，相比及相生者是也；一雙聲，同母者是也。又謂欲明古音，必先究唐韻，乃可定其分合，爲唐韻輯略五卷、備考一卷，形聲輯略一卷、備考一卷，古音輯略二卷、備考一卷，等韻輯略三卷。他著有易例輯略五卷。

陳立，字卓人，句容人。道光二十一年進士，二十四年，補應殿試，選翰林院庶吉士。

散館改刑部主事，升郎中，授雲南曲靖府知府。請訓時，文宗有「爲人清慎」之褒，時以道梗不克之任。少客揚州，師江都梅植之，受詩、古文辭；師江都凌曙、儀徵劉文淇，受公羊春秋、許氏說文、鄭氏禮，而於公羊致力尤深。

文淇嘗謂漢儒之學，經唐人作疏，其義益晦。徐彥之疏公羊，空言無當。近人如曲阜孔氏、武進劉氏，謹守何氏之說，詳義例而略典禮、訓詁。立乃博稽載籍，凡唐以前公羊古義及國朝諸儒說公羊者，左右采獲，擇精語詳。草創三十年，長編甫具。南歸後，乃整齊排比，融會貫通，成公羊義疏七十六卷。

初治公羊也，因及漢儒說經師法，謂莫備於白虎通。先爲疏證，以條舉舊聞、暢隱扶微爲主，而不事辨駁，成白虎通疏證十二卷。幼受爾雅，因取唐人五經正義中所引犍爲舍人、樊光、劉歆、李巡、孫炎五家悉甄錄之。謂郭注中精言妙譜，大率胎此。附以郭音義及顧、沈、施、謝諸家切釋，成爾雅舊注二卷。

又以古韻之學敝蝕已久，而聲音之原，起於文字，說文諧聲，卽韻母也。因推廣歸安姚氏說文聲系之例，剌取許書中諧聲之文，部分而綴敍之。以象形、指事、會意爲母，以諧聲爲子，其子之所諧，又卽各綴於子下。其分部則兼取顧、江、戴、孔、王、段、劉、許諸家，精研而審核之，訂爲二十部，成說文諧聲孳生述三卷。其文淵雅典碩，大抵考訂服制典禮及聲音訓詁爲多，成句溪雜著六卷。卒，年六十一。

陳奐，字碩甫，長洲人。諸生。咸豐元年，舉孝廉方正。奐始從吳江沅治古學，金壇段玉裁寓吳，與沅祖聲善。嘗曰：「我作六書音韻表，惟江氏祖孫知之，餘匙有知者。」奐盡一晝夜探其梗概。沅嘗假玉裁經韻樓集，奐竊視之，加朱墨。後玉裁見之，稱其學識出孔、賈上，由是奐受學玉裁。高郵王念孫暨子引之、棲霞郝懿行、績溪胡培翬、涇胡承珙、臨海金鶚，咸與締交。

奐嘗言大毛公詁訓傳言簡意賅，遂殫精竭慮，專攻毛傳。以毛傳一切禮數名物，自漢以來無人稱引，韜晦不彰，乃博徵古書，發明其義。大抵用西漢以前舊說，而與東漢人說詩者不苟同。又以毛氏之學，源出荀子，而善承毛氏者，惟鄭仲師、許叔重兩家，故於周禮注、說文解字多所取說，著詩毛氏傳疏三十卷。又以疏中稱引，博廣難明，更舉條例，立表示圖，爲毛詩說一卷。準以古音，依四始爲毛詩音四卷。倣爾雅例，編毛傳爲義類十九篇一卷。以鄭多本三家詩，與毛異，爲鄭氏箋考徵一卷。又有詩語助義三十卷，公羊逸禮考徵一卷，師友淵源記一卷，禘郊或問、宋本集韻校勘記，各若干卷。

其論尚書大傳與毛傳同條共貫，論春秋之學，從公羊以知例，治穀梁以明禮。穀梁文句極簡，必得治禮數十年而後可明其要義。論釋名與毛傳、說文多不合，然可以討漢、宋說經家之源流。其論丁度集韻云：「集韻總字，具見類篇，先以類篇校集韻，再參之釋文、說文、玉篇、廣韻、博雅，則校讐之功過半矣。」又云：「陸氏釋文宋本，當於集韻求之。今尚書釋文，經開寶中陳諤等删改之本，集韻則未經删改者也。」於子書中尤好管子，嘗令其弟子元和丁士涵爲管子案四卷。

家居授徒，從游者數十人。同郡管慶祺、丁士涵、馬釗、費鍔，德清戴望，其尤著也。同治二年，卒，年七十有八。

金鶚，字誠齋，臨海人。優貢生。博聞强識，邃精三禮之學。受知於山陽汪廷珍，與析難辨論，成禮說二卷。嘉慶二十四年，卒於京邸。所著求古錄一書，取宮室、衣服、郊祀、井田之類，貫串漢、唐諸儒之說，條考而詳辨之。鶚又嘗輯論語鄉黨注，釐正舊說，頗得意解。卒後稿全佚，陳奐求得之，釐爲求古錄禮說十五卷，鄉黨正義一卷。

黃式三，字薇香，定海人。歲貢生。事親孝，嘗赴鄉試，母裘暴疾卒於家，馳歸慟絕。父老且病，臥牀笫數年，衣食醷洗，必躬親之。比歿，持喪以禮，誓不再應鄉試。於學不立門戶，博綜羣經，治易治春秋，而尤長三禮。論禘郊宗廟，謹守鄭學。論封域、井田、兵賦、學校、明堂、宗法諸制，有大疑義，必釐正之。有復禮說、崇禮說、約禮說。嘗著論語後案二十卷，自爲之序。他著有書啓幪四卷，詩叢說一卷，詩序說通二卷，詩傳箋考二卷，春秋釋二卷，周季編略九卷，儆居集經說四卷，史說四卷。同治元年，卒，年七十四。子以周，從子以恭，俱能傳其學。

以周，本名元同，後改今名，以元同爲字。同治九年優貢。旋舉於鄉，大挑以教職用，補分水縣訓導。以學臣奏加中書銜，以教授升用，旋選處州府教授，而年已七十，遂不就。以周篤守家學，以爲三代下之經學，漢鄭君、宋朱子爲最。而漢學、宋學之流弊，乖離聖經，尚不合於鄭、朱，何論孔、孟？有清講學之風，倡自顧亭林。顧氏嘗云：「經學卽是理學。」乃體顧氏之訓，上追孔、孟之遺言，於易、詩、春秋皆有著述，而三禮尤爲宗主。所著禮書通故百卷，列五十目，古先王禮制備焉。又以孟子學孔子，由博反約，而未嘗親炙孔聖。其間有子思子，綜七十子之前聞，承孔聖以啓孟子，乃著子思子輯解七卷。而舉子思所述夫子之教，必始於詩、書，而終於禮、樂，及所明仁義爲利之說，謂其傳授之大恉，是深信博文約禮之經學，爲行義之正軌，而求孟子學孔聖之師承，以子思爲樞軸。暮年多疾，因曰：「加我數年，子思子輯解成，斯無憾！」既，書成而疾瘥，更號哉生。江蘇學政黃體芳建南菁講舍於江陰，延之主講。以周教以博文約禮、實事求是，道高而不立門戶。宗源瀚建辨志精舍於寧波，請以周定其名義規制，而專課經學，著錄弟子千餘人。卒，年七十有二。

以恭，字質庭。光緒元年舉人。著有尙書啓幪疏二十八卷，讀詩管見十二卷。

俞樾，字蔭甫，德清人。道光三十年進士，改庶吉士。咸豐二年，散館授編修。五年，簡放河南學政，奏請以鄭公孫僑從祀文廟，聖兄孟皮配享崇德祠，並邀俞允。七年，以御史曹登庸劾試題割裂罷職。樾歸後，僑居蘇州，主講蘇州紫陽、上海求志各書院，而主杭州詁經精舍三十餘年，最久。課士一依阮元成法，游其門者，若戴望、黃以周、朱一新、施補華、王詒壽、馮一梅、吳慶坻、吳承志、袁昶等，咸有聲於時。東南遭赭寇之亂，典籍蕩然，樾總辦浙江書局，建議江、浙、揚、鄂四書局分刻二十四史，又於浙局精刻子書二十二種，海內稱爲善本。

生平專意著述，先後著書，卷帙繁富，而羣經平議、諸子平議、古書疑義舉例三書，尤能確守家法，有功經籍。其治經以高郵王念孫、引之父子爲宗。謂治經之道，大要在正句讀，審字義，通古文假借，三者之中，通假借爲尤要。王氏父子所著經義述聞，用漢儒「讀爲」、「讀曰」之例者居半，發明故訓，是正文字，至爲精審。因著羣經平議，以附述聞之後。其諸子平議，則仿王氏讀書雜志而作，校誤文，明古義，所得視羣經爲多。又取九經、諸子舉例八十有八，每一條各舉數事以見例，使讀者習知其例，有所據依，爲讀古書之一助。

樾於諸經皆有纂述，而易學爲深，所著易貫，專發明聖人觀象繫辭之義。玩易五篇，則自出新意，不拘泥先儒之說。復作艮宧易說，卦氣值日考、續考，邵易補原，易窮通變化論，互體方位說，皆足證一家之學。晚年所著茶香室經說，義多精確。古文不拘宗派，淵然有經籍之光。所作詩，溫和典雅，近白居易。工篆、隸。同時如大學士曾國藩、李鴻章，尚書彭玉麟、徐樹銘、潘祖蔭，咸傾心納交。日本文士有來執業門下者。

樾湛深經學，律己尤嚴，篤天性，尚廉直，布衣蔬食，海內翕然稱曲園先生。光緒二十八年，以鄉舉重逢，詔復原官，重赴鹿鳴筵宴。三十二年，卒，年八十有六。著有羣經平議三十五卷，諸子平議三十五卷及第一樓叢書，曲園雜纂，俞樓雜纂，賓萌集，春在堂雜文、詩編、詞錄、隨筆，右台仙館筆記，茶香室叢鈔、經說，其餘雜著，稱春在堂全書。

同時以耆年篤學主講席者，則有南匯張文虎。文虎，字嘯山。諸生。嘗讀元和惠氏、歙江氏、休寧戴氏、嘉定錢氏諸家書，慨然歎爲學自有本，則取漢、唐、宋注疏、經說，由形聲以通其字，由訓詁以會其義，由度數名物以辨其制作，由語言事蹟以窺古聖賢精義，旁及子史，莫不考其源流同異。精天算，尤長校勘。同治五年，兩江書局開，文虎爲校史記三注，成札記五卷，最稱精善。卒，年七十有一。著有舒藝室遺書。

王闓運，字壬秋，湘潭人。咸豐三年舉人。幼好學，質魯，日誦不能及百言。發憤自責，勉强而行之。昕所習者，不成誦不食；夕所誦者，不得解不寢。於是年十有五明訓詁，二十而通章句，二十四而言禮，二十八而達春秋微言，張公羊，申何學，遂通諸經。潛心著述，尤肆力於文。溯莊、列，探賈、董，其駢儷則揖顏、庾，詩歌則抗阮、左。記事之體，一取裁於龍門。

闓運刻苦勵學，寒暑無間。經、史、百家，靡不誦習。箋、注、抄、校，日有定課。遇有心得，隨筆記述。闡明奧義，中多前賢未發之覆。嘗曰：「治經：於易，必先知「易」字有數義，不當虛衍卦名；於書，必先斷句讀；於詩，必先知男女贈答之辭不足以頒學官、傳後世。一洗三陋，乃可言禮。禮明，然後治春秋。」又曰：「說經以識字爲貴，而非識說文解字之字爲貴。」又曰：「文不取裁於古則亡法，文而畢摹乎古則亡意。」又嘗慨然自歎曰：「我非文人，乃學人也！」

學成出遊，初館山東巡撫崇恩。入都，就尙書肅順聘。肅順奉之若師保，軍事多諮而後行。左宗棠之獄，闓運實解之。已而參曾國藩幕，胡林翼、彭玉麐等皆加敬禮。闓運自負奇才，所如多不合，乃退息無復用世之志，唯出所學以敎後進。四川總督丁寶楨聘主尊經書院，待以賓師之禮，成材甚衆。歸爲長沙思賢講舍、衡州船山書院山長。江西巡撫夏旹延爲高等學堂總敎。光緒三十四年，湖南巡撫岑春蓂上其學行，特授檢討。鄉試重逢，加侍讀。闓運晚睹世變，與人無忤，以唯阿自容。入民國，當一領史館，遂歸。丙辰年，卒，年八十有五。

所著書以經學爲多，其已刊者有周易說十一卷，尙書義三十卷，尙書大傳七卷，詩經補箋二十卷，禮記箋四十六卷，春秋公羊傳箋十一卷，穀梁傳箋十卷，周官箋六卷，論語注二卷，爾雅集解十六卷，又墨子、莊子、鶡冠子義解十一卷，湘軍志十六卷，湘綺樓詩文集及日記等。子女並能通經，傳其家學。次子代豐，早世，著有公羊例表。

王先謙，字益吾，長沙人。同治四年進士，選庶吉士，授編修。光緒元年，大考二等，擢中允，充日講起居注官。歷上疏言言路防弊，請籌東三省防務，並劾雲南巡撫徐之銘。六年，晉國子監祭酒。八年，丁憂歸，服闋，仍故官。疏請三海停工。出爲江蘇學政。十四年，以太監李蓮英招搖，疏請懲戒。略言：「宦寺之患，自古爲昭，本朝法制森嚴，從無太監攬權害事。皇太后垂簾聽政，一稟前謨，毫不寬假，此天下臣民所共知共見者。乃有總管太監李蓮英，秉性奸回，肆無忌憚。其平日穢聲劣迹，不敢形諸奏牘。惟思太監等給使宮禁，得以日近天顏；或因奔走微長，偶邀宸顧，度亦事理所有。何獨該太監誇張恩遇，大肆招搖，致太監篦小李之名，傾動中外，驚駭物聽，此即其不安本分之明證。易曰『履霜堅冰』，漸也。皇太后、皇上於制治保邦之道，靡不勤求夙夜，遇事防維。今宵小横行，已有端兆。若不嚴加懲辦，無以振綱紀而肅羣情。」疏上不報。

先謙歷典雲南、江西、浙江鄉試，搜羅人才，不遺餘力。旣蒞江蘇，先奏設書局，仿阮元皇清經解例，刊刻續經解一千四百三十卷。南菁書院創於黃體芳，先謙廣籌經費，每邑拔取才士入院，而督教之，誘掖奬勸，成就人材甚多。開缺還家，歷主思賢講舍，嶽麓、城南兩書院，其培植人才，與前無異。三十三年，總督陳夔龍、巡撫岑春蓂奏以所著書進呈，賞內閣學士銜。宣統二年，長沙饑民閧圍撫署，衞兵開槍擊斃數人，民情愈憤，匪徒乘之放火燒署。省城紳士電請易巡撫，以先謙名首列，先謙不知也。總督瑞澂奏參，部議降五級。同鄉京官胡祖蔭等以寃抑呈遞都察院，亦不報。國變後，改名遯，遷居鄉間，越六年卒。著有尚書孔傳參正三十六卷，三家詩集義疏二十八卷，漢書補注一百卷，荀子集解二十卷，日本源流考二十二卷，外國通鑑三十卷，虛受堂詩文集三十六卷等。

孫詒讓，字仲容，瑞安人。父衣言，自有傳。詒讓，同治六年舉人，官刑部主事。初讀漢學師承記及皇清經解，漸窺通儒治經、史、小學家法。謂古子、羣經，有三代文字之通假，有秦、漢篆隸之變遷，有魏、晉正草之混淆，有六朝、唐人俗書之流失，有宋、元、明校讐之羼改。匡違捃佚，必有誼據，先成札迻十二卷。

又著周禮正義八十六卷，以爲：「有清經術昌明，於諸經均有新疏，周禮以周公致太平之書，而秦、漢以來諸儒不能融會貫通。蓋通經皆實事、實字，天地、山川之大，城郭、宮室、衣服制度之精，酒漿、醯醢之細，鄭注簡奧，賈疏疏略。讀者難於深究，而通之於治，尤多謬盭。劉歆、蘇綽之於新、周，王安石之於宋，膠柱鍥舟，一潰不振，遂爲此經詬病。詒讓乃以爾雅、說文正其訓詁，以禮經、大小戴記證其制度。研覃廿載，藁草屢易，遂博采漢、唐以來迄乾、嘉諸經儒舊說，參互繹證，以發鄭注之淵奧，裨賈疏之遺闕。其於古制，疏通證明，較之舊疏，實爲淹貫。而注有違牾，輒爲匡糾。凡所發正數十百事，匪敢壞『疏不破注』家法，於康成不曲從杜、鄭之意，實亦無誖。而以國家之富强，從政教入，則無論新舊學均可折衷於是書。」識者韙之。

光緒癸卯，以經濟特科徵，不應。宣統元年，禮制館徵，亦不就。未幾卒，年六十一。所著又有墨子閒詁十五卷，目錄、附錄二卷，後語二卷。精深閎博，一時推爲絕詣。古籀拾遺三卷，逸周書斠補四卷，九旗古義述一卷。

鄭杲，字東甫，遷安人。父鳴岡，爲卽墨令，卒於官。貧不能歸，因家焉。杲事母孝。光緒五年，舉山東鄉試第一，明年成進士，授刑部主事。肆力於學，以讀經爲正課，旁及朝章國故，矻矻終日，視仕進泊如也。嘗謂：「治經在信古傳，經者淵海，傳其航也。漢代諸儒，主乎此者不能通乎彼；唐、宋而降，能觀其通矣，乃舉古說而悉排之，惟斷以己意。若是者，皆非善治經者也。」杲以母憂歸，主講濼源書院。服闋，遷員外。時朝政維新，兩宮已積疑釁，杲獨惓惓言天子當竭誠以盡孝道。具疏草，莫敢爲言者。二十六年夏，熒惑入南斗，復上書請修省，不報。未幾，卒。

杲之學深於春秋，其言曰：「左氏明魯史舊章，二傳則孔、孟推廣新意，口授傳指。公羊明魯道者也，穀梁明王道者也，左氏則備載當時行用之道。當時行用之道，霸道也。所以必明魯道者，爲人子孫，道在法其祖也。穀梁則損益四代之趣咸在焉。惟聖人蹶起在帝位者，乃能用之也。」其爲說兼綜三傳，而尤致嚴於事天、事君、事親之辨。謂：「春秋首致謹於元年正月，正月者，正卽位也。正月謹始也，必能爲父之子，然後能爲天之子矣。春秋之有三正，由其有天、君、父之三命也。春者天也，王者君也，正月者父也，將以備責三正，而單舉正月，何也？事天、事君，皆以事親爲始也。」凡杲所論著如此。

與宋書升同時者，有宋書升，字晉之，濰縣人。光緒十八年進士，改庶吉士。里居十年，殫心經術。易、書、詩均有撰述，尤精推步之學。法偉堂，字小山，膠州人。光緒十五年進士，官青州府教授，精研音韻之學，考訂陸德明經典釋文，多前人所未發。

清史稿卷四百八十三

列傳二百七十

儒林四

孔蔭植

孔蔭植，字對寰，孔子六十五代孫，世居曲阜。明天啓初，襲封衍聖公。清順治元年，世祖定鼎京師，山東巡撫方大猷疏言開國之初，首宜尊崇先聖。下禮部議，衍聖公爵及其官屬，悉循明舊制。蔭植朝京師，遣官迎勞。入朝，班列大學士上，賜宴，恩禮有加。四年，卒，遣山東布政使致祭。子興燮襲。

興燮，字起呂。時年十三，生母陶撫以成立。稍長，事母甚孝，凝重有器識。飭廟庭，修禮樂，諸廢悉舉。累加少保兼太子太保。康熙六年，卒。子毓圻襲。

毓圻，字鍾在。方幼，年十一，朝京師。聖祖召見瀛臺，禮度如成人，奏對稱旨。越二年，上幸學，召毓圻陪祀，太皇太后召入見，賜坐，問家世，具以對，賜茶及克食。辭出，命內臣送至宮門外，傳諭從官善輔翼之。上御殿，毓圻從諸大臣朝參，及退，命自御道行，逡巡辭，上敦諭之，乃趨出。加太子少師。二十三年，上東巡，釋奠孔子廟，留曲柄黃蓋。謁林，周覽遺跡，每事問，毓圻謹以對。因請擴林地，置守衞，除租賦，設百戶，官秩視衞守備，皆許之。毓圻輯幸魯盛典以進，復奏請重修孔子廟，白巡撫及河道總督，免縣人河工應役。雍正元年，世宗命追封先聖五代王爵。十月，毓圻詣闕謝，疾作，上命醫診視，賜參餌。十一月，卒於京師，上遣內大臣奠茶酒。喪歸，命皇三子及莊親王允祿臨奠，行人護行，賜葬，謚恭慤。毓圻工書，愛蘭，自號曰蘭堂。子傳鐸襲。

傳鐸，字振路。康熙間賜二品冠服，襲爵後一年，世宗幸學，召傳鐸陪祀。傳鐸老，病足，命其子繼溥代行禮。六月，孔子廟災，傳鐸用明弘治間故事，率族人素服三日哭，疏引咎，上遣侍郎王景曾祭告，並傳旨慰問。尋發帑重建，命侍郎留保會巡撫岳濬、前巡撫陳世倌庀工役，而以傳鐸董其事。詔詢傳鐸，有當增設者言無隱。因請增設樂器庫直房，上許之。八年，廟成。九年，上命修孔林，仍與世倌監理，疾作乞休，上允之。子繼濩前卒，命以孫廣棨襲。十年，孔林工竟，復開館輯闕里盛典。十三年，卒，賜祭葬。傳鐸工詩詞，有集。

廣棨，字京立。雍正初，授二品冠服，襲爵。以孔林工竟，率族人詣闕謝。上御圓明園正大光明殿，召入對，命坐賜茶，諭曰：「汝爲先聖後，當存聖賢心，行聖賢事，秉禮守義，以驕奢爲戒。汝年方少，尤宜勤學讀書，敦品勵行，與汝族人相勸戒，相砥礪，爲端人正士。」廣棨頓首謝。賜松花江石硯及錦幣，賜宴，遣歸。十三年，世宗崩，入臨。高宗復召入對，以覃恩贈父繼濩如其爵。乾隆三年，上幸學，召廣棨陪祀。獻親耕耤田頌、視學大禮慶成賦。四年，朝京師，祝上萬壽。會舉經筵，令侍班，因奏請著爲令。六年，疏劾曲阜知縣毓琚不職，毓琚亦訐廣棨居鄉不法，下巡撫按治，上原廣棨而譴毓琚。八年，卒。子昭煥襲。

昭煥，字顯明。十三年正月，上東巡，釋奠孔子廟，御詩禮堂。昭煥方幼，命其族人舉人繼汾等進講。是日並謁林，還，復留曲柄黃蓋。賜昭煥宴，賚書籍、文綺、貂幣，官繼汾中書，族人有官者皆進秩。親製孔子廟碑，勒石大成門外。二十一年，昭煥疏言：「皇莊戶丁蒙恩免役，歷來地方官額外雜派，每事調劑非易，請酌留五十戶，餘改歸民籍，交地方官編審應役。」上諭曰：「昭煥疏言皇莊，此必沿前代舊習，然亦止應稱官莊。子不云乎：『甚矣由之行詐，無臣而爲有臣。』昭煥可謂不能讀其祖書矣。此時丁銀已停徵，地方官安得更令百姓應役？且取役何事？若爲朕東巡修道，則皆發帑雇役，初未累百姓。朕展謁先師，衍聖公督令廟戶除道清產，理所應爾，豈當轉庇廟戶，並發帑雇役亦不肯應耶？」下吏議，當奪爵，上命寬之。以昭煥年少，歸咎繼汾及其兄繼涑，皆譴黜。三月，上東巡，釋奠孔子廟，謁林。二十二年，上奉皇太后東巡釋奠。三十六年，復東巡釋奠。既還京師，出內府所藏周銅器木鼎、亞尊、犧尊、伯彝、冊卣、蟠夔敦、寶簠、夔鳳豆、饕餮甗、四足鬲，凡十事，置廟庭。四十一年，兩金川平。三月，復奉皇太后東巡釋奠，告成功。次日，謁林。四十八年，昭煥卒，子憲培襲。

憲培，字養元。乾隆五十九年，卒。子慶鎔襲。

慶鎔，字陶甫。道光二十一年，卒。子繁灝襲。

繁灝，字文淵。同治二年，卒，謚端恪。子祥珂襲。

祥珂，字覲堂。光緒三年，卒，謚莊愨。子令貽襲。

令貽，字穀孫。國變後，襲爵，奉祀如故。

當唐末五季，以文宣公兼曲阜令。宋用孔氏支子，明至清初因之。自毓琚與廣棨互訐坐罷官，廷議以衍聖公咨送易涉私，孔氏子領鄉縣，所隸皆親屬，審斷亦未能悉公，擬更前例。御史衞廷璞疏言宜仍舊貫，鴻臚寺卿林令旭又請以衢州孔氏子孫爲曲阜知縣，下廷臣議，用廷璞言，仍令衍聖公咨送，巡撫考試題補。後十餘年，巡撫白鍾山奏請改題缺。上諭曰：「闕里毓聖之鄉，唐、宋以來，率以聖裔領縣事。大宗主鬯，爵列上公。而知縣以民事爲職，奉法令，則以裁制傷恩；厚族黨，則以偏私廢事：非古易地而官之道，當如鍾山議。仍別設世襲六品官，選孔氏子充補。」

明制，五經博士，孔氏南宗一人，奉衢州孔子廟祀；北宗一人，奉述聖祀。顏氏復聖後，曾氏宗聖後，孟氏亞聖後，仲氏子路後，各一人。道州周氏元公後，江寧、嵩縣程氏皆正公後，洛陽邵氏康節後，建安、婺源朱氏皆文公後，各一人。清因之。又增設咸陽姬氏文王後，曲阜東野氏周公後，濟寧閔氏子騫後，濬縣端木氏子貢後，常熟言氏子游後，鉅野卜氏子夏後，蕭縣顓孫氏子張後，菏澤、肥城兩冉氏伯牛、仲弓後，肥城有氏有子後，鄒平伏氏伏生後，孟縣韓氏文公後，郿縣張氏明公後，各一人。而程氏改純公後一人。又崇關侯祀事，亦錄其後，洛陽、解州、江陵各一人。明史衍聖公附儒林傳後，今仿其例，並五經博士有增設者亦附焉。